Edward de Bono
Konflikte

Edward de Bono

KONFLIKTE

Neue Lösungsmodelle
und Strategien

ECON Verlag
Düsseldorf · Wien · New York

Titel der englischen Originalausgabe:
Conflicts. A Better Way To Resolve Them
Originalverlag: Harrap, London
Übersetzt von Dr. Jobst-Christian Rojahn
Copyright © European Music Ltd 1985

CIP-Kurztitelaufnahme der Deutschen Bibliothek

De Bono, Edward:
Konflikte: Neue Lösungsmodelle u. Strategien /
Edward de Bono [Übers. von Jobst-Christian Rojahn]. –
1. Aufl. – Düsseldorf; Wien; New York:
ECON Verlag, 1987.
Einheitssacht.: Conflicts 〈dt.〉
ISBN 3 430 11423 3

Gesetzt aus der Garamond der Fa. Linotype GmbH
Satz: ICS Communikations-Service GmbH, Bergisch Gladbach
Papier: Papierfabrik Schleipen GmbH, Bad Dürkheim
Druck und Bindearbeiten: Ebner Ulm
Printed in Germany
ISBN 3 430 11423 3

Inhalt

Prolog

Wir müssen uns darüber klar sein, daß unsere Methoden zur Lösung größerer Auseinandersetzungen und Konflikte bis jetzt grob und primitiv, unzulänglich und kostspielig, gefährlich und destruktiv gewesen sind. Die zunehmende Komplexität der Welt und die wachsende Macht unserer Waffen zwingen uns dazu, unsere Methoden der Konfliktlösung zu überdenken.

Selbst wenn wir uns der traditionellen Methoden mit allerbestem Willen und größtmöglicher Klugheit bedienten, würden sie doch nicht genügen. Ein grundlegender Wandel in unserem Denken ist erforderlich, was Konfliktlösungen anbelangt.

Das vorliegende Buch maßt sich nicht an, eine unmittelbare Antwort geben zu können. Aber ich möchte einen Weg weisen, den wir, wie ich glaube, beschreiten müssen. Darüber hinaus werde ich einige erste Schritte andeuten, die unternommen werden können.

Zu diesen ersten Schritten gehört eine Überprüfung des von uns so sehr geschätzten Denkens in Argumentation/Zusammenprall. Ich werde versuchen, die Verlockungen, Gefahren und Grenzen dieser traditionellen Methode sichtbar zu machen. Ich werde darlegen, daß ein auf Gegensätzen basierendes Denken über Konflikte unzureichend ist und daß wir uns einem *entwerfenden* Denken mit all seiner kreativen Energie zuwenden müssen.

Es sind keine schlechten, sondern intelligente Menschen, die aufgrund der Logik und der Kontinuität ihrer jeweiligen Positionen in jenem Denken der Kategorie Argumentation/Zusammenprall gefangen sind. Es ist verhängnisvoll, daß die Parteien, die am unmittelbarsten in Auseinandersetzungen verwickelt sind, am wenigsten in der Lage sein können, den Streit zu schlichten – das ist so, als wenn die Mitglieder der Rettungswacht an den Badestränden allesamt Nichtschwimmer wären.

Drei Wege zur Konfliktlösung gibt es: kämpfe/prozessiere; verhandle/feilsche; ersinne einen Ausweg. Den Kontrahenten stehen nur die beiden ersten Möglichkeiten offen. Der dritte Weg, der Weg des Entwerfens, erfordert eine dritte Partei, die in der Lage ist, das Ganze gleichsam von außen zu betrachten. Deshalb führe ich das Konzept des *dreieckigen Denkens* ein. Diese dritte Partei ist weder Richter noch Vermittler, sondern ein kreativer Planer.

Man kann eine schwere Kugel über eine weiche Fläche bewegen, indem man sie vorwärtsstößt – oder indem man die Oberfläche unmittelbar vor der Kugel niederdrückt und sie so nach vorne rollen läßt. Hier zeigt sich seit jeher die Macht der Ideen.

Einführung

Ein aztekischer Priester schneidet die Brust des lebenden Opfers mit einem Messer aus Lavaglas auf. Das Opfer wird rückwärts gebeugt über einem steinernen Altar festgehalten, damit seine Rippen auseinander treten. Der Priester fährt mit der Hand in die Brust des Opfers, reißt sein Herz heraus und hält es in die Höhe. Das Herz pulsiert und zuckt weiter. Der Leichnam des Opfers wird die Stufen der Pyramide hinabgestoßen.

Aus heutiger Sicht mag dieses Verhalten grausam und primitiv erscheinen. Vom Standpunkt der damaligen Zeit aus gesehen, war das Verhalten ruhmvoll und edel und höchst enthusiastisch (im ursprünglichen Wortsinn: »mit Gott«).

Können wir uns eine Zeit vorstellen, in der unsere Nachkommen genauso auf uns zurückblicken werden und ihnen die Art und Weise grausam und primitiv vorkommen wird, in der wir versuchen, unsere Auseinandersetzungen und Konflikte zu lösen: durch die Vernichtung von Leben in großem Maßstab? Die technologische Raffinesse, mit der man dabei vorgeht, verschleiert nicht die Primitivität des zugrundeliegenden Prinzips.

Der nächste und letzte Krieg ist logischerweise unvermeidbar. Ich benutze das Wort »letzte« sowohl in dem schrecklichen Sinn der furchtbaren Zerstörung, die er bewirken wird, als auch im logischen Sinn des »letzten« in einer Reihe.

Es gab eine Zeit, da kämpfte Familie gegen Familie. Dann bekämpfte ein Stamm den anderen. Stadt kämpfte gegen Stadt in Griechenland und später in Italien. Dann bildeten Nationen die Kampfeinheiten. In dem Maße, in dem die Waffen an Schlagkraft

gewannen, wurden auch die Einheiten größer. Je höher die Kriegskosten wurden, desto größer die Einheiten, die sie noch aufbringen
konnten. Je mehr die Kommunikationstechnologien verbessert
wurden, desto uniformer wurden Kulturen und Werte. Im heutigen
Europa wäre es undenkbar, daß England Frankreich den Krieg
erklärte oder Deutschland Österreich angriffe. Und doch waren
Kriege von diesem Ausmaß noch vor einer Generation sehr wohl
denkbar. Der Block der Supermacht ist die nächste logische Ent-
wicklungsstufe. Danach sollten die Kommunikationstechnologie,
die wirtschaftlichen Verflechtungen und die Kriegskosten das Wort
Krieg überflüssig werden lassen — jedenfalls im Sinne größerer
Auseinandersetzungen.

Müssen wir mit dieser logischen Unausweichlichkeit weitermachen, oder können wir sie umgehen?

Stellen Sie sich eine schwere Stahlkugel vor, die an einer Schnur
direkt über einem zarten Kelchglas aus Baccarat hängt. Die Schnur
brennt. Mit einer gewissen logischen Unvermeidbarkeit wird das
Glas zerschmettert werden. Alle Voraussetzungen sind vorhanden,
und wenn sie ihre Bestimmung erfüllen, dann wird die Kugel auf
das Glas fallen und es zerschmettern. Etwas Unvorhergesehenes
könnte allerdings geschehen: Ein Luftzug könnte das Feuer aus-
löschen. Wenn Ihnen das Glas gehörte, würden Sie dann darauf
warten, bis etwas Unvorhergesehenes geschieht und das Glas so
gerettet wird — oder würden Sie sich nicht lieber etwas konstruktiver verhalten?

In ähnlicher Weise sind alle Voraussetzungen für verheerende
Konflikte bis zum Atomkrieg (ihn eingeschlossen) gegeben. Es gibt
die Logik der Waffentechnologie und die Logik des Wettrüstens. Es
gibt die Logik der Abschreckung. Es gibt Spannungen und Feindseligkeit und Mangel an Kommunikation. Es gibt grobschlächtige und
primitive Verfahren, das alles in den Griff zu bekommen — etwa
durch Institutionen wie die Vereinten Nationen, die aber ihrer
Struktur nach für diese Rolle nicht taugen. Es gibt völlig altmodische Konzepte und Idiome des Denkens, die eher dazu geeignet
sind, den Konflikt zu schüren, als ihn zu lösen.

Wir können keine neuen Ideen haben, bevor wir sie nicht gefunden haben.

Tausende von Jahren waren die großen Kulturen Ägyptens, Karthagos, Griechenlands und Roms nicht in der Lage, die Zeit zu messen. Zwar verfügten sie mit der Wasseruhr über eine ausreichende Technik – aber es fehlte eine sehr schlichte Erkenntnis. Diese Kulturen versuchten, Tag und Nacht getrennt voneinander in gleich lange Stunden aufzuteilen. Da durch ihre Lage in mediterranen Breiten die Länge von Tag und Nacht ständig wechselte, war dies sehr schwierig. Erst als der Mensch auf den einfachen Gedanken kam, die gesamten vierundzwanzig Stunden zusammen aufzuteilen, wurde auch die Zeitmessung einfach – ein einleuchtender Gedanke, auf den man aber erst nach langer Zeit kam. Wäre es möglich, daß es ähnlich grundlegende Ideen gibt, denen gegenüber wir nur in selbstgefälliger Weise blind sind?

Ich habe früher einmal geschrieben, daß das Hoffnungsvollste an der Menschheit ihre relative Dummheit sei.

Wenn ich glauben müßte, daß diese Menschheit die Krisen, das Durcheinander und die Gefahren der heutigen Welt hervorbringt, obwohl sie ihr intellektuelles Potential in vollem Umfang einsetzt, dann bestünde tatsächlich wenig Hoffnung. In diesem Buch will ich jedoch zuversichtlicher sein und mich mit ebenjener glücklichen Dummheit der menschlichen Rasse auseinandersetzen.

Wie kommt es, daß uns unsere Intelligenz in Gewohnheiten, Idiome und Institutionen eingesperrt hat, die uns nur daran hindern, einen besseren Gebrauch von unserem Verstand zu machen?

Der Grund dafür ist, daß wir ein Denksystem entwickelt haben, das zur Zeit seiner Entwicklung durchaus nützlich war, heute aber in gefährlicher Weise unzulänglich ist. Dieses Denksystem hat uns in vielen Bereichen gute Dienste geleistet – mit Ausnahme des Bereichs der Konfliktlösung, wo es sich als total unbrauchbar erweist. Dies deshalb, weil das Denksystem (das auf der Logik der Sprache und dem Prinzip des Widerspruchs basiert) selbst die Methode des Konflikts enthält. Deshalb versuchen wir, Konfliktlösungen mit Konflikten zu erreichen.

Wir wissen heute genug über die Arbeitsweise des Gehirns, um in der Lage zu sein, geeignetere Denksysteme zu entwerfen. Insbesondere wissen wir, daß unsere Wahrnehmung ein sich selbst organisierendes Informationssystem ist und sich daher stark von unseren gebräuchlichen »passiven« Informationssystemen unterscheidet. Mangels dieser Einsicht waren wir bislang nicht in der Lage, auf dem wichtigen Gebiet der Wahrnehmung zu arbeiten, sondern mußten uns an den niederen Bereich einer Logik (oder Mathematik) halten, die sich allein mit solchen Wahrnehmungen befaßt, die bereits vorhanden sind.

Kreativität und Entwerfen sind aber nur im Bereich der Wahrnehmung möglich.

Ich will hier zeigen, daß unsere hochgeschätzten Denksysteme veraltet, unzulänglich und gefährlich sind, wenn es um die Lösung von Konflikten geht. Wir müssen das System dialektischer Argumentation, das so stark unsere Kultur bestimmt, durch ein konstruktives *Entwurfsidiom* ersetzen. Wir müssen das Prinzip des Widerspruchs über Bord werfen, um zu einer neuen Logik zu gelangen.

Bei jeder Auseinandersetzung sind die gegnerischen Parteien logischerweise unfähig, einen Ausweg zu ersinnen. Die Rolle einer dritten Partei ist unbedingt erforderlich. Das bringt uns zu dem Begriff des *dreieckigen Denkens,* den ich einführen werde.

Unsere gegenwärtigen Regierungsapparate und die Vereinten Nationen sind ihrer Struktur nach nicht geeignet, diese entwerfende, kreative Rolle zu übernehmen. Selbst beim besten Willen werden sie immer repräsentativ und argumentativ bleiben. Es besteht die klar definierte Notwendigkeit einer neuen Organisation, die die Aufgabe eines übernationalen und unabhängigen Denkens übernehmen muß. Das ist die SITO (Supranational Independent Thinking Organisation), und ich werde darlegen, wie sie funktionieren wird.

Es liegt mir daran klarzustellen, daß ich nicht die traditionelle Rolle des Kritikers übernehmen will, der ein System attackiert und seine Fehler bloßlegt – in der Hoffnung, daß damit der Fehler korrigiert wird. Das führt zu nichts. Veränderungen innerhalb ein und desselben Idioms können zu keinem Ergebnis führen. Das kann nur ein neues Idiom. Deshalb werde ich auf die Unzulänglichkeiten unseres gegenwärtigen Denkens und seiner Methoden der Konfliktlösung eingehen, um vor diesem Hintergrund praktische Alternativen anzubieten.

Der erforderliche Wandel ist sehr viel fundamentaler, als den meisten Menschen klar ist. Unsere Denksysteme sind hoffnungslos veraltet, auch wenn wir mit noch soviel Selbstgefälligkeit und Stolz an ihnen festhalten. Sie sind für die Lösung von Konflikten total ungeeignet. Man wird niemals die spanische Sprache dadurch erlernen, daß man sein Französisch verbessert. Man muß die Sprache wechseln.

Aber dies ist kein Buch der Mahnung oder Klage. Es bietet ein praktisches Idiom für das Denken über Konflikte an – die Sprache des kreativen Entwurfs. Und es schlägt eine praktische, übernationale Institution für die Auseinandersetzung mit Konflikten vor – die SITO.

Edward de Bono   Palazzo Marnisi
                                  Marsaxlokk, Malta

KONFLIKT
Ein Zusammenprall von Interessen, Werten, Aktionen oder Richtungen. Konflikt bedeutet das Vorhandensein dieses Zusammenpralls. Das Wort Konflikt ist von dem Augenblick an anwendbar, in dem sich dieser Zusammenprall ereignet. Selbst wenn wir von einem möglichen Konflikt sprechen, implizieren wir, daß da schon ein Richtungskonflikt vorhanden ist, auch wenn es noch gar nicht zum Zusammenprall gekommen sein mag.

KONFLIKTISIERUNG
Dies ist ein neues Wort. Seine Bedeutung ist ziemlich klar. Konfliktisierung ist der Vorgang des Auslösens, des Vorantreibens, der Ermutigung oder der Planung eines Konflikts. Man beachte, daß sich Konfliktisierung auf das Bemühen bezieht, einen Konflikt zu schaffen. Das Wort deckt all jene vorsätzlichen Dinge ab, die sich zutragen, bevor der Konflikt da ist. Konfliktisierung soll also einen absichtlichen Vorgang bezeichnen. Es ist das Bemühen, einen Konflikt zu schaffen. Wir brauchen uns hier nicht damit zu befassen, was jemanden dazu bringt, einen Konflikt schaffen zu wollen.

ENTKONFLIKTISIERUNG
Auch dies ist ein neues Wort, das ich erfinde. Entkonfliktisierung ist sogar von größerer Bedeutung als Konfliktisierung. Damit Entkonfliktisierung einen Sinn ergibt, müssen wir zunächst das Wort Konfliktisierung haben. Entkonfliktisierung ist das Gegenteil von Konfliktisierung. Es bezieht sich auf die Beseitigung oder die Auflösung der Grundlagen eines Konflikts. Entkonfliktisierung heißt nicht ein Verhandeln oder Aushandeln oder gar die Lösung von Konflikten. Entkonfliktisierung ist das Bemühen, das erforderlich ist, damit sich ein Konflikt auflöst. So wie Konfliktisierung die Schaffung eines Konflikts ist, ist Entkonfliktisierung der gegensätzliche Vorgang: die Beseitigung des Konflikts.
Dieses Buch handelt von der Entkonfliktisierung.

Teil I
Wie der Verstand arbeitet und verschiedene Arten des Denkens

1. Warum wir wissen müssen, wie der Verstand arbeitet

Es gibt die fürchterliche Geschichte von der Frau, die ihren nassen und zitternden Pudel zum Trocknen in den Mikrowellenherd steckt. Ich bezweifle, daß diese Geschichte wahr ist, aber worauf sie hinaus will, ist von Bedeutung: Man muß wissen, wie ein System funktioniert.

An dieser Stelle möchte ich folgendes sagen: Ich glaube, daß es niemals wieder ausreichen wird, sich mit den Ergebnissen menschlichen Denkens zu befassen, ohne gleichzeitig die Natur dieses menschlichen Denkens zu betrachten.

Menschliches Denken ist eine Informationsaktivität in jenem speziellen Umfeld, das wir Gehirn nennen. Wir kennen die Wirkungsweisen des Gehirns zwar noch nicht bis ins Detail, aber wir haben doch eine grobe Vorstellung davon, zu welcher Art von Informationssystem es gehört. Von dieser groben Vorstellung können wir praktische und definitive Typen von Informationsverhalten ableiten und diese Grundsätze direkt auf das menschliche Denken anwenden.

Man mag einwenden, daß es Millionen von Menschen gibt, die vorzügliche Autofahrer sind, die aber nicht die blasseste Ahnung davon haben, wie ein Verbrennungsmotor funktioniert. Warum müssen wir also den Verstand verstehen, um ihn wirkungsvoll einsetzen zu können? Die Antwort lautet, daß jemand, der viel vom Verbrennungsmotor versteht, diese Maschine, ihr zuverlässiges Funktionieren und ihre vereinfachten Bedienungselemente ersonnen hat. Außerdem übergibt man, sollte einmal etwas schiefgehen, das Auto einfach dem Mechaniker. Worauf es ankommt, ist, daß jemand das System versteht, und deshalb ist es so effizient und praktisch geplant. Was unseren Verstand anbetrifft, so sind wir gerade dabei, dieses Stadium zu erreichen.

Es trifft zu, daß wir über hervorragende mathematische und logische Systeme verfügen. Wir erwerben uns gerade mit großer Schnelligkeit eine umfangreiche Fachkenntnis auf dem Gebiet der Computer-Hardware und -Software. Aber das sind alles Denkprozesse der zweiten Stufe.

Die erste Stufe des Denkens ist die Wahrnehmung. In der Wahrnehmung wird das Chaos der äußeren Welt in Symbole oder Wörter übersetzt, die dann in den hervorragenden Systemen der zweiten Stufe, die wir erfunden haben, verarbeitet werden können. Solche Systeme können höchst artifiziell sein und nicht die geringste Ähnlichkeit mit der Funktionsweise des Gehirns haben. Aber die *Wahrnehmung selbst* hängt direkt von dieser Funktionsweise ab. Deshalb ist unsere Beschäftigung mit der Wahrnehmung stets so kläglich ausgefallen − weil wir das betreffende System nicht begriffen haben. Wir sind heute dabei, die Wahrnehmung als ein »sich selbst organisierendes Informationssystem« zu verstehen. Das unterscheidet sich sehr stark von den Informationssystemen, die uns vertraut sind.

Im wesentlichen ist unser Denken auf Sprache gegründet. Solche sprachgebundenen Denksysteme sind ebenfalls Systeme der zweiten Stufe. Wir ererben Begriffe − und im Verlauf der Zeit mag uns unsere Erfahrung dazu befähigen, neue Begriffe zu bilden. Die Regeln für die Behandlung der Wörter sind durch die Grammatik und den Gebrauch festgelegt. Wir sind sehr stolz auf unser sprachgebundenes Denksystem und halten es für wunderbar − was es auch ist. Es ist einmalig, und unsere Kultur hängt so stark von sprachgebundenem Denken ab, daß wir uns gar nichts anderes vorstellen können.

Dennoch hat das sprachgebundene Denken einige ernsthafte Mängel und Gefahren. Dies gilt insbesondere für das Konfliktdenken, von dem dieses Buch handelt. Seinem Wesen nach zielt sprachgebundenes Denken darauf ab, Unterscheidungen, Trennungen und Kategorien zu liefern. Das verwundert kaum, da dies doch der eigentliche Zweck von Sprache ist. Sprachgebundenes Denken schafft Identität und dauerhafte Bezeichnungen. Darin wurzelt die Logik, die mit sprachgebundenem Denken verknüpft ist. Diese Logik basiert auf Identität, Entsprechung, Abgrenzung und vor allem auf dem Prinzip des Widerspruchs. Wie ich weiter erläutern werde, haben alle diese Aspekte zutiefst negative Auswirkungen auf das Konfliktdenken.

Wie könnten wir anders denken? Man stelle sich einen Planeten vor, der ganz normal seine Bahn zieht. Dabei durchläuft er unablässig verschiedenste Beziehungen, Übergangsphasen und temporäre Zustände. Im Gegensatz zu der Kategorisierung und Dauer des sprachgebundenen Denkens ist da alles im Fluß und in ständigem Wandel. Teilweise nähert sich die Mathematik dieser anderen Art des Denkens. Das gilt auch für die Kybernetik. Aber beide sind im allgemeinen Gebrauch immer noch primitiv und beschränkt.

Im Augenblick müssen wir weiterhin das sprachgebundene Denken benutzen, wie auch ich dies im weiteren Verlauf dieses Buches tun werde. Wir können jedoch drei Schritte tun, um die gefährlichen Beschränkungen des sprachgebundenen Denkens zu vermindern (die übrigens eher die Prosa als die Dichtung betreffen). Die drei Schritte sind die folgenden:

1. Verstehe das Wesen der Wahrnehmung.
2. Sei dir der Gefahren der Sprache bewußt.
3. Führe neue Begriffe in die Sprache ein (wie z. B. das neue Wort »PO«, das ich vor einigen Jahren erfand und auf das ich noch zu sprechen kommen werde).

Das Wesen der Wahrnehmung

Man nehme drei Männer, von denen jeder ein kleines Stück Holz in der Hand hält. Alle drei lassen das Stück Holz los.

Beim ersten fällt das Holz zu Boden.

Beim zweiten steigt das Holz nach oben.

Beim dritten bleibt das Holz da, wo es ist.

Im ersten Fall verhält sich das Holz vollkommen normal, logisch und erwartungsgemäß. In den beiden anderen Fällen ist das Verhalten der Holzstücke phantastisch, außergewöhnlich und völlig unglaublich. Das ist es aber nur, weil wir davon ausgehen, daß sich der zweite und der dritte Mann im gleichen *Aktionsuniversum* befinden wie der erste.

Das Aktionsuniversum ist das System oder die Reihe von Umständen, unter denen sich etwas vollzieht. Zum Beispiel gehört die gesamte Geometrie Euklids in das Universum einer ebenen, zweidimensionalen Fläche. In solch einem Universum ergibt die Summe der Winkel eines Dreiecks immer 180 Grad. Sobald wir das Universum ändern und an die Stelle der ebenen Fläche eine sphärische setzen, kann es sein, daß Euklids Theoreme nicht mehr haltbar sind – zum Beispiel ergibt die Summe der Winkel eines Dreiecks nun mehr als 180 Grad.

Wir gehen davon aus, daß alle drei Männer ganz normal auf der Erdoberfläche stehen. Was wir auch anstellen, wir können uns das merkwürdige Verhalten des zweiten und des dritten Holzstückes in diesem »normalen« Universum nicht erklären. Das Rätsel löst sich sofort, wenn ich erkläre, daß es sich um drei voneinander verschiedene Universen handelt. Im ersten Falle steht der Mann auf der Erdoberfläche, und das Holzstück fällt wie erwartet zu Boden. Im zweiten Falle steht er unter der Wasseroberfläche, und in diesem Universum steigt das Holzstück natürlich nach oben. Im dritten Falle befindet sich der Mann in einem die Erde umkreisenden Raumschiff, so daß das schwerelose Holzstück an der Stelle bleibt, an der es sich gerade befindet.

Dieses einfache Beispiel macht deutlich, wie befremdliches und unerklärliches Verhalten plötzlich klar und logisch wird – wenn wir erst einmal begriffen haben, daß es sich in einem *anderen Universum* vollzieht.

Das ist ein überaus wichtiger Punkt. Wir haben die Wahrnehmung deshalb nicht verstanden, weil wir immer angenommen haben, daß Wahrnehmung in der gleichen Art von Informationsuniversum stattfindet wie Schreiben oder Zeichnen. Wir sind an »passive« Informationsuniversen gewöhnt, in denen man Zeichen auf Papier oder auf Magnetband aufträgt und diese Zeichen dann unverrückt stehenbleiben. Das Informationsuniversum der Wahrnehmung ist ein ganz anderes – es handelt sich dabei um ein »aktives« Informationsuniversum.

DAS ÜBERQUEREN DER STRASSE

Wenn man ein Viereck in dreimaldrei Kästchen aufteilt und die Zahl 1 in eines der Kästchen tut, die Zahl 2 in ein anderes und so weiter, bis alle Zahlen von eins bis neun in einem Kästchen untergebracht sind, dann sieht man, daß es eine ziemlich große Vielfalt an Möglichkeiten gibt, die Zahlen zu verteilen. Tatsächlich gibt es 362 880 verschiedene Möglichkeiten. So kann man auf einfache Weise zeigen, daß die Mathematik der Kombination große Zahlen liefert.

Wenn beim Überqueren der Straße unser Gehirn alle Informationen in den verschiedensten Kombinationen überprüfen müßte, um zu Erkenntnissen über die Verkehrsverhältnisse zu gelangen, würde es mindestens einen Monat dauern, bis wir über die Straße kämen. Die wechselnden Bedingungen würden es uns sogar unmöglich machen, die andere Straßenseite zu erreichen.

Es ist ganz klar, daß im Falle der Wahrnehmung das Gehirn in der uns umgebenden Welt sehr schnell einen Sinn finden muß. Genau hier kommen »aktive Informationssysteme« ins Spiel. Solche Informationssysteme ermöglichen es den hereinkommenden Informationen, sich selbst zu *Mustern* zu ordnen.

Wenn sich erst einmal so ein Muster gebildet hat, dann bedarf es nur noch einer einzigen Eingabe, um das Muster auszulösen. Auf diese Weise »erkennen« wir die Situation und überqueren die Straße in einer ganz normalen Zeit. Leben wäre ohne dieses Muster bildende und Muster benutzende Wesen der Wahrnehmung gänzlich unmöglich. Das ist der eigentliche Zweck der Wahrnehmung. Dies ist ein außerordentlich *nützlicher* fundamentaler Aspekt des Verstandes – und die mit Computern befaßten Wissenschaftler sähen wahrscheinlich nichts lieber, als wenn ihre Maschinen das ebensogut könnten. Dennoch läßt dieses Bilden von Mustern Unbeweglichkeit und Stereotypen entstehen. Deshalb besteht ein so großer Bedarf an Kreativität und an lateralem Denken, auf den ich später noch eingehen werde.

AKTIVE INFORMATIONSSYSTEME

Stellen wir uns ein auf einem Tisch ausgebreitetes Handtuch vor. Einem Tintenfaß wird nun ein Löffel Tinte entnommen und dieser

über dem Handtuch ausgeschüttet. Das Ergebnis ist ein Tinten-
fleck. Wenn wir den Vorgang wiederholen, ist am Ende auf dem
Handtuch ganz genau verzeichnet, wo der Löffel voll Tinte
jeweils ausgegossen wurde. Wir haben es hier mit einer typischen
»passiven« Informationsoberfläche zu tun, vergleichbar dem
Papier oder Magnetband und den auf ihnen hinterlassenen Zeichen.

Dem sei eine »aktive« Oberfläche entgegengesetzt. Statt eines
Handtuchs haben wir nun eine flache Schale mit Gelatine. Dies-
mal wird die Tinte über einer kleinen Flamme erhitzt. Wenn man
den Löffel mit heißer Tinte über der Gelatineoberfläche ausgießt,
dann schmilzt die Gelatine unter der heißen Tinte. Gießt man die
geschmolzene Gelatine und die abgekühlte Tinte fort, dann bleibt
eine kleine Vertiefung in der Oberfläche. Sie entspricht dem Tin-
tenfleck auf dem Handtuch.

Jetzt gießen wir mehrere Löffel Tinte an der gleichen Stelle wie
beim Handtuch über der Gelatine aus (zwischendurch wird jedesmal die entstandene Flüssigkeit aus Tinte und Gelatine abgegos-
sen). Am Ende hätte sich ein Kanal in die Gelatineoberfläche
eingefressen, und zwar deshalb, weil sich die Tinte aus dem zweiten Löffel auf der Oberfläche ausbreitet und da in die vom ersten
Löffel hinterlassene Vertiefung hineinfließt, wo sie sie erreicht.
Das Resultat ist schließlich ein Kanal.

Das Gelatine-Modell liefert ein sehr einfaches Beispiel für eine
»Umgebung«, die es der hereinkommenden Information ermöglicht, sich selbst zu einem »Muster« zu ordnen. Kurz gesagt,
handelt es sich um ein »sich selbst organisierendes Informationssystem«.

Mit »Muster« meinen wir einen Kanal, auf dem wir von einem
Ende zum anderen hinabgleiten können. Damit meinen wir eine
Folge in der Zeit, eine Abfolge von Stadien, bei der eins auf das
andere folgt – gerade, als wenn sie entlang eines Kanals aufge-
reiht wären.

Natürlich liefert unsere ganz gewöhnliche Umwelt ein noch
einfacheres Beispiel für ein sich selbst organisierendes Informationssystem. Der erste Regen bildet kleine Rinnsale, die sich dann
zu Bächlein und schließlich zu Flüssen vereinigen. Haben sich

diese Muster erst einmal gebildet, dann muß der Regen fortan den vorgegebenen Bahnen folgen.

Aus der Sicht des Verstandes ist dies ein phantastisches System. Es ist ein System, das dem Chaos Sinn abgewinnt. Es ist ein System, das ein sehr schnelles Erkennen und Reagieren möglich macht.

DER MECHANISMUS DES VERSTANDES

Es ist möglich zu zeigen, wie sich Nervenbahnen im Gehirn als sich selbst organisierende Informationssysteme verhalten können. Ich habe all dies bereits in einem 1969 erschienenen Buch mit dem Titel *Der Mechanismus des Verstandes* behandelt. Dieses Buch hat dazu beigetragen, das Erziehungssystem Venezuelas erheblich zu ändern (durch Dr. Luis Alberto Machado). Das in diesem Buch entwickelte Modell ist im Computer simuliert worden und verhält sich im großen und ganzen wie vorhergesagt.

Damals wurde das Buch weitgehend ignoriert – und doch gewinnt heute das Verhalten sich selbst organisierender Informationssysteme in der vordersten Front der Informationstechnologie eine immer größere Bedeutung. Ich zweifle nicht im geringsten daran, daß gerade in dieser Richtung große Fortschritte erzielt werden. Meine eigenen Ideen gehen inzwischen weit über die in *Der Mechanismus des Verstandes* entwickelten hinaus.

Wichtig ist, daß wir nicht warten müssen, bis wir alle Details der Arbeitsweise des Gehirns kennen, um brauchbare Folgerungen aus dem wahrscheinlich vorliegenden Systemtypus zu ziehen.

Das Verhalten der sich selbst organisierenden, musterbildenden Systeme erscheint einfach und klar, aber die Implikationen reichen tief und weit. Beispielsweise wird deutlich, daß der Humor das bedeutendste Wesensmerkmal des menschlichen Verstandes ist. Der Humor sagt uns mehr über das Informationsverhalten des Verstandes als alles andere.

Daß sich traditionelle Philosophen nicht mit dem Aspekt der Wahrnehmung befaßt haben, läßt sich daran zeigen, daß sie die Bedeutung, die dem Humor zukommt, vernachlässigt haben. In der Vergangenheit haben die Philosophen Wortspiele veranstaltet. Es ist nun an der Zeit, sich mit den systematischen Grundlagen des Denkens zu befassen.

Mir ist sehr wohl bewußt, daß ich dem Leser, der mit meinem
Werk vertraut ist, in diesem Abschnitt nichts Neues gesagt habe.
Ich befinde mich da in einem Dilemma. Ich kann das, was einen so
wesentlichen Teil meiner Aufgabe ausmacht, nicht übergehen, weil
ich es dann gleichsam ohne Grundlage in der Luft hängen ließe.
Und ich kann nicht annehmen, daß jeder Leser des vorliegenden
Buches eines meiner früheren Bücher gelesen hat. Ich kann deshalb
nichts anderes tun, als diejenigen, die meine Arbeiten kennen, um
Verständnis zu bitten – und darum, ihr besonderes Augenmerk auf
neue Gesichtspunkte zu richten, die ich bislang noch nicht zur
Sprache gebracht haben mag.

DIE IMPLIKATIONEN

Wie ich bereits gesagt habe, hat das Verständnis des sich selbst
organisierenden Wesens der Wahrnehmung schwerwiegende Implikationen.

Sobald wir in der Lage sind, Muster und vor allem die asymmetri-
sche Natur von Mustern (auf die ich in einem späteren Abschnitt
eingehen werde) zu verstehen, können wir auch den Humor und die
Kreativität verstehen. Wir können darüber hinaus kreative Werkzeuge entwerfen, die praktisch verwendbar sind.

Wir können ferner ein ganz außergewöhnliches kulturelles
Dilemma verstehen, das mit der Kreativität zusammenhängt. Ich
werde darauf in dem Abschnitt über Kreativität genauer eingehen,
will es hier aber kurz andeuten. Das Dilemma liegt darin: Jede
kreative Idee von Wert muß im nachhinein stets logisch sein.
Deshalb glaubten wir, daß wir eher eine bessere Logik als Kreativität brauchten. Das ist ein komplettes und überaus tragisches Mißverständnis des Systems. Es ist ein fast perfektes Beispiel für die
Gefahren, die sich ergeben, wenn man ein System nicht versteht.
Wie wir sehen werden, gibt es sehr gute Gründe, warum etwas *nur*
im nachhinein logisch einleuchtend sein kann.

Ein Verständnis des Wesens der Wahrnehmung hat aber auch
bedeutende Auswirkungen auf unseren Einsatz der »wissenschaftlichen Methode«. Traditionsgemäß stellen wir eine höchst vernünftige Hypothese auf und machen uns (folgen wir Karl Popper) dann
daran, diese Hypothese zu widerlegen, um zu einer noch besseren

zu gelangen. Darin steckt ein schwerwiegender Fehler. Wenn wir eine Hypothese, wie vernünftig auch immer, aufstellen, können wir ihren Beweis nur als vorstrukturiert erkennen – wahrnehmungsmäßig vorstrukturiert durch ebendiese Hypothese. Mit anderen Worten ausgedrückt, bleibt uns ein Großteil des vor uns liegenden Beweises verborgen. Deshalb geschieht es in der Wissenschaft so oft, daß sich schließlich der Beweis für eine neue Theorie als schon lange vorhanden herausstellt. Er konnte nur deshalb nicht gesehen werden, weil die Sicht durch die »vernünftige Hypothese« vorgegeben war. Um einen einfachen Anfang zu machen, könnte man vorschlagen, daß es niemals nur eine Hypothese geben sollte – egal wie naheliegend oder vernünftig sie auch sein mag. Es muß immer zumindest noch eine weitere geben – gleichgültig, wie unwahrscheinlich –, um eine alternative Strukturierung zu bieten. Es gibt noch andere Implikationen, die sich darauf auswirken, wie intensiv ein Gegenstand erforscht werden sollte, bevor man über ihn nachdenkt. Zuviel Forschung macht Innovation schwieriger. Es gibt gewaltige Gebiete, die neu durchdacht werden müssen und wo sich die Antwort sehr von der traditionell immer gegebenen unterscheiden könnte.

An späterer Stelle werde ich mich mit der Wahrnehmung und dem System des Glaubens befassen. Die Wirklichkeit des Glaubens ist sehr verschieden von der Wirklichkeit der Erfahrung oder der Wirklichkeit der Wissenschaft, und doch ist sie genauso real wie diese. Natürlich hat das Wesen der Glaubenswirklichkeit höchst bedeutsame Auswirkungen auf das Konfliktdenken, entstehen doch so viele Konflikte aus Meinungsstreitigkeiten.

STIMMUNG

Wir kommen nun zu einem Bereich, der ein wenig spekulativer ist als die vorangegangenen. Aber er hat große Bedeutung und verwirrende Implikationen. Es gibt gerade erst andeutungsweise wissenschaftliche Beweise. Theoretisch gesehen (Informationssysteme) spricht sehr viel für ihn, und ich möchte voraussagen, daß die Ergebnisse der Forschung ihn schließlich bestätigen werden.

Die alten Griechen hingen dem kuriosen und naiven Glauben an, daß die Stimmungen durch Körpersäfte bestimmt würden. War man in schlechter Stimmung, dann deshalb, weil der Körper mit »schwarzer Galle« überschwemmt war – daher das Wort Melancholie.

Sie könnten recht gehabt haben. Heute erschließt sich uns ein viel größeres Wissen über die komplexe und subtile Rolle, die Chemikalien im Gehirn spielen. Und dies zusätzlich zu ihrer Rolle als Neurotransmitter, die es einem Impuls ermöglichen, von einem Nerv auf einen anderen überzugehen. Es scheint so, als gebe es verschiedene, als *Messenger* (Boten) bezeichnete Neuropeptide, die sich in weitere Messenger aufteilen können und so weiter. Solche Messenger können an bestimmten Stellen die Nervenaktivität entweder hemmen oder erleichtern. Wir erhalten so einen komplizierten und wechselnden chemischen »Hintergrund« für das Verhalten der Nerven.

Theoretisch leidet jedes sich selbst organisierende System unter Unbeweglichkeit, da ebendies der Zweck seines Entwurfs ist. Ein bestimmter Nervenzustand wird unbedingt der Mustersequenz bis zu einem vorbestimmten Zustand folgen. Nehmen wir nun einmal an, daß sich der gleichsam fließende chemische Hintergrund ändert. Da könnte es geschehen, daß dem gleichen anfänglichen Nervenzustand ein ganz anderer folgt. Es ist, als ob mit den veränderten chemischen Bedingungen auch ein anderes Gehirn gegeben wäre. Sogleich sind Flexibilität und Reichtum des Systems erheblich verbessert. Das Verhalten mag ebenfalls ein angemesseneres sein.

In alltägliche Begriffe übersetzt, stellt dieses chemische Umfeld das dar, was wir Emotionen nennen können (es gibt wahrscheinlich auch noch andere, die wir aber noch nicht als Emotionen erkennen). Ein interessanter Gedanke: Sollten wir wirklich damit beginnen, intelligente Computer zu bauen, müßten wir diesen unter Umständen solche »Emotionen« mitgeben.

Natürlich wissen wir alle, daß sich Emotionen auf das Denken der Menschen auswirken. Aber es geht um etwas viel Grundlegenderes. Es geht nicht darum, daß sich ein Mensch die Gedanken aussucht, die in ebendiesem Augenblick zu seinen Emotionen passen. Vielmehr könnte es sein, daß in dem gegebenen emotionalen Zustand der Denkende schlicht *unfähig* ist, bestimmte Arten von

Gedanken zu denken, daß alles also gar keine Frage der Wahl ist. Der Denker wäre geradeso unfähig, diese Gedanken zu denken, wie jemand unfähig wäre, sich an seine Erlebnisse in New York zu erinnern, der noch niemals in New York gewesen ist. Das chemisch sich unterscheidende Gehirn kann zeitweise ein *anderes* Gehirn sein. Die Implikationen, die sich daraus für die Ethik ergeben, sind gewaltig. Und auch die für das Konfliktdenken.

Ich erinnere mich an einen deprimierten Menschen, der mir in einem Brief seine Beobachtung mitteilte, daß er im Zustand der Depression unfähig war, die gleichen Gedanken zu denken wie die, die er bei gehobener Stimmung denken konnte. Es war nicht so, daß er solche Gedanken einfach nicht haben wollte oder daß er ihr Ausbleiben feststellte.

Unterstützung

Lassen wir für den Augenblick die schrittweise vorgehende Logik beiseite, die bei der Durchdringung eines mathematischen Problems angewendet wird und dort zu einer Antwort führt. In solchen Fällen gelten, ist die Welt erst einmal in Symbole übersetzt worden, die Regeln symbolischen Verhaltens. Wir wollen uns aber all jene Situationen ansehen, die wir bislang noch nicht angemessen in Symbole übersetzen und an symbolverarbeitende Computer weitergeben können (ich muß den Leser kaum an die Gefahren einer fehlerhaften Übersetzung der Welt in Symbole und eines − nur weil die Rechnung stimmte − falschen Vertrauens in die Ergebnisse erinnern).

Wir wissen inzwischen mehr über die Denkprozesse der rechten Gehirnhälfte, das sogenannte »rechtsseitige« Denken. Dem steht das »linksseitige« Denken gegenüber, das im wesentlichen sprachliches und symbolisches Denken ist. Das »linksseitige« Denken ist in der Lage, seine Aufmerksamkeit auf ein Detail zu konzentrieren und es zu isolieren. Beim rechtsseitigen Denken liegt ein Gesamtmuster, ein allgemeiner Eindruck vor, der nicht in seine Teile zerlegt werden kann. Deshalb läßt sich zwar darauf reagieren, aber er läßt sich weder beschreiben noch mitteilen − vielleicht allenfalls durch die Kunst. Es könnte ganz einfach so sein, daß die Erfahrung der rechten Hirnhälfte lediglich primitiver ist und keine Möglichkeit hatte, logische Zusammenhänge herzustellen und zu differenzieren. Aber das spielt hier keine Rolle.

Nehmen wir einmal an, daß unsere Emotionen und unser allgemeiner, rechtsseitiger »Eindruck« stets den Endpunkt unseres Denkens bilden und daß, wenn wir glauben, etwas zu durchdenken, dies *nur* ein Prozeß der »Unterstützung« oder der Rationalisierung *sein kann.*

Theoretisch gesehen ist es äußerst wahrscheinlich, daß sich in einem System wie dem Gehirn das Denken immer rückwärts bewegt. Es ist möglich, vorauszusagen und zu zeigen, daß sich der Lernvorgang viel leichter rückwärts vollzieht.

Angenommen, ich verträte – in diesem Stadium nur, um zu provozieren – die Auffassung, daß es uns physiologisch unmöglich ist, etwas logisch zu durchdenken? Wenn wir meinen, dies zu tun, halten wir uns nur selbst mit der Geradlinigkeit und Kohärenz unserer Denkresultate zum Narren.

ZUSAMMENFASSUNG

Dieser erste Teil ist natürlich der wichtigste des ganzen Buches. Dennoch ergibt auch alles Folgende für sich einen Sinn, wenn der Leser alles, was ich hier entwickelt habe, nicht versteht, nicht akzeptiert oder nicht glaubt. Das andere Extrem wird der Leser sein, der zwischen den Zeilen liest und wichtige Zusammenhänge erkennt, die ich nur kurz angedeutet habe.

Nun also die Zusammenfassung. Wir haben hervorragende Denksysteme der zweiten Stufe entwickelt, die mit Symbolen umgehen können, sobald die Wahrnehmung die Welt in solche Symbole übersetzt hat. Viel vom wichtigen Teil des Denkens (besonders bei Konflikten) spielt sich im Bereich der Wahrnehmung ab. Es ist erforderlich, daß wir die Wahrnehmung als ein sich selbst organisierendes, musterbildendes System begreifen, d. h. als ein *aktives System,* das sich von den *passiven* Informationssystemen, an die wir gewöhnt sind, stark unterscheidet. Aus dem Verhalten der musterbildenden Systeme ergeben sich zahlreiche Folgerungen.

Unser auf Wörtern basierendes Denksystem weist viele ernsthafte Einschränkungen auf – insbesondere die der Kategorienbildung und der Dauer. Tatsächlich könnte all unser Vertrauen in unser vorhandenes Denksystem fehl am Platze sein.

Warum aber hat uns dieses System einigermaßen gute Dienste geleistet? Die Antwort: Das hat es eben nicht getan. Es hat uns vielmehr einen schlechten Dienst erwiesen. Natürlich ist es von Nutzen, wenn es um das Denken der zweiten Stufe und um begrenzte Gegenstände geht. Und auch da, wo wir es mit der Perzeption in einer »offenen Situation« zu tun haben; denn es macht nicht allzuviel aus, wie wir Dinge strukturieren. Es hat uns aber wenig geholfen, wo es um die Wahrnehmung in geschlossenen Situationen geht, in denen Zusammenstöße von Wahrnehmungen und Ansichten vorkommen können. Was wir auf diesen Gebieten vorzuweisen haben, ist erschreckend. Und das war zu erwarten.

2. Was an der Argumentationsmethode nicht stimmt

Die Argumentation ist die Denktradition des Westens, die am höchsten in Ehren gehalten wird. Ein großer Teil der Zivilisation beruht auf ihr, beispielsweise die Regierung und die Gerichte. Ob wir das nun Argumentation, Debatte, Dialektik oder Zusammenprall nennen, es läuft alles aufs gleiche hinaus.

Dieses Kapitel soll dazu dienen, sich mit dem ureigenen Wesen der Argumentation auseinanderzusetzen. Ich werde dies mit aller Heftigkeit tun, wobei das Paradoxe daran ist, daß ich wahrscheinlich die Methode der Argumentation anwenden werde, um ebendie Argumentation anzugreifen. Zunächst sei gesagt, daß ich die Methode der Argumentation durchaus für verdienstvoll halte. Die der Dialektik eigene Polarisierung zwingt mich jedoch dazu, sie so anzugehen, als sei sie wertlos und gefährlich. Wobei ich im übrigen glaube, daß sie zwar gefährlich, aber nicht wertlos ist.

Ein unzureichend ausgebildeter Arzt, der sich seiner Unwissenheit nicht bewußt ist, wendet eine falsche Behandlung an und bringt den Patienten ums Leben. Dieser Arzt ist kein Mörder. Er ist nicht böse. Er ist kein Ungeheuer. Seine unwissende Unzulänglichkeit kann sich aber so auswirken, als sei er dies alles. Das zeigt ziemlich treffend, was ich von der Methode der Argumentation halte. Meiner Meinung nach ist sie überschätzt und überstrapaziert. Ich glaube, daß sie in gutem Glauben angewandt wird, weil sie irgendwie gut und nützlich erscheint und weil es offensichtlich keine Alternative gibt. Dennoch ist die Methode wegen ihrer Unzulänglichkeit gefährlich, weil die irrige Annahme, sie sei brauchbar, die Entwicklung weit besserer Methoden verhindert.

Ich möchte hier nicht auf die historische Entwicklung der Argumentationsmethode eingehen. Sie geht auf den sokratischen Dialog zurück, der eine reizvollere Herausforderung gewesen zu sein scheint als das Verfahren behutsamen Erforschens. Die Methode wurde dann im Mittelalter von den Denkern der Kirche übernommen und verfeinert, weil sie ihren Zwecken so hervorragend diente. Sie brauchten eine schlagkräftige Methode, um den zahlreichen Häretikern entgegenzutreten. In gewissem Sinne war das System insofern geschlossen, als die grundlegenden Ideen wie Gott, Ewigkeit, Gerechtigkeit und Vollkommenheit (unter anderen) Allgemeingut waren. Man leistete gute Arbeit, auch wenn sich der heilige Augustinus gelegentlich durch Erfindungen wie die »göttliche Gnade« selbst retten mußte, sobald er einen Streit verlor. Die Kirche bestimmte den Stil des westlichen Denkens, der Kultur und der Erziehung, und so war die Tradition der Argumentation fest verankert. Dafür gab es auch noch andere Gründe – einschließlich der Beschäftigung, die diese Methode den Philosophen sicherte.

Es bedarf kaum der Erwähnung, daß die Sprache der Argumentation stets die Hauptstütze des Konfliktdenkens gewesen und selbst ein Modell dieses Konfliktdenkens ist.

WIE DIE ARGUMENTATION FUNKTIONIEREN SOLL

Da gibt es eine Idee, die verändert werden muß. Da gibt es eine Vorstellung, die du für falsch hältst. Da sind ein Fall, ein Anspruch, ein Standpunkt oder eine Handlung, gegen die du opponieren möchtest. Also machst du dich daran, das jeweils Vorliegende anzugreifen. Da ist die These, und du trägst die Antithese vor.

Aus dem Aufruhr und Zusammenprall der Schlacht soll die *Synthese* hervorgehen, die das Beste beider Teile in sich vereint. Es wäre absurd, wollte ich behaupten, daß dies niemals möglich wäre – aber es geschieht doch nur sehr selten. Es ist nicht schwer zu erkennen, warum es so selten geschieht. Auf seiten beider Denker ist nur sehr wenig Aktivität und Motivation vorhanden, das Beste aus der jeweils entgegengesetzten Ansicht herauszusuchen. Im besten Falle bedeutet Synthese entweder einen widerwilligen Kompromiß oder den Rückzug von einer Position.

Theoretisch haben These und Antithese stets eine gewisse Attraktivität besessen, die auf Ordentlichkeit und Aktivität beruhte. Praktisch funktioniert das aber für gewöhnlich nicht. Es mag manchmal in der Wissenschaft funktionieren, obwohl die Geschichte der Wissenschaft voll ist von nutzlosen Kämpfen, die zur Verteidigung überholter Ideen ausgetragen wurden.

Normalerweise obsiegt die eine Seite, und die andere unterliegt — in einer einfachen Sprache des Kräftemessens. Erfolgreich ist der stärkere Standpunkt und keineswegs der bessere.

Bevor wir aber zu Sieg und Niederlage kommen, müssen wir zunächst beobachten, was den Streitenden widerfährt.

Der Verteidiger beharrt immer starrer und entschiedener auf seinem Standpunkt. Alle forschenden Fühler sind eingezogen. Die Erstarrung nimmt zu.

Der Angreifer wird schneidender und wilder. Auch er muß sich stärker konzentrieren und kann sich Erkundungen nicht leisten.

Wir können das alles wie folgt zusammenfassen:

1. Beide Seiten werden immer starrer.
2. Keine Seite macht den Versuch, eine Idee zu entwickeln, die sich von den beiden Ideen, die im Streit miteinander liegen, unterscheidet.
3. Unendlich viel Zeit, Energie und Kosten werden für einen Zwist aufgewandt, der eine lange Zeit andauern kann.
4. Die Kreativität und Geschicklichkeit beider Seiten sind nicht auf eine Verbesserung ihrer Ideen gerichtet, sondern darauf, die Niederlage der jeweils anderen Idee zu erreichen.
5. Am Ende ist die siegreiche Idee die stärkere, nicht notwendig aber auch die bessere Idee.

Der Haupteinwand ist der, daß all die kreative Energie nicht genutzt wird, um bessere Ideen zu entwickeln.

EIN EXPLORATIONSIDIOM

Das Idiom, das ich hier beschreiben werde, hat etwas mit der japanischen Sprache gemein, ist aber stark idealisiert. Es sollte seine Stärken nicht aus einer vermeintlichen japanischen Geschmacksnote ableiten, sondern in sich selbst einen Sinn ergeben.

Die Japaner haben sich ganz einfach nie die dialektische Angewohnheit des Westens zu eigen gemacht. Lange Zeit war Japan eine feudale Gesellschaft voller protokollarischer Regeln, Hochachtung und Gebräuchen. Es hätte als äußerst schlechtes Betragen gegolten, jemandem zu erklären, er irre sich oder seine Idee sei falsch. Es hätte sogar als kriminell angesehen werden können, den Vorschlag zu unterbreiten, daß etwas verändert werden sollte. So scheint sich nie eine Angriffssprache ausgebildet zu haben.

»Das ist hervorragend und perfekt und läßt sich nicht verbessern – jetzt laßt uns das mal untersuchen.«

Nach westlichem Verständnis scheint hier ein Widerspruch vorzuliegen, denn was soll eine Untersuchung, wenn etwas doch hervorragend und perfekt ist?

In einem späteren Kapitel werde ich auf die Probleme eingehen, die das westliche Konzept des Widerspruchs geschaffen hat, das in so großem Maße die Basis unserer Sprachlogik bildet. Im Augenblick wollen wir uns ungeachtet des offensichtlichen Widerspruchs an die japanische Sprache halten und den oben aufgenommenen Faden weiterverfolgen.

Beide Seiten machen sich also an eine Untersuchung. Beide Seiten suchen nach besseren Ideen. Beide Seiten sind daran interessiert, die Stärken der Ideen des anderen zu erkennen. Kurz gesagt, hat man es hier mit Exploration anstelle von Argumentation zu tun.

Es sollte festgehalten werden, daß bei einer argumentativen Auseinandersetzung die beanspruchte Zeit fast gänzlich unproduktiv ist. Im Explorationsidiom ist der Zeitraum, der der Erkundung gewidmet wird, durch und durch produktiv.

Sollte die gemeinsame Untersuchung zu einer Idee führen, die beiden Seiten zusagt, so kann ein plötzlicher Übergang zu dieser Idee die Folge sein. Die alte Idee bleibt dabei unzerstört – sie wird nur nicht mehr benutzt. Übrigens legt unsere Kenntnis der Wahrnehmung nahe, daß die beste Methode, eine Idee loszuwerden, die ist, sie zu ignorieren – wenn man sie angreift, wird sie nur noch realer.

Wir kommen nun zu einem höchst interessanten Phänomen, das für die westlichen Gesellschaften von einiger Bedeutung ist. Wenn die japanischen »Forscher« *keine* bessere Idee entdecken können, dann kehren sie einfach zu der alten Idee zurück, die ja unangetastet geblieben ist und sozusagen still auf der Weide vor sich hin gegrast hat. Man vergleiche das mit dem dialektischen Idiom, in dem die ganze Kraft des Denkens auf die Zerstörung und Diskreditierung der alten Idee ausgerichtet wird. Wenn dies erreicht und keine alternative Idee verfügbar ist, dann bleibt die Gesellschaft im Chaos hängen, da sie ihre alte Grundlage weitgehend zerstört und ihr Denken noch nicht auf den Aufbau einer neuen gerichtet hat. Der westliche Gedanke, daß Angriff ausreichend kreativ ist, um ein Entwurfssystem zu bieten, ist völlig absurd.

Das japanische System hat noch einen weiteren Vorteil. Im westlichen System kann man nicht wirklich etwas ändern, bevor man nicht irgendwie bewiesen hat, daß das Vorhandene nichts taugt. Es gibt viele Dinge, die der Mühe wert und nicht falsch sind – zum Beispiel ließe sich an viele Schulfächer denken, die in sich zwar sinnvoll sind, die zugleich aber Zeit beanspruchen, die sinnvoller genutzt werden könnte. Im japanischen System dagegen ist es offensichtlich so, daß man sich etwas ansehen kann, was wirklich gut ist, um doch zu versuchen, es weiter zu verbessern. Es ist genau diese Einstellung, die japanische Qualität und die »Quality Circles« entstehen ließ.

Ich will hier nicht das Lob der japanischen Kultur als solcher singen. Um aber zu zeigen, daß unser »Kollisionssystem« nur eine mögliche Art des Vorgehens darstellt, muß ich ein anderes System vorführen, das nicht aus der dialektischen Tradition hervorgegangen ist. Wie jedes andere Volk auch, kannten die Japaner Kriege, Konflikte und Zusammenstöße, die auf Macht, Habgier und Egoismus beruhten. Da sie aber nicht in der Tradition dialektischen Denkens stehen, sind sie auf dem »Weg des Entwurfs«, auf dem Weg der kreativen Planung, der Gegenstand dieses Buches ist, weiter fortgeschritten.

An dieser Stelle begegne ich gewöhnlich folgendem Einwand: Wenn sich die Japaner so gut auf Veränderung verstehen, warum sind sie dann bei Erfindungen und wissenschaftlichen Durchbrüchen allem Anschein nach nicht eben stark? Die Stärke der Japaner ist eher der kleine gedankliche Sprung und das, was sie »Kombinationserfindung« nennen, als der größere gedankliche Sprung. Und das deshalb, weil ein solcher größerer Sprung ein unbeirrbares Individuum erfordert, das seiner eigenen Logik folgt und sich nicht um die anderen kümmert. Als sich Frank Whittle daranmachte, das Düsenaggregat zu entwerfen, machten sich seine Kollegen über die Idee lustig – aber er ließ sich nicht beirren und hatte Erfolg. Marconi wurde zwar in Italien geboren, lebte aber lange genug in England, um stur zu werden. Als Physiker war ihm bekannt, daß Radiowellen einer geraden Linie, also nicht der Erdkrümmung folgen. Dennoch machte er sich an die Arbeit und sandte drahtlose Signale von Neufundland nach Cornwall. Seine Freunde hielten ihn für verrückt. Ihm aber war das gleichgültig. Er hatte Erfolg, weil die Ionosphäre die Wellen reflektierte und zur Erde zurücksandte. Diese Unbeirrbarkeit ist eine Art von begrenzter Logik, die nur für den Geltung hat, der sie vertritt, nicht aber für die anderen. England verdankt ihr ein hohes Maß an Erfindungsreichtum und industrieller Unrast. In einer Gruppenkultur wie der Japans konnte eine solche individuelle Unbeirrbarkeit nicht aufkommen, denn wenn einen da die Kollegen für verrückt halten, dann hält man den Mund.

Gewiß ist das dialektische System des Westens für unseren technischen Fortschritt verantwortlich. Gewiß ist der Zusammenprall von Theorie und Gegentheorie das ureigenste Wesen des technischen Fortschritts. Aber ich glaube, daß das nur eine geringe Rolle gespielt hat. Der Schlüssel zu der technologischen Entwicklung des Westens ist die Idee der »Hypothese« – die Spekulation über das, was sein könnte, treibt das Denken zu weiteren Erkundungen vorwärts. Die Chinesen verfügten vor vielen Jahrhunderten über eine sehr fortgeschrittene Technologie. Das war eine Zeit, da die Techniker experimentierten und neue Dinge ausprobierten. Dann aber geriet alles in die Hände von Gelehrten und Akademikern, die alles erklärten und die Notwendigkeit des Experimentierens überflüssig machten. Da die Chinesen niemals die Idee der Hypothese entwickelt hatten, ging es plötzlich nicht mehr weiter. Man hat die Ansicht vertreten, der Westen habe die Idee der Hypothese entwickeln können, weil er an Gott glaube. Dies beinhalte die Auffassung, daß Gott einen uns verborgenen Plan für diese Welt habe. Eine Hypothese ist der Versuch, diesen Plan zu erraten. Die chinesische Kultur war nie theistisch, und wo es keinen Gott gab, da gab es auch keinen verborgenen Plan zu erraten – folglich auch keine Hypothesen.

Wir werden später noch sehen, wie die provozierenden Aspekte des lateralen Denkens sowohl die Unbeirrbarkeit als auch die allgemeine Idee der Hypothese in einer ganz bewußten und formalisierten Weise auffangen können. Tatsächlich ermöglicht das »PO«-Konzept eine zeitlich begrenzte und kontrollierbare Form von »Geisteskrankheit«, die es wiederum dem Denker erlaubt, die logischen Beziehungen jeder Idee zu transzendieren, um eine neue Idee zu entdecken.

Wir wollen nun die wichtigsten Gesichtspunkte des »Explorationsidioms« aufführen:

1. Die existierende Idee wird nicht angegriffen und bleibt unbeschädigt, so daß man wieder zu ihr zurückkehren kann.
2. Von Anfang an sind beide Parteien an kreativem Erkunden und am Entwerfen beteiligt.
3. Die ganze Zeit wird positiv und kreativ genutzt.
4. Da es nicht notwendig ist, Fehler aufzudecken, läßt sich eine Idee, die bereits gut ist, noch verbessern.
5. Die Idee wird gemeinsam entworfen und dann gemeinsam bewertet.
6. Das Problem des »Eigentums« – *deine* Idee gegen *meine* – ist nicht gegeben.

IN JEDEM STADIUM RICHTIG

Man kann argumentieren, daß am Ende eine Bewertung der Idee vorgenommen werden müsse; daß irgendwann eine rigorose Überprüfung erforderlich sei, damit man wisse, ob eine Idee sicher sei, ob sie funktionieren werde, ob sie die versprochenen Vorteile bringe, und daß das alles ganz ohne Zweifel die Aufgabe der Dialektik sei. Ich bin aber nicht sicher, ob das stimmt. Ich kann nicht einsehen, warum eine gemeinsame Bewertung (oder sogar eine unabhängige) nicht noch besser sein sollte. Doch räume ich vorläufig ein, daß ich an dieser Stelle nicht so viel gegen die Methode der Argumentation einzuwenden habe.

Die Gefahr liegt darin, daß wir tatsächlich glauben, die Argumentation sei ein Weg zur Schöpfung, zum Entwurf und zum Aufbau einer Idee. Das ist schlichtweg Unsinn. Wenn in Konfliktsituationen die Methode der Argumentation die einzig verfügbare ist, dann kann es nicht Wunder nehmen, wenn es nur so wenig kreatives Entwerfen gibt.

Per definitionem verlangt die Argumentationsmethode, daß man in jeder Phase recht habe. Das bedeutet, daß man logisch folgerichtig ist und sich selbst oder den Tatsachen nicht widerspricht. Jeder Schritt muß auch in gewissem Umfange beweisbar sein. Spekulation und Gefühl sind streng ausgeschlossen.

Nun wissen wir aber, daß zum kreativen Prozeß Provokationen gehören, die als solche – und nicht als Wahrheiten – gemeint sind (und die im musterbildenden System der Wahrnehmung logisch gerechtfertigt sind). Da gibt es ferner Halbwahrheiten, Vorschläge, Hinweise. Nichts davon könnte einer logischen Attacke standhalten und der Forderung nach Rechtfertigung Genüge tun. Das ist aber auch nicht erforderlich. Alle diese Elemente haben ihren Platz in dem sich selbst ordnenden Kraftfeld der Kreativität, aus dem die Endidee hervorgeht. Und diese Endidee kann sich dann selbst logisch rechtfertigen.

Es ist sehr altmodisch zu glauben, daß eine Idee in jedem Stadium ihrer Entstehung richtig sein muß, wenn auch die endgültige Idee stimmen soll. Daran zeigt sich, daß man weder die Wahrnehmung noch musterbildende Systeme im geringsten versteht.

NEGATION

Einer der hauptsächlichen Zwecke der argumentativen Methode ist es, negativ zu sein. Damit werden zwei Ziele verfolgt. Das erste ist, Feststellungen oder Ideen zu eliminieren, die falsch oder nicht gerechtfertigt sind. Das andere, vielleicht wichtigere Ziel ist, Menschen dahin zu bringen, sorgfältig über das nachzudenken, was sie sagen wollen, weil dies Angriffen ausgesetzt ist. In der Praxis gibt es beim Konfliktdenken einen Weg, der darum herumführt. Es gibt viele sehr brauchbare Wörter, die gleichzeitig allgemein, ungenau und werthaltig sind. Sie können fast überall angewandt werden und sind gegen Angriffe immun. Dazu gehören solche Wörter wie Rechte, Freiheit, Unterdrückung, Gerechtigkeit, Menschlichkeit, Leiden. Es kann nie falsch sein, sie zu benutzen – und in ihrem Kielwasser können sie jede Form von Argument mitschleppen. Ich werde später auf sie zurückkommen. Man könnte meinen, viel

hänge von den Absichten jener ab, die an der Auseinandersetzung
beteiligt sind. Aber da solche Auseinandersetzungen nicht in einem
friedlichen Gemütszustand ausgetragen werden, ist klar, daß sich
die Spieler nicht hübsch an die Regeln des Argumentierens halten.
Uns bleibt so nur die blanke Negation durch das Idiom. Wer
müht sich schon, die zutreffenden Punkte aus dem Argument der
Gegenseite herauszusuchen? Offensichtlich kann man das nicht den
Kombattanten überlassen. Zweifellos fällt hier der dritten Partei
ihre Rolle zu, die wir später im Zusammenhang mit dem *dreieckigen
Idiom* des Konfliktdenkens erläutern werden.

Wie bereits angedeutet, bewirkt das negative Verhalten eine
negative Stimmung, die ihrerseits die Wahrnehmungen einschränken kann. Wenn wir uns in einer negativen Stimmung befinden,
können wir möglicherweise ganz einfach nicht konstruktiv denken.
Ferner kann die negative Stimmung der Auseinandersetzung eine
negative Gestimmtheit des Verhaltens und der Art und Weise, wie
sich die Teilnehmer gegenseitig behandeln, hervorrufen. Punktge-
winn oder Punktverlust sind nicht mehr einfach ein Teil der Diskussion über den Konflikt, sondern werden selbst zum Konflikt. Es hat
etwas Absurdes an sich, wenn man einen Konflikt durch einen
anderen zu lösen versucht.

Theoretisch sind höchst zivilisierte Auseinandersetzungen möglich, wenn beide Parteien kultiviert sind und die Spielregeln kennen.
Die Erfahrungen in Gerichtssälen lehren jedoch, daß sogar sehr
bewanderte und kultivierte Antagonisten schon bald vom Idiom des
Siegens und Verlierens mitgerissen werden und die Argumentation
als Möglichkeit der kreativen Erforschung in Vergessenheit gerät.
Ein Rechtsanwalt sieht es als seine Pflicht an, auf schwachen
Punkten herumzuhacken und zu versuchen, die Aufmerksamkeit
von stärkeren Argumenten der Gegenseite abzulenken.

An dieser Stelle plädiere ich nicht für die Kreativität. Ich plädiere
hier für alles, was konstruktiv ist – für alle Errungenschaften, die
wir dem Aufbauen, nicht aber dem Angreifen verdanken. Dabei
kann es sich um einen recht einfachen Bau ohne großen kreativen
Zierat handeln. Auch die schlichteste Konstruktivität ist höchstwahrscheinlich nie das Ergebnis der Argumentationsmethode.

RECHT HABEN

Wenn negative Haltung die wichtigste Waffe der Argumentationsmethode ist, dann ist es ihre größte Errungenschaft, recht zu haben. Recht haben ist eine Mischung aus zwei Dingen: Man erweist sich als immun gegen Angriffe, und man verfügt über ein stimmiges, säuberlich geordnetes Argument. Das Gefühl, recht zu haben, mag auch entstehen, wenn man einen vernichtenden Schlag geführt hat. Aber wie wichtig ist es eigentlich wirklich, recht zu haben?

Das Spektrum des Rechthabens reicht von den komplizierten Berechnungen, die erforderlich sind, einen Menschen zielgenau auf dem Mond landen zu lassen, bis zu Großmutters Vermutung, daß es am Nachmittag regnen werde. Recht haben ist eine Art Paradies, das einem alle möglichen Gaben beschert, wenn man erst einmal drin ist — Weisheit, Charakter, Bewunderungswürdigkeit, Kompetenz usw.

Wir müssen großen Wert darauf legen, daß unsere Ärzte und unsere Piloten recht haben. Dafür gibt es ganz reale Tests. Aber diese Art von Richtigkeit unterscheidet sich stark von dem Rechthaben eines Politikers oder einer Partei in einer Auseinandersetzung.

Jeder einigermaßen intelligente Mensch kann sich ein seinen Standpunkt stützendes, stimmiges Argument aufbauen — was immer das sein mag. Das nennen wir die »Intelligenzfalle«. Ein intelligenter Mensch nutzt sein Denken eher dazu, seinen Standpunkt zu untermauern, als andere Standpunkte zu erkunden. Und deshalb verfängt er sich in der Trefflichkeit der Untermauerung, die er für seinen Standpunkt zurechtgebastelt hat.

Es ist nicht allzu schwer, recht zu haben. Man wählt seine Wahrnehmungen und Informationen aus, man läßt weg, was einem nicht paßt, man schleppt ein paar allgemein zweckdienliche, werthaltige Wörter herbei, man streut ein oder zwei höhnische Bemerkungen über den Gegner ein — und schon ist man ein feiner Kerl, der eine feine Rede gehalten hat. Obgleich unter dem Gesichtspunkt der Information völlig irrelevant, sind höhnische Bemerkungen ein sehr brauchbares Konfliktwerkzeug, weil man damit Wirkung erzielen kann, ohne etwas sagen zu müssen. In gewisser Hinsicht sind sie eine reine Essenz der Negation.

DIE SPIELREGELN

Sobald man das Spiel begonnen hat, muß man sich an seine Regeln halten. Auf diesen grundlegenden Punkt werde ich in diesem Buch immer wieder zurückkommen. Deshalb ist es ja sinnvoll, Strukturen und Denksysteme zu schaffen, die sich von der Argumentation unterscheiden. Die Spieler lernen, nach den Regeln zu spielen – und dann erleben sie, daß sie ganz anders denken.

Wenn man eine Gruppe gutwilliger und vernünftiger Leute nimmt und sie bittet, das Widersacher- oder Argumentationsspiel zu spielen, kann es kaum verwundern, wenn das auf ein Spiel nach Art des Konflikts hinausläuft. Es gibt Positionen, die verteidigt, Siege, die erfochten, und Niederlagen, die beigebracht werden müssen. Warum sollten wir ein anderes Ergebnis erwarten?

Der gute Wille der Teilnehmer ist deshalb kein Schutz vor dem Idiom der Argumentationsmethode.

DIE ALLGEMEINEN ZWECKE DER ARGUMENTATION

Wir bedienen uns der Argumentation sehr häufig. Deshalb stellt sich die Frage, zu welchem Zweck wir das tun.

1. Um zu beweisen, daß etwas falsch ist; um zu beweisen, daß eins nicht aus dem anderen folgt; um zu beweisen, daß jemand sich selbst widerspricht; um zu beweisen, daß er inkonsequent ist. Und allgemein, um alle anderen Fehlerquellen sichtbar zu machen.

2. Um jemanden als dumm und unwissend zu entlarven – und folglich alles, was er oder sie sagt, als ziemlich wertlos; um jemanden als rücksichtslos, gefühllos und tyrannisch zu entlarven – und folglich als verabscheuenswert; um jemanden als unehrlich, schwankend und unzuverlässig zu entlarven. In allen Fällen folgt, daß die Ideen dieser Menschen und ihre Logik nicht viel besser sein können als ihr Charakter.

3. Um andere zu beeindrucken – wie in den Vereinten Nationen, im Parlament, in einer Jury oder im Fernsehen.

4. Um eine emotionale Stimmung zu erzeugen, die dann Bestandteil der Verhandlungsszene wird. Diese »Stimmungsmache« kann hart, stark, tyrannisch oder störrisch sein. Sie ist ein realer Beitrag zur Argumentation und wirkt sich auf

die Ideen aus, die benutzt werden können (wie in einem vorangegangenen Abschnitt dargelegt).

5. Um eine bestimmte Interpretation (z. B. vor Gericht) in Zweifel zu ziehen und die Möglichkeit anderer Deutungen zu suggerieren. Hier kommt die Argumentation der Kreativität am nächsten.

6. Um eine *Erforschung* des Gegenstandes zu erzwingen; um die eigene Auffassung darzustellen und die andere Ansicht zu erschließen; um beide Ansichten weiter (in die Zukunft) und tiefer (in das Wertgefüge) zu treiben; um Meinungsunterschiede über das, was ist und was als Folge einer Handlung geschehen könnte, deutlich zu machen; um zu zeigen, daß beide Auffassungen unter veränderten Umständen koexistieren können; um die ganze Sache an Gewicht gewinnen zu lassen und zu erweitern.

7. Um eine auf Einsicht basierende Änderung einer Ansicht zu bewirken; um jemandem dazu zu verhelfen, etwas plötzlich in einem anderen Licht zu sehen.

Es ist ziemlich klar, daß das am meisten erwünschte Ergebnis die Änderung einer Auffassung aus Einsicht ist (Punkt 7). Wenn das häufig vorkäme, dann würde es als Rechtfertigung der Urteilsmethode schon ausreichen. Unglücklicherweise geschieht das aber nur sehr selten. In jedem Falle wäre, wenn wir Einsicht bewirken wollten, das »Karten anfertigende Denken« sehr viel wirkungsvoller, das ich im folgenden Kapitel beschreiben werde. Man bedenke das folgende Beispiel:

Eine Frau beklagte sich über den Wassermangel und darüber, daß das Wasser ohne Vorankündigung abgedreht worden war. Sie war der Ansicht, daß ordentlich Bescheid gegeben werden müßte, daß das Wasser in bestimmten Stunden abgestellt werden würde. Ihr Zuhörer stimmte ihr zu, daß das hilfreich wäre, gab aber zu bedenken, daß die Leute dann vielleicht Wasser in Badewannen oder Bassins horten und so noch mehr Wasser verbrauchen würden. Die sich beklagende Dame sah das sofort ein, da sie vor vielen Jahren während einer Wasserknappheit in Hongkong genau dies getan hatte. In diesem Falle ergab sich die Einsicht aus einer persönlichen Erfahrung.

Man kann auch finden, daß das Erkunden (Punkt 6) der wahre
Zweck der Argumentation sei. Das kann zwar ein Nebenprodukt,
nicht aber der Hauptzweck sein. Wenn es so wäre, dann handelte es
sich um eine Diskussion, nicht aber um eine Argumentation. Letztere setzt fertige Standpunkte voraus, die Gegenstand von Angriff
und Verteidigung sind. Der Definition nach ist das Erkunden ein
Hervorbringen weiterer Gesichtspunkte. Noch einmal: Wenn es
um ein solches Erkunden geht, dann läßt sich das mit der im
folgenden Kapitel beschriebenen Denkmethode weitaus direkter
und effektiver leisten. Es gibt nämlich eine Alternative zur Argumentation.

3. Kartographieren, Denken und Denken-2

Ein Angriff auf das Argumentationsidiom wäre dann nur ein weiteres Beispiel für das argumentative Denken, wenn nicht eine Alternative angeboten würde. Die Alternative aber ist *entwerfendes* Denken. Dieses impliziert eine konstruktive Erkundung der Situation mit dem Ziel, einen Lösungsweg zu entwerfen. In mancher Hinsicht gleicht das dem Anfertigen einer Karte, die mögliche Wege zeigt, von denen man schließlich einen wählt. Die in diesem Kapitel beschriebenen Hilfsmittel zum Anfertigen der Karte sind sehr einfach. Sie werden in meinem für Schulen bestimmten Programm zum Erlernen des Denkens benutzt. Am Ende müssen diese Hilfsmittel vielleicht verfeinert werden, aber schon die schlichten Werkzeuge genügen, um den Unterschied zwischen Argumentation und Kartographieren deutlich zu machen.

Ein Entdeckungsreisender kann von dem Neuland, das um ihn her ausgebreitet liegt, eine Skizze machen, indem er nach Norden blickt und aufzeichnet, was er sieht; dann schaut er nach Osten, dann nach Süden und schließlich nach Westen. Am Ende hat er eine einfache Karte des Terrains angefertigt. Norden, Süden, Osten und Westen sind lediglich brauchbare Richtungen, in die er seine Aufmerksamkeit lenken kann. Das versetzt ihn in die Lage, seine Karte Schritt für Schritt anzulegen.

Einen sehr ähnlichen Vorgang können wir auf das Denken anwenden. Monatelang hatte ein Geschäftsmann mit einer größeren Ölgesellschaft über ein Geschäft verhandelt. Es gab den Austausch von Briefen, Besuche von Anwälten und den ganzen üblichen Apparat, der zu langwierigen Verhandlungen gehört. Eines Tages nahm der Geschäftsmann an einer Gruppensitzung teil, bei der die PMI-Methode gelehrt wurde. Das ist die erste der Denklektionen, die ich vor vielen Jahren für einen direkten Unterricht im Denken an Schulen entwarf. PMI wird in verschiedensten Situationen als Instrument praktisch ausprobiert, so daß die Geschicklichkeit im Gebrauch trainiert wird und es dann bei neuen Situationen eingesetzt werden kann. Dies ist eine Möglichkeit, das Problem zu lösen, wie man Denkfertigkeiten von einer Situation auf eine andere überträgt.

PMI fordert den Denker auf, zuerst in die *Plus-Richtung* (alle positiven Aspekte) zu blicken. Dann in die *Minus-Richtung* (alle negativen Aspekte); und schließlich in die *Interessant-Richtung* (alle interessanten Gesichtspunkte, die einer Beachtung wert sind, die aber unter Umständen weder gut noch schlecht sind). Die Disziplin muß dabei gewahrt bleiben − eins nach dem anderen! Nur so leistet der Denker gute Arbeit bei seiner Suche nach positiven, negativen und interessanten Aspekten, deren Ergebnis eine einfache Karte ist. Der Denker betrachtet nun seine Karte und trifft seine Entscheidung.

Zweck des PMI ist es, der natürlichen Neigung entgegenzuwirken, eine auf Emotion basierende Ansicht zu verfechten, wobei dann das Denken *nur zur Unterstützung* dieser Ansicht benutzt wird − wie bei der Intelligenzfalle, die ich erwähnt habe.

Das PMI erzwingt eine Erforschung und die Anfertigung einer einfachen Karte.

Der erwähnte Geschäftsmann erklärte also bei der nächsten Zusammenkunft die PMI-Methode, und die Versammelten waren bereit, sie auszuprobieren. Er erzählte mir, daß die ganze Angelegenheit, die sie alle monatelang in Atem gehalten hatte, nun in etwa zwanzig Minuten erledigt werden konnte.

Das überrascht nicht. Statt daß jede Seite wie bei der normalen Argumentationsmethode gegen die andere denkt, haben hier beide Seiten zusammen eine Karte angefertigt. Das war der erste Schritt − und sie versuchten, eine möglichst gute Karte zu machen, wie das jeder Kartograph auch tun würde. Als die Karte erst einmal da war, konnten alle Gedanken, die gedacht worden waren, nicht mehr ungedacht gemacht werden. Es hieß nun, gemäß den Bedürfnissen, Werten und Zielen nach der Karte vorzugehen.

Ein anderes Beispiel: Eine Mutter hatte sich entschieden, von

Kalifornien nach Arizona umzuziehen. Diese Entscheidung hatte sie zwei Jahre lang mit ihren beiden Söhnen vorbereitet und diskutiert. Sie und ihre Söhne besuchten ebenfalls einen PMI-Kurs. Als sie nach Hause kamen, beschlossen sie, die PMI-Methode auf den geplanten Umzug anzuwenden. In einer halben Stunde hatte sich die Mutter entschieden, doch nicht nach Arizona zu ziehen.

Der Direktor einer bedeutenderen Supermarktkette beschloß, das PMI (und einige der anderen Instrumente) bei der jährlichen Tarifrunde einzusetzen. Er berichtete mir, daß alles sehr viel schneller und reibungsloser über die Bühne ging als jemals zuvor.

Für jeden, der an solchen Zusammenkünften teilnimmt, ergibt sich ein gewaltiger Unterschied zwischen dieser strukturierten Art der Erkundung und der üblichen Argumentationsmethode. Sie ist dem im vorangegangenen Kapitel erwähnten japanischen Explorationsidiom nicht unähnlich: Beide Seiten bemühen sich, das Terrain *zu erkunden und zu kartographieren.*

Bei einem Demonstrationskurs in einer Schule in Sydney fragte ich dreißig Jungen (etwa zehn Jahre alt), ob sie alle für ihren Schulbesuch gern fünf Dollar pro Woche gezahlt bekämen. Alle dreißig hielten das für eine prima Idee und begründeten das auch – sie könnten dann Süßigkeiten, Comics usw. kaufen. Dann erläuterte ich ihnen kurz das PMI-Erkundungsinstrument und bat sie, das PMI auf meinen Vorschlag anzuwenden. Sie taten dies in Gruppen zu je jünf Teilnehmern. Nach einer etwa vierminütigen Diskussion meldeten sie sich wieder bei mir. Die Pluspunkte waren ziemlich unverändert die schon genannten. Doch gab es jetzt auch einige Minuspunkte (größere Jungen könnten ihnen das Geld abnehmen, es stünde weniger Geld für die Lehrer zur Verfügung usw.) und einige interessante Aspekte (würden die Eltern ihnen dann noch Taschengeld geben?). Am Ende dieser einfachen Übung wiederholte ich meine Frage. Es ergab sich, daß neunundzwanzig von den dreißig Jungen ihre Meinung völlig geändert hatten und die fünf Dollar pro Woche für eine schlechte Idee hielten.

Bedeutsam an dieser Geschichte ist, daß die Verwendung eines einfachen Erkundungsinstruments durch die Denker selbst zur Umkehrung einer Entscheidung und zu einer Wendung gegen ihren normalen Instinkt führte. Ich möchte hervorheben, daß dies alles das genaue Gegenteil einer argumentativen Auseinandersetzung war. Weder wies ich sie auf die Probleme und Schwierigkeiten hin, noch bat ich sie, ihre Entscheidung zu begründen. Ich überließ es ganz einfach ihnen, eine Karte anzufertigen und sie dann zu benutzen.

Das alles klingt sehr einfach – und das ist es auch. Aber es ist auch sehr wirkungsvoll.

DENKUNTERRICHT IN SCHULEN

Das PMI ist nur die erste von sechzig Lektionen, die Bestandteil des CORT-Programms für den direkten Unterricht in Denken als einer Fertigkeit bilden. CORT steht für *Cognitive Research Trust* – und dahinter stehen mehr als dreizehn Jahre Erfahrung mit diesem Programm. Die Lektionen sind einleuchtend und praktisch und können von Lehrern mit unterschiedlicher Befähigung im Umgang mit Jugendlichen (und Erwachsenen) verschiedener Altersstufen und Intelligenzgrade benutzt werden. Obwohl alles sehr einfach aussieht, beruhen die Methode und die Materialien doch auf Einsichten in das Wesen des wahrnehmenden Denkens (wie ich es im vorangegangenen Kapitel beschrieben habe) und auf dem Bedarf an transferierbaren Hilfsmitteln.

Mein Programm scheint heute das weltweit am meisten verbreitete für den schulischen Unterricht im Denken zu sein – ein Gebiet, das schnell an Bedeutung gewinnt. In Venezuela ist jeder Schüler per Gesetz verpflichtet, zwei Stunden pro Woche auf die Entwicklung seiner Denkfähigkeit zu verwenden. In Kanada ist das Programm weit verbreitet, in den Vereinigten Staaten wird es zunehmend eingesetzt. In Großbritannien, in Irland, Australien und Neuseeland wird die Methode in verschiedenen Schulen angewandt. Ich habe Pilotprojekte in Bulgarien, Malaysia und Malta gestartet und bin eingeladen, weitere Projekte zu eröffnen. Die vorläufigen Ergebnisse in Bulgarien zeigen einen statistisch erkennbaren Zuwachs an Intelligenz und anderen meßbaren Eigenschaften. Ergebnisse aus Kanada, Australien und den Vereinigten Staaten weisen ebenfalls meßbare Wirkungen aus.

Ich erwähne dies alles, weil es interessant ist und um das PMI richtig einzuordnen. Es sind nämlich nicht irgendwelche neuen

Mätzchen. Die Lektionen sind mehrere Jahre unter verschiedensten Bedingungen (von der elitärsten Schule Kanadas bis zum Urwald Ostvenezuelas) erprobt worden. Und es hat sich gezeigt, daß sie funktionieren.

AUFSCHNÜRENDES DENKEN
Es gab eine Zeit, da verkaufte IBM Hardware und Software und möglichst auch noch die Servicekontrakte zusammen in einem Paket. Dann wurde dieses Paket »aufgeschnürt« und jeder Bereich als ein eigenständiger behandelt.

Wir versuchen im allgemeinen, mit unserem Denken zuviel auf einmal zu machen. Das führt zu Unordnung und Verwirrung. Schließlich tun wir nur noch eines – wir führen den negativen Angriff der Argumentationsmethode zu Ende.

PMI ist ein Instrument, C & S (*Consequence and Sequel:* Konsequenz und Reihenfolge) ist ein weiteres. Da geht es darum, jeweils nur eine Sache zu tun und die gut. Wir können für jede Gelegenheit das geeignete Hilfsmittel wählen. Das tun wir etwa, wenn wir die kurz- und langfristigen Folgen einer Handlung bedenken.

Wie kommt nun aber schließlich alles zusammen? Es fügt sich in Form einer Karte.

VIERFARBENDRUCK
Zu einer bestimmten Zeit war ich versucht, dies alles »Mosaikdenken« zu nennen, weil beim Mosaik ja all die Einzelstücke am Ende das Gesamtbild ergeben. Der Vierfarbendruck ist aber wahrscheinlich ein besserer Vergleich.

Zunächst werden die Farben getrennt. Dann werden alle Farben nacheinander aufgedruckt. Durch die Überschneidung der einzelnen Farben entsteht das vierfarbige Bild – beispielsweise eine erstklassige Reproduktion eines Gemäldes von Rubens. Ein ähnlicher Vorgang liegt der Farbfotografie zugrunde.

Und in genau dieser Weise deckt jedes einzelne Instrument des CORT-Programms den ganzen Bereich mit je einer »Farbe« ab. Alle Farben zusammen ergeben die vollständige, vierfarbige Karte.

Das Idiom des Vierfarbendrucks, bei dem in Einzelschritten vorgegangen wird, um schließlich ein farbiges Bild zu gewinnen, ist

ganz besonders gut für das Konzept des »Sechs-Hüte-Denkens«
geeignet, auf das ich später noch eingehen werde.

TISCHLERWERKZEUGE
Zuzeiten mag auch der Vergleich mit den Werkzeugen des Tischlers
zutreffend sein. Ein Tischler erlernt, wann er Hammer, Beitel oder
Hobel benutzen muß, und er erwirbt sich Fertigkeiten im Gebrauch
jedes einzelnen Werkzeugs. Bei der Herstellung eines besonderen
Möbelstücks kann der Tischler eine ausgeklügelte Folge von Werkzeugen einsetzen – je nach Erfordernis. Genauso kann das auch mit
den Denkwerkzeugen des CORT-Programms geschehen.

Man stelle sich die Reichhaltigkeit der Auswahlmöglichkeiten
unter einer großen Anzahl von Denkwerkzeugen vor und vergleiche
dies mit dem beschränkten Denken, das nur damit befaßt ist, einen
anderen zu widerlegen – wie bei der Argumentation. Es ist nur zu
klar, welche Denkart zur besseren Karte führt.

Der kartographierende Ansatz erlaubt es uns, Prioritäten, Ziele,
Werte, die Meinungen anderer Menschen und viele andere Dinge
mehr in Betracht zu ziehen.

DENKEN ALS ZWEISTUFIGES SYSTEM
Alles bisher Gesagte macht deutlich, daß der kartographierende Stil
des Denkens ein sich in zwei Stufen vollziehender Prozeß ist:
1. Man fertige die Karte an.
2. Man benutze die Karte.

Statt einfach nur über etwas nachzudenken oder mit einem anderen zu argumentieren, haben wir hier eine Denkaufgabe (das kann
ein APC sein, die Suche nach *Alternatives, Possibilities and Choices,*
d. h. nach Alternativen, Möglichkeiten und Wahlmöglichkeiten).
Der Denker führt diese Aufgabe aus, wenn er auf das, was vorge-
bracht worden ist – d. h. auf das, was die Karte zeigt –, reagiert.

DENKEN-2
Vor vielen Jahren habe ich in einem meiner Bücher mit dem Titel
Die 4 richtigen und die 5 falschen Denkmethoden den Begriff
»Denken-2« geschaffen. Ich habe das niemals vertieft. Der Zweck
des Begriffes war es, diesen erkundenden und kartographierenden

Typ des Denkens von dem gewöhnlichen, argumentierenden Typ (Wahrheit/Irrtum) abzuheben, der folglich das »Denken-1« darstellte.

Es zeigt sich aber auch, daß Denken-2 einen zweistufigen Denkprozeß verlangt: Zeichne die Karte und benutze sie. Es geht darum, daß das Anfertigen der Karte ein neutraler Vorgang ist. Es unterscheidet sich grundlegend von der Art von Konfliktdenken, die man bei der Argumentation vorfindet.

SUBJEKTIVE KARTEN

Würde nun aber ein Mensch jemals eine ehrliche Karte anfertigen, die ihm selbst Nachteile bringt? Ich bezweifle sehr, daß man von einem Dieb erwarten kann, seine Schuld auf seiner Karte zu verzeichnen. Davon aber abgesehen, tendiert die Karte zur Ehrlichkeit, weil sie immer subjektiv ist. Sie wird stets vom Standpunkt des Denkers aus angefertigt.

Bei einer PMI-Übung, bei der es um die Frage ging, ob es wünschenswert sei, alle Autos gelb zu lackieren (wegen der Auffälligkeit und der Sicherheit), notierte ein Junge als Pluspunkt, daß solche gelben Autos sauberer gehalten würden. Ein anderer Junge verbuchte genau dies als Minuspunkt, denn er würde das Auto seines Vaters öfter waschen müssen. Beide hatten natürlich recht.

Verschiedene subjektive Karten können miteinander verglichen werden. Ähnlichkeiten und Differenzen werden deutlich. Wenn eine allgemeine Karte angefertigt werden soll, kann man etwas gleichzeitig als positiven und als negativen Wert eintragen (trotz der Widersprüchlichkeit).

Im Stadium des Kartographierens werden keine Positionen bezogen und damit andere Positionen ausgeschlossen. Im Widerspruch zu dem Prinzip des Widerspruchs können zwei sich gegenseitig ausschließende Positionen gleichzeitig nebeneinander bestehen. Das macht die Vielfalt der Karte aus.

DENKEN-2 UND KONFLIKTDENKEN

In diesem Kapitel habe ich eine kartographierende Denkweise als Alternative zu Argumentation und Zusammenprall vorgeschlagen.

Ich habe eine Erkundung oder Erforschung anstelle des Versuchs vorgeschlagen, Ideen mit der Axt zu entwerfen.

Es muß deutlich geworden sein, daß ich zutiefst davon überzeugt bin, daß diese kartographierende Art des Denkens eine gewichtige Rolle bei der Lösung von Problemen spielen muß. Warum sollten wir auch auf die argumentierende Art des Denkens beschränkt sein?

Man könnte einwenden, daß die, die scharf auf eine Auseinandersetzung sind, wohl kaum durch kartographische Übungen, wie wir sie hier vorschlagen, abgelenkt werden möchten. In der Praxis scheint das aber keineswegs zuzutreffen, sind doch beide Parteien für gewöhnlich so von der Güte ihres eigenen Standpunktes überzeugt, daß eine Karte in ihren Augen die Verdienste ihrer Sache nur noch klarer hervortreten lassen kann. Es gibt natürlich immer Extremfälle, wo die Streitenden an dem Konflikt um seiner selbst willen Spaß haben und nicht wirklich an einer Lösung interessiert sind. Das ist normalerweise aber nur eine vorübergehende Phase.

Zwischen den Parteien muß es keine Einigung geben. Die eine Partei kann für sich beginnen, die formalen kartographischen Übungen durchzuführen und an einer Stelle ein PMI einzuschieben, ein APC an einer anderen. Die andere Partei wird dann in diese Übungen hineingezogen werden, da sonst die einzig vorliegende Karte eine vom »Gegner« angefertigte wäre.

DIE ROLLE DER DRITTEN PARTEI

Ich werde an späterer Stelle die Rolle, die die dritte Partei für das Konfliktdenken spielt, noch sehr viel eingehender darstellen. Aus verschiedenen Gründen glaube ich, daß diese Rolle sehr wesentlich ist – und nicht einfach nur die eines Vermittlers. Das Wesen des Konfliktdenkens macht einen dritten Denkansatz unbedingt erforderlich. Das führt zum dreieckigen Denken. Ohne Beteiligung einer dritten Partei bleibt das Konfliktdenken eindimensional. Ohne sie kann es kein wirklich konstruktives, entwerfendes Denken geben. Im besten Falle ergibt sich ein Kompromißeffekt, der weit hinter einem guten Entwurf zurückbleibt.

Ich werde auf diese wichtige Rolle der dritten Partei später eingehen. Im Augenblick erwähne ich sie nur, weil die dritte Partei eine ideale Position innehat, von der aus die anderen beiden Parteien immer wieder zu Kartographieübungen aufgefordert werden können. Schlimmstenfalls können die beiden dies mit schlechtem Benehmen oder Inkompetenz beantworten, was aber beides eindeutig negative Haltungen sind. Wie zuvor, bedeutet auch hier das Versagen einer Mithilfe bei der Anfertigung der Karte lediglich, daß sie ein anderer für einen anlegt – notfalls eben die dritte Partei. Was bliebe, wäre allein die Möglichkeit der Modifikation, denn eine Ablehnung hätte keinen Sinn. Die Behauptung, die Karte eines Geographen sei fehlerhaft, ist bedeutungslos, solange man die Fehler nicht tatsächlich zeigen kann. In dem Augenblick aber liefert man seine eigene Version der Karte. In der Praxis laufen die Dinge so.

Was mir bei der dritten Partei vorschwebt, ist weder ein neutraler Vorsitzender noch ein Richter, sondern jemand, der sich aktiv am Prozeß des Denkens und Entwerfens beteiligt.

ROLLENSPIEL

Wenn man die Rolle eines Denkers spielt, entwickelt man sich zum Denker.

Diese Behauptung scheint unerhört – aber sie könnte stimmen. Wenn man die Haltung eines Denkers einnimmt, wird man feststellen, daß man denkt. Das ist keineswegs überraschend. Wenn man sich förmlich vornimmt, ein PMI zu machen, dann ist die Ausführung ganz einfach. Mit der Zeit wird es zur Gewohnheit. Mit der Zeit wird man der Denker, der man werden wollte.

An dieser Stelle ist es wert zu erwähnen, warum die Instrumente künstliche Namen wie PMI, C & S oder APC haben. Der Grund ist einfach. Ermahnung hat keinen bleibenden, keinen instrumentalen und keinen rollenspielerischen Wert. Man kann jemanden ermahnen, in einer Sache einen ausgewogenen Standpunkt einzunehmen, und der dazu Aufgeforderte wird versuchen, dem nachzukommen – für den Augenblick. Aber die PMI-Methode kann in wenigen Minuten erlernt und von da an bewußt als Werkzeug benutzt werden. Um unterscheidbar und mit Bedacht einsetzbar zu sein, muß solch ein Instrument oder Werkzeug eine Identität haben. Wie der Verstand angefüllt ist mit deskriptiven Ideen (Tisch, Stuhl, Mahlzeit usw.), so müssen wir das Bewußtsein mit einigen »operativen Ideen« füttern. Deshalb haust das PMI im Verstand als befremdliches, neues Wesen. Es hat eine Identität.

Wir haben herausgefunden, daß Lehrer, die versuchten, denselben Gegenstand zu unterrichten, sich aber weigerten, den entsprechenden »Jargon« zu benutzen, bei den Schülern eine zu schwache Wirkung erzielten. Die Schüler mögen die Übung zwar durchexerzieren, aber was sie lernen, ist nicht von Dauer, ordnet sich nicht in Beziehungsbezüge ein und ist vor allem nicht transferierbar. Um ein Werkzeug zu haben, muß man es sich erst schaffen.

ROLLENTAUSCH

Dies ist eine andere Art von Rollenspiel. In Konfliktsituationen ist jede Seite mit ihrem eigenen Standpunkt stark beschäftigt. Der andere Standpunkt wird nur so weit untersucht, wie etwa ein kommandierender General die Verteidigung des Gegners untersucht – auf Schwächen. Doch ist ein Verständnis für den anderen Standpunkt ein höchst nützlicher Schritt zur Konfliktlösung.

Der Rollentausch, bei dem sich jede Seite in die Position der gegnerischen Seite versetzt, ist ein anerkannter Bestandteil der Konfliktlösung. Im CORT-Satz von Instrumenten zur Anfertigung von Karten gibt es drei spezifische, die hier anwendbar sind.

ADI: Das steht für *Agreement, Disagreement and Irrelevance,* d. h. Übereinstimmung, Uneinigkeit und Irrelevanz. Die Parteien beginnen die Anfertigung einer »Karte«, die Bereiche erfaßt, bei denen Übereinstimmung gegeben ist. Dann solche, wo tatsächlich Uneinigkeit besteht. Und dann solche Gebiete, die in dem Konflikt immer wieder auftauchen, die aber als irrelevant gewertet werden können. Es ist oft erstaunlich, wie klein die Gebiete der Uneinigkeit sein können, wenn erst einmal die »Argumentationsmethode« gegen die »kartographierende Methode« ausgewechselt worden ist.

EBS: Das steht für *Examine Both Sides,* d. h.: Untersuche beide Seiten. Dies ist der traditionelle Rollentausch, bei dem jede Seite den Fall der anderen Seite – ehrlich und vollständig – darlegen muß.

OPV: Das steht für *Other People's Views,* d. h. die Ansichten anderer. Dies ist eher ein Allzweckwerkzeug. Denksituationen beziehen für gewöhnlich viel mehr Parteien mit ein als nur die eine, die denkt. Die OPV-Übung besteht darin, diese anderen Parteien zu identifizieren und dann die Welt mit den Augen dieser Parteien zu betrachten. Diese Übung ist weniger detailliert als das EBS, bietet aber einen größeren Spielraum, da sie Parteien einschließt, die nicht an dem Disput beteiligt sind, wahrscheinlich aber von ihm betroffen werden.

DER GEBRAUCH DER KARTOGRAPHIE-INSTRUMENTE

Meine Aufgabe in diesem Kapitel war es zu zeigen, das Denken-2 und das kartenanfertigende Denken eine Alternative zur Argumentationsmethode darstellen. Hatte ich im vorangegangenen Kapitel die Argumentationsmethode angegriffen, ergab sich nun die Verpflichtung, eine Alternative anzubieten. Ganz kurz habe ich die Methode der Kartenanfertigung und die dazu einsetzbaren CORT-Instrumente vorgestellt. Die Methode muß formal erlernt und als Fertigkeit entwickelt werden. Des weiteren habe ich angedeutet, wie das kartographierende Denken funktioniert, wobei ich darum bemüht war, den Unterschied zur Argumentationsmethode zu verdeutlichen. Aber diese Art des Denkens ist nur einer der Aspekte des Konfliktdenkens, mit denen ich mich in diesem Buch auseinandersetzen will. Es hätte jedoch der Sterilität der kritischen Methode entsprochen, hätte ich das »Argumentieren« nur angegriffen und nichts an seine Stelle gesetzt.

DER ZWECK EINER KARTE

Ein Mädchen im Alter von dreizehn Jahren machte eine PMI-Übung. In diesem Falle tat es das ganz für sich allein und schriftlich (die übliche Form ist die der Gruppendiskussion). Am Ende der Übung erklärte es:

»Zuerst hielt ich das alles für ziemlich albern, denn ich wußte doch sehr genau, was ich über den Gegenstand dachte. Dazu brauchte ich doch kein PMI. Dann aber begann ich, verschiedene Gesichtspunkte erst unter P, dann unter M und schließlich unter I zu notieren. Als ich fertig war, entdeckte ich zu meiner eigenen Überraschung, daß mein Denken durch das, was ich selbst da aufgeschrieben hatte, vollkommen verändert worden war.«

Das macht sehr deutlich, was mit dem Zweck, »Einsicht« zu gewinnen, gemeint ist, dem ja die Erkundung dient. Dadurch, daß sie zu einer deutlicheren Karte ihrer eigenen Gedanken kam, gelangte die Denkerin auch zu ganz neuen Schlußfolgerungen – ohne jede Hilfe von außen. Das Beispiel zeigt auch den Sinn und Zweck eines Denkinstruments, das der Denker für sich selbst benutzt. Denn alles wurde mit einem äußerst einfachen Erkundungswerkzeug erreicht.

4. Kämpfen, Verhandeln, Problemlösen oder Entwerfen?

Es ist sehr wichtig, beim Konfliktdenken sprachliche Klarheit zu wahren. Was ist zu tun – kämpfen, verhandeln, lösen oder entwerfen?

Ich bin bereit anzuerkennen, daß es ein paar Gelegenheiten gibt, bei denen eine besondere Situation nach einer – und nur einer – dieser Möglichkeiten verlangt. Tatsächlich kann es ein spezielles Problem geben, das gelöst werden muß, zum Beispiel die Verschmutzung eines Sees. Ein andermal mag es besondere Verhandlungssituationen geben – wenn es zum Beispiel um die komplizierten Faktoren geht, die die Einigung von Tarifparteien bestimmen. Ich möchte aber solche sehr speziellen Fälle hier beiseite lassen und das Konfliktdenken in allgemeinerer Weise betrachten.

Abgesehen von den soeben erwähnten Ausnahmen, können wir für jede Konfliktsituation das von uns bevorzugte Idiom *wählen*.

Wir können uns dafür entscheiden, alle Konflikte als Kämpfe zu behandeln. Das bezieht sich sowohl auf den Konflikt selbst (der ein echter Kampf sein kann) als auch auf das Denken, das auf die Lösung des Konflikts gerichtet ist. Hier geht es mir um dieses Denken. Wenn der Konflikt ein Kampf ist – muß das Nachdenken über diesen Konflikt dann auch ein Kampf sein? Es scheint einleuchtend und natürlich, daß es so ist – aber es gibt überhaupt keinen vernünftigen Grund dafür, warum das so sein muß (ausgenommen vielleicht die Kontinuität, auf die wir später noch treffen werden).

Das »Kampfidiom« umfaßt den gesamten Schlachtenjargon. Es gibt Taktik und Strategie. Es gibt Angriffs-, Verteidigungs- und

Rückzugspositionen. Es gibt Geländegewinne und -verluste. Es gibt schwache Stellen, die bloßgelegt werden müssen. Dies alles kann die Sprache der Gerichtssäle sein, wo es um das Gewinnen oder Verlieren eines Falles geht, wobei die Gerechtigkeit ein erwartetes Nebenprodukt ist.

Das »Kampfidiom« ist schon immer das gebräuchliche Konfliktidiom gewesen. Und das deshalb, weil die gegnerischen Parteien immer in dieser kämpferischen Stimmung sind. Ich habe den Verdacht, der Grund dafür liegt darin, daß wir den Zusammenprall der Argumente immer so bewundert und dazu benutzt haben, die Parteien permanent in Kampfesstimmung zu halten, ob sie dies nun mögen oder nicht. Es liegt eine »self-fulfilling prophecy«, eine sich selbst bewahrheitende Voraussage vor. Die Sprache, die wir benutzen, erzeugt die Stimmung, die dann ihrerseits wieder die Sprache beeinflußt. Wir erwarten den Kampf und verharren selbst in einer antagonistischen Haltung. Es kann vorkommen, daß es Führer und Unterhändler geradezu als ihre Pflicht ansehen, die Stimmung derer »widerzuspiegeln«, die den Kampf in vorderster Linie kämpfen müssen. Es könnte ja auch ein wenig unpassend erscheinen, wenn die Unterhändler sich in einem komfortablen, vollklimatisierten Konferenzzimmer (bei Speise und Trank) freundlich geben, während die Soldaten vorn an der Front ihr Leben unter schrecklichsten Bedingungen aufs Spiel setzen.

Nichtsdestoweniger müssen wir uns die Frage stellen: Ist das »Kampfidiom«, wie es beim Konfliktdenken eingesetzt wird, der beste Weg, um zu einer Lösung des Konflikts zu gelangen? Meine Antwort lautet: nein. Und ich kann auch keine logische Begründung für die Erwartung erkennen, daß dieses Idiom sich kreativ auswirken sollte. Es wird Zeit, daß wir diese Erwartung als den Unsinn durchschauen, der sie ist.

Es gibt keinen Grund, warum der Konflikt selbst sich bis in das Denken über den Konflikt erstrecken sollte.

VERHANDELN

Das ist doch wohl die richtige Stimmung? Ich bin da nicht so sicher. Verhandlung suggeriert Kompromiß. Sie legt eine Position nahe, die irgendwo zwischen den vorhandenen, widerstreitenden Positionen liegt. Bei dem langwierigen und teuren Metallarbeiterstreik von 1984 in Deutschland bestand der endlich erzielte Kompromiß in einer Arbeitszeit von 38,5 Stunden pro Woche. Ziel der Gewerkschaften war eine Verkürzung der 40-Stunden-Woche auf 35 Stunden gewesen.

Dieses Vorgehen hat seine Schwächen. Vom Standpunkt des Denkens aus gesehen, beschränken wir uns auf das, was schon vorhanden ist. Das ist der gleiche Einwand, den ich bereits gegen die Argumentationsmethode erhoben habe. Bei der Argumentation verbringen wir unsere Zeit mit dem Vorgehen gegen vorhandene Ideen – statt neue zu entwerfen. Beim Verhandeln bewegen wir uns innerhalb der Abgrenzungen, die gegeben sind – statt neue zu entwerfen.

Auch die Rolle des Unterhändlers hat eine Schwäche. Man sieht in ihm den ergebenen Diener der kriegführenden Parteien. Er muß hin und her eilen und Mitteilungen überbringen, die direkt aneinander zu richten sich die Parteien weigern. Er muß versuchen, sie alle bei Laune zu halten. Er ist eine Art Schmiermittel. In folgenden Kapiteln werde ich diese besondere Rolle einer dritten Partei wieder aufgreifen und darlegen, warum ich sie für inadäquat halte.

Das »Verhandlungsidiom« ist dem »Kampfidiom« überlegen, weil es sich wenigstens vom Idiom des Konflikts selbst unterscheidet. Es besteht hier jedoch die Gefahr einer Beschwichtigung durch Zugeständnisse. Verhandeln bedeutet auch Handeln mit Werten. Daran ist nichts auszusetzen, aber wenn das Idiom fest etabliert ist, dann behandeln die Streitenden überflüssige Forderungen schlicht als Handelsware.

Miteinander zu verhandeln ist besser, als miteinander zu streiten, aber ich würde die Verhandlung doch eher als letzten Ausweg ansehen. Ich würde es als dem Lösen von Problemen und dem Entwerfen unterlegen betrachten.

Verhandlungsführer sind normalerweise immer Juristen gewesen – in Erweiterung ihrer argumentierenden Rolle. Da liegt das gleiche Idiom zugrunde: Laßt uns lieber mit dem, was gegeben ist, herumspielen als etwas Neues entwerfen.

Ein Kunde hat für den Vorplatz der neuerbauten Konzernzentrale in Philadelphia (diese Stadt hat die vernünftige Entscheidung

getroffen, daß ein bestimmter Prozentsatz der Bausumme für ein
den Bau zierendes Kunstwerk aufgewendet werden muß) eine
Skulptur bestellt. Der Bildhauer präsentiert zwei Modelle.

»Welchem würden Sie den Vorzug geben?«

»Ich mag eigentlich beide nicht so richtig.«

»Es stehen nur diese beiden zur Auswahl. Die Einweihung des
Gebäudes ist am 5. Mai, und alles ist fertig. Die Skulptur muß bis
zu diesem Zeitpunkt aufgestellt sein. Bedenken Sie den finanziel-
len Verlust, der andernfalls entsteht. Nebenbei bemerkt, ist diese
Firma dahin gelangt, wo sie heute steht, weil sie sich stets an ihre
Planung gehalten hat – pünktliche Eröffnung.«

»Ich bin immer noch nicht glücklich mit dem Angebot.«

»Lassen Sie uns darüber reden. Was gefällt Ihnen denn nicht?
Vielleicht können wir Sie etwas zufriedener stellen. Zum Beispiel
diese kantigen Sachen, die heute überall in Mode sind. Das ist
nicht von Dauer. Sieht gut aus auf einem Foto, das den ersten
Jahresbericht schmückt. Aber nach wenigen Monaten schon
sehen sie aus wie ein Stück Schrott. Schauen Sie sich dagegen mal
diese hübschen Kurven an. Kurven sind zeitlos.«

»Aber diese lassen mich kalt.«

»Dann reagieren Sie mit dem Kopf auf sie. Der Preis stimmt. Ich
habe einen guten Namen. Vertrauen Sie mir. Wer ist schließlich
sachverständiger, Sie oder ich?«

»Vielleicht könnten Sie etwas im Preis nachgeben. Dann könnte
ich die aufgestellte Skulptur als vorläufig ansehen, und wir könnten sie in ein paar Jahren durch etwas anderes ersetzen.«

»Darüber läßt sich reden. Sie werden sehen, jeder wird die
aufgestellten Stücke behalten wollen.«

»Ich mag den welligen Teil hier an diesem Stück. Aber ich ziehe
die graue Bronzefarbe des anderen Stückes vor – das sieht
kraftvoll aus und entspricht der Art von Image, wie wir es für uns
anstreben. Das wellige Stück wiederum verweist auf Initiative
und Unternehmungsgeist.«

»Ich werde Ihnen was sagen. Ich werde dieses Stück ausführen, es
aber in der grauen Bronzefarbe halten, die Ihnen an dem anderen
so gut gefällt.«

»Ist das möglich?«

»Es ist nicht das Vollkommene, aber die Welt ist ja schließlich auch nicht vollkommen. Machbar ist es. Und Sie werden die Skulptur rechtzeitig geliefert bekommen . . .«

»Und wir werden über den Preis noch reden . . .«

Ich weiß wohl, daß das ein unfaires Beispiel ist, aber es zeigt doch deutlich jenen Kompromißgeschmack des Verhandelns, der so unbefriedigend ist.

Ganz einfach gesagt, ist das Verhandeln als Idiom nicht gut genug für das Konfliktdenken.

PROBLEMLÖSEN

Man möchte etwas tun. Das ist also ein Problem. Folglich löst man es.

»Problemlösung« ist in den Vereinigten Staaten als Allzweck-Redewendung im Geschäftsleben, bei der Regierung, in akademischen Kreisen und im Privatleben sehr populär geworden. Es gibt eine Menge Bücher zu der Frage, wie man die Probleme der alltäglichen Konkurrenz und der persönlichen Daseinserfüllung löst.

Ich bin auch mit dieser »Problemlösungs-Sprache« nicht sehr glücklich.

Ein Arzt wird zu einer Frau gerufen, die krank aussieht, Schmerzen in der Brust hat und hastig atmet. Sein erstes Problem ist herauszufinden, was los ist – d. h. die Krankheit zu diagnostizieren. Die Untersuchung der Patientin ergibt Hinweise auf eine Lungenentzündung. Die Frau wird sofort in eine Klinik gebracht, wo eine Röntgenuntersuchung die Diagnose des Arztes bestätigt. Das nächste Problem kann es nun sein, den speziellen Virus zu identifizieren, der die Infektion verursacht hat. An diesem Punkt ergibt sich ein weiteres Problem. Die Identifizierung des Virus könnte längere Zeit in Anspruch nehmen, aber die Frau ist sehr krank. Deshalb verschreibt der Arzt ein Breitbandantibiotikum, während der Versuch unternommen wird, den Virus zu identifizieren.

Hier können wir eine Reihe von Problemen und ihre Lösung beobachten. Da ist das Problem des Verursachers der Infektion. Wenn man diese »Ursache« beseitigen kann, können die Krankheit

geheilt und die Gesundheit wiederhergestellt werden. Das ist ein
sehr häufiges Problem: Etwas ist schiefgegangen — können wir das
reparieren?

Dieses Problem hat man als Abweichung von der Normalität
bezeichnet. Gesundheit ist normal, Krankheit ist eine Abweichung,
man beseitige also die Krankheit. Die Art der Problemlösung ist
sehr geradlinig: Identifiziere die Ursache und beseitige sie. Lange
Zeit war das in der Medizin ein überaus erfolgreiches Vorgehen. Die
Tuberkulose, die man einst den »Anführer der Todesarmee«
nannte, ist heute in den entwickelten Ländern bedeutungslos
geworden. Man hat Arzneien gefunden, die die Infektionsursache
bekämpfen (und beseitigen).

*Analysiere das Problem, finde seine Ursache heraus, bring die
Sache in Ordnung* — das ist eine einfache und überzeugende Sprache. Sie ergibt einen Sinn und ist handlungsorientiert. Unglücklicherweise ist sie unzulänglich. Wie bei der Argumentationsmethode besteht auch hier die gleiche Gefahr der Ehrfurcht vor einer
eigentlich unzulänglichen Sprache — wir halten sie für ausreichend,
obwohl sie das nicht ist.

Warum aber ist dieses Beseitige-die-Ursachen-Idiom unzulänglich? Aus verschiedenen Gründen. Bei einer komplexen interaktiven
Situation kann es uns niemals gelingen, eine Ursache zu isolieren, da
es eine so große Anzahl wechselwirksamer Faktoren gibt. Deshalb
verlangsamte sich der Fortschritt der Medizin, als man die einfache-
ren »Beseitige-die-Ursachen-Krankheiten« erledigt hatte und es mit
komplizierteren Sachverhalten wie zu hohem Blutdruck, Herzer-
krankungen und Krebs zu tun bekam.

Wie in der Medizin besteht auch in Konfliktsituationen die
Gefahr, sich an einer einzigen, speziellen Ursache festzuklammern,
weil diese leicht zu identifizieren ist — wobei man dann den Rest
ignoriert und alles daransetzt, diese eine Ursache zu beseitigen.
Komplizierte Systeme funktionieren einfach nicht so, selbst wenn
unser Sinn für Ordnung das gern so hätte.

Es kann sein, daß wir nie eine Ursache finden. Oder es kann sein,
daß wir nie in der Lage sind zu beweisen, daß ein bestimmter
Verdächtiger tatsächlich der Urheber ist. In der Medizin können
wir immerhin einige Experimente machen. In Konfliktsituationen

müssen wir uns weitgehend auf Erfahrung und Spekulation verlassen.

Nehmen wir an, daß wir die Ursache feststellen. Aber wir haben keine Möglichkeit, sie zu beseitigen. Ringen wir dann die Hände und nennen alles unlösbar – wie das so oft in Konfliktsituationen geschieht?

Es gibt auch die Vorstellung, daß das Problem, wenn seine Ursache erst beseitigt ist, gelöst ist und alles wieder gut wird. Man töte den Virus ab, der die Lungenentzündung hervorgerufen hat, und der Patient ist geheilt. Wir geben uns oftmals dem Glauben hin, daß die Demokratie erblühen wird, wenn ein Diktator beseitigt ist – die Ursache des Problems ist ja beseitigt worden. Wir müssen aber zur Kenntnis nehmen, daß die Ursache in der Zeit ihrer Wirksamkeit zu weitreichenden Folgen und Veränderungen geführt hat, und das Problem deshalb nicht mehr »durch Beseitigung der Ursachen« gelöst werden kann.

Das simplifizierende Problemlösen, das sich auf die Identifizierung und Beseitigung der Ursachen konzentriert, ist also auch nur beschränkt möglich.

Wir sollten sorgfältig beachten, daß wir bei der Lösung von Problemen immer wissen, *wo wir hingelangen wollen*. Das ist bei den Problemen vom Abweichungstyp der Fall. Wir wissen, wo wir stehen und was normal ist. Man beseitige die Abweichung, und man wird zur Normalität zurückkehren. Auf das Konfliktdenken bezogen, legt dies nahe, daß die Dinge wieder wie vorher sein werden, wenn wir nur den Konflikt loswerden können. Das ist aber, wie ich weiter oben schon ausführte, nicht immer so.

Wir kommen nun zum zweiten Problemtyp. In diesem Falle wissen wir genau, wohin wir gehen wollen – müssen aber einen Weg finden, um dorthin zu gelangen. Wir konnten bei dem Beispiel des Arztes und seiner an Lungenentzündung erkrankten Patientin einige Probleme dieses Typs ausmachen: die Notwendigkeit der Diagnose; die Notwendigkeit der Bestätigung dieser Diagnose; die Notwendigkeit sofortiger Behandlung; die Notwendigkeit einer Identifizierung des Krankheitserregers. Sowohl bei einem Plan als auch bei einem Problem wissen wir, wohin wir gelangen möchten. Beim Plan wissen wir, wie wir dorthin kommen, beim Problem

wissen wir es noch nicht. Und da kommt die Problemlösung zum
Zuge.

So wie die »Ursachenbeseitigungs«-Lösung bei Problemen auf
das Konfliktdenken angewandt werden kann, so auch die »Wie-
gelange-ich-dorthin«-Variante. Wir müssen hier nur festlegen,
wohin wir möchten, um dann die besten Wege zu ersinnen, die uns
dorthin führen. Ich möchte am Freitag nach New York reisen: Wie
komme ich hin? Ich möchte die Raketenangriffe auf Tankschiffe
stoppen: Wie bringe ich das zustande?

Hier kommen wir zu einem sehr wichtigen Punkt des Problem-
lösens, nämlich zu der Frage, wie präzise unsere Bestimmung des
Zieles sein muß.

»Ich möchte an diesem Freitag um 21 Uhr in New York sein« ist
eine präzise Aussage.

»Ich möchte gern eine Reise machen« ist sehr allgemein und vage.

Wenn wir die Definition sehr allgemein und vage lassen, dann
gibt es nur wenig Anlaß, von einem »Problem« zu sprechen. Wir
könnten ebensogut von einem Bedürfnis, einer Absicht oder einen
Wunsch sprechen. Wir sollten deshalb den Begriff »Problemlösen«
für Situationen reservieren, bei denen eine ziemlich präzise Definition des Zieles vorliegt – es sei denn, wir wollten semantische
Spiele spielen. In der Praxis ist das sehr wichtig, weil eine sehr
allgemeine Problemdefinition tatsächlich nicht mehr ist als ein
»Entwurfswunsch«. Die Arten von Denken, die für das Problemlösen und für den Entwurf erforderlich sind, sind nicht dieselben.
Die Gefahr zu allgemeiner Problemdefinitionen liegt darin, daß wir
problemlösende Techniken anwenden, wo wir eigentlich Entwurfs-
techniken benutzen sollten.

Das Problemlösen hat ganz sicherlich seinen Platz im Konfliktdenken. Die Hauptbeschränkung liegt darin, daß wir leicht eine zu
endgültige Auffassung von dem haben, was unserer Meinung nach
die Lösung sein sollte, bevor wir wirklich über die Sache nachgedacht haben. Sobald wir sagen: »Dies ist das Problem«, haben wir
schon die Art der Lösung definiert, die wir erwarten. Ich habe mich
ja schon zu den Beschränkungen des Beseitige-die-Ursachen-
Idioms geäußert.

ENTWERFEN

Am Ende dieses Buches wird es kein Geheimnis mehr sein, daß ich dem Entwurfsplan den Vorzug gebe. Ich werde darauf immer wieder als auf die Konfliktsituationen zugrundeliegende Art des Denkens zurückkommen.

Beim Entwurf machen wir uns daran, etwas zu schaffen. Es gibt ein Ergebnis. Es gibt etwas, das erreicht werden kann.

Das ist nicht einfach eine Sache der Problembeseitigung oder der Erzielung eines Kompromisses, sondern da ist ein entworfenes Etwas, das zuvor noch nicht da war.

Zum Entwerfen gehört ein Sinn für Zweck und Tauglichkeit. Dinge werden zusammengebracht oder gestaltet, damit sie einen Zweck erfüllen. Das kann ein Boot, ein Haus oder ein Babyschuh sein.

Auseinandersetzung, Verhandlung und Problemanalyse blicken immer auf das zurück, was schon da ist. Entwerfen schaut stets nach vorn auf das, was geschaffen werden könnte.

Entwerfen ist dem sich selbst organisierenden und wahrnehmenden Denkstil sehr viel näher als die Analyse, bei der es um Befragung und Wahrheit geht.

Beim Entwerfen kann es Provokationen, Fehlstarts, Gedankensprünge und einen unregelmäßigen Entwicklungsprozeß geben. Das ist etwas ganz anderes als das Schritt-für-Schritt-, das Zutreffend-in-jeder-Phase-Idiom der Buchführung.

Beim Konfliktdenken müssen wir *Ergebnisse entwerfen*. Ich möchte nicht einmal vom Entwerfen von »Lösungen« sprechen, weil das ja impliziert, daß ein Problem vorliegt.

Ein Konflikt ist eine Situation, die eine entwerfende Anstrengung erfordert.

Selbst wenn wir keine Ursache ermitteln oder sie trotz Entdeckung nicht beseitigen können, können wir doch stets versuchen, einen Ausweg zu entwerfen.

Was ich damit vorschlage, ist, daß wir das Wort »Konflikt« tatsächlich aufgeben. Anstatt das Konfliktdenken als etwas ganz Besonderes zu behandeln, sagen wir besser: »Dies ist eine Situation, die entwerfendes Denken erfordert, um zu einem Resultat zu gelangen.« Das Konfliktelement kommt dann als einer der zentralen Bestandteile des Entwerfens ins Spiel.

Der Vorteil dieses Vorgehens liegt darin, daß wir nicht länger zu
der Annahme verleitet werden, das Denken über Konflikte müsse
selbst ein Konfliktdenken sein. Bei der Variante des Verhandelns ist
das Idiom zweier in Widerstreit liegender Seiten allzeit gegenwärtig
(Handel treiben, Preise aushandeln, geben und nehmen). Das alles
ist verschwunden, wenn wir zum Entwurfsidiom übergehen.

Wo aber kommt dann der spezielle »Konflikt«-Charakter der
Situation ins Spiel? An zwei Stellen. Einmal als Bestandteil des
Informationsumfeldes, das ein wichtiger Teil jeden Entwerfens ist.
Und dann bei der Frage der *Eignung*, die der ganze Zweck des
Entwerfens ist — der Entwurf muß ja für den Zweck, dem er dienen
soll, und für den Klienten geeignet sein.

Die kartographische Art des Denkens, die im vorangegangenen
Kapitel beschrieben wurde, leistet genau die Art der Faktoren-
sammlung, die beim Entwerfen erforderlich ist. Es muß das
genannte Informations- (und Gefühls-)Umfeld vorhanden sein, in
dem der Entwurf Gestalt anzunehmen beginnt. Diese Form von
Eingabe könnte niemals aus der Argumentation kommen. Und auch
nicht von einem schlichten, abwartenden »Da-sein«. Das mag ausreichen bei der (lebens)langen Zeit, die dem Künstler zur Verfügung
steht — aber in der Situation absichtsvollen Entwerfens muß es
einen Weg geben, den Input der Situation zu erzeugen; die präzise
Vorgabe der für den Entwurf erforderlichen Faktoren.

Wir kommen nun zur Frage der »Eignung«.

Als Ben Lexcen den neuartigen Kiel für das australische Boot
entwarf, das dem New Yorker Jachtclub den *America's Cup*
abjagte, mußte eine Eignung in dreifacher Hinsicht angestrebt
werden. Zunächst die Eignung im Sinne der »Kompetenz«, d. h.
die Erfüllung der normalen Anforderungen an ein Boot (Belastbar-
keit, Seetüchtigkeit usw.) und der Rennvorschriften. Das ist aber
gleichsam nur die Grundlinie. Ein Architekt muß auch ein stabiles
und sicheres Haus entwerfen. Dann war da aber noch die Eignung
für besondere Anforderungen. Das Boot mußte schließlich schneller sein als alle bislang gebauten Boote. Dieses Entwurfsziel ist
bewunderungswürdig, bei der Konfliktlösung aber gänzlich fehl am
Platze, wo Zuverlässigkeit an seine Stelle tritt. Schließlich war da
noch die Eignung für den Kunden. Ben Lexcen mußte wissen, daß

Alan Bond genügend wagemutig und unkonventionell war, um auf das Risiko dieses neuen Entwurfs einzugehen und Spaß an der Rolle des Waghalsigen zu haben.

Der Designer einer Werbekampagne muß mehrere Ebenen der Eignung berücksichtigen. Die Kampagne muß den Verkauf des Produktes vorantreiben. Sie muß zum Image der auftraggebenden Firma passen. Sie muß zum Image der Werbeagentur passen. Sie muß dem zur Verfügung stehenden Budget entsprechen. Sie muß dem Verhalten der Konkurrenz Rechnung tragen.

Beim Entwerfen dreht sich alles um die Eignung.

Es leuchtet ein, daß Eignung bei einer Konfliktsituation wichtig ist, muß doch der Entwurf für die streitenden sowie für andere interessierte Parteien akzeptabel sein. Tatsächlich ist Eignung die einzige Alternative zum Sieg/Niederlage-Idiom (wo Eignung nicht erforderlich ist).

Unnötig zu sagen, daß beim Entwurfsidiom die Kreativität eine sehr große Rolle spielt. Aber es muß eine behutsame, konzipierende Kreativität sein, nicht ein streuendes Herumballern nach der Devise »Neuheit um der Neuheit willen«. Viel Unsinn gibt sich als Kreativität aus – vor allem da, wo Kreativität nicht mehr ist als eine bizarre geistige Verirrung. Ich werde die Kreativität in einem folgenden Teil dieses Buches abhandeln.

Von zentraler Bedeutung für das Entwurfsidiom ist, daß das Ergebnis offen ist. Wir machen uns auf, um ein Resultat zu finden. Am Anfang wissen wir noch nicht genau, wie dieses Ergebnis aussehen wird, obwohl man doch Zweckhaftigkeit spürt. Ein Bergsteiger hat einen Gipfel für die Besteigung – ein Tänzer jedoch hat Energie, die dann die Tanzschritte hervorbringt.

Wir denken bei Designer an Gebäude, Schiffe, Autos und Stoffe. Aber die Schöpfung von Ideen ist gleichermaßen ein Vorgang des Entwerfens. Ich glaube, daß ich mein ganzes Leben lang ein Designer von Ideen und Konzepten gewesen bin.

ZUSAMMENFASSUNG

Was das Konfliktdenken anbetrifft, so glaube ich, daß wir mit dem Besten beginnen müssen. Wir müssen mit dem Entwurfsidiom beginnen, weil es das meiste bietet. Das Zweitbeste wäre das

Problemlösungsidiom. Danach käme dann das Verhandlungsidiom, das immer als eine Rückzugsstellung angesehen werden kann (für eine Führungsposition ist es nicht kreativ genug). Erst wenn das alles versagt, landen wir wieder beim »Kampf«-Idiom. Aber das ist etwas anderes, als wenn wir mit ihm beginnen und dann niemals darüber hinausgelangen. Das entspricht weitgehend der Art und Weise, in der wir augenblicklich das Konfliktdenken angehen, weil wir so betört von dem ganzen Unsinn der Dialektik sind.

Ich gehe nicht davon aus, daß den gewöhnlichen Streithähnen und Vermittlern über Nacht ein kreatives, entwerfendes Talent zuwächst (obwohl das bei richtigen Rahmenbedingungen sehr wohl möglich wäre). Vielmehr kommt hier wieder die dritte Partei im Idiom des »dreieckigen Denkens« ins Spiel, aber eben als »Designer« und nicht als im Dienste der Kontrahenten stehender Vermittler.

Teil II
Warum sind sich die Menschen nicht einig?

5. Weil sie die Dinge unterschiedlich sehen

Ein Konflikt impliziert, daß zwei Menschen in derselben Situation operieren. Das mag nicht auf alle ihre Handlungen anwendbar sein, gewiß aber auf ihre »Konfliktaktivitäten«. Zwei Jungen, die in nebeneinanderliegenden Zimmern schattenboxen, kämpfen nicht miteinander.

Die beiden Parteien eines Konflikts können in der Tat in derselben Situation sein – nur daß es jeweils für sie selbst nicht dieselbe Situation ist. Ein Kind ist von einem Auto angefahren worden. Das ist die Situation. Aber es ist nicht dieselbe Situation für die Mutter des Kindes, den Fahrer des Autos, einen Zeugen und die Polizistin.

Konflikte entstehen also, weil Menschen in derselben Situation interagieren, diese Situation aber sehr unterschiedlich auffassen.

In einem früheren Buch mit dem Titel *Die 4 richtigen und die 5 falschen Denkmethoden* habe ich scherzhaft verkündet, was ich »De Bonos erstes Gesetz« nannte:

»Jeder hat immer recht. Niemand hat jemals recht.«

Das bedeutet, daß jeder Mensch nach seiner eigenen Auffassung recht haben kann, dies aber bei einer allgemeineren Sicht nicht so ist und bei absoluter Sicht niemals der Fall sein könnte.

Es gibt viele Gründe dafür, warum Menschen dieselbe Situation unterschiedlich sehen können. Es ist wichtig, diese Gründe zu kennen, denn die Kenntnis solcher Differenzen ist ein wesentlicher Bestandteil der Konfliktlösung.

STIMMUNG

Ich habe schon die Unterschiede erwähnt in der Art und Weise, in der wir Dinge wahrnehmen – Unterschiede, die auf Veränderungen des chemischen Umfeldes im Gehirn zurückzuführen sind. Wenn wir in einer bestimmten Stimmung sind, können wir möglicherweise Dinge nur in einer bestimmten Weise sehen.

Das ist die alte Geschichte von dem Optimisten, der sein Glas halb voll Whisky sah, und dem Pessimisten, der darauf bestand, daß das Glas halb leer sei. Das ist einigermaßen komisch, weil wir die Gleichwertigkeit beider Standpunkte erkennen. Viele Konfliktsituationen sind fast ebenso trivial, aber es besteht nicht die Möglichkeit, die Gleichwertigkeit der beiden Betrachtungsweisen sichtbar zu machen. Hier ist also ein Beispiel für eine Stelle, an der sich die Notwendigkeit des Entwerfens ergibt.

Was können wir nun mit der Stimmung machen? Wir können sie und ihre Auswirkungen auf das augenblickliche Denken zur Kenntnis nehmen. Wir können versuchen, die Stimmung vorsätzlich durch eine Veränderung der äußeren Gegebenheiten und Auswahl der Menschen zu ändern. Chemikalien können wir, abgesehen von den traditionell vorhandenen, nicht direkt einsetzen.

Wir können jedoch auch versuchen, Stimmungen durch absichtliches Rollenspiel zu beeinflussen. In diesem Falle würde ganz bewußt eine Rolle übernommen – und dann würde die Stimmung entstehen, die zu dem durch die Rolle festgelegten *Verhalten* paßt.

Das sind künstlich erzeugte Stimmungen, aber sie können – wie die Masken des japanischen Kabuki-Spiels – die echten Stimmungen nach sich ziehen.

Ich möchte hier nicht alle möglichen Auswirkungen der Stimmung auf das Denken und die praktischen Fragen, die sich daraus ergeben, erörtern. Beispielsweise ließe sich an ein Angebot denken, das man in guter Stimmung unterbreitet hat, an das man sich aber dann in ernüchterter Verfassung nicht hält.

Gelegentlich trifft man auf die Ansicht, daß man jemanden austrickse, wenn man sich die Stimmung zunutze mache (man macht den Partner gleichsam emotional betrunken und verhandlungsunfähig). Das kann man natürlich auch umgekehrt sehen. Jedes zeitweise Abstandnehmen von einer antagonistischen und verdächtigenden Stimmung ist ein echter Beitrag zu dem konstruktiven Denken, das erforderlich ist.

KONTEXT

Das ist ein ziemlich allgemeiner Begriff, der die Gesamtgegebenheiten einer Situation meint. Zum Beispiel weiß jeder, der schon mal in Argentinien war, daß die Malvinen (Falklandinseln) eine große Rolle für das nationale Bewußtsein der Argentinier spielen. Immer wieder steht etwas über die Inseln in der Zeitung. Das ist ein ganz anderer Kontext als der, in dem die Falklandinseln in Großbritannien (vor dem Falklandkrieg) gesehen wurden.

In Rußland ist die Erinnerung an den Zweiten Weltkrieg von bemerkenswerter Lebendigkeit. Da sind die zwanzig Millionen Toten, die Kriegshelden und Veteranen und Gedenktage im Bewußtsein lebendig geblieben. Das ist im Westen ganz anders, wo sich die Medien sogar schon mit der Möglichkeit eines Angriffs durch den Westen befaßt haben.

Geschichtliche Zusammenhänge sind ein gutes Beispiel dafür, wie dieselbe Situation später verschieden gesehen werden kann. Nordirland ist ein geradezu klassisches Exempel. Und wenn die Bergarbeiter beim Sturz der Regierung Heath nicht erfolgreich gewesen wären, hätten sie dann je so ernsthaft versucht, die Regierung Thatcher zu Fall zu bringen?

Wir können deshalb gar nichts Besseres tun, als von Zeit zu Zeit die Frage zu stellen: Welcher Kontext ist hier gegeben? Und die weitere Frage: Worin unterscheidet sich der Kontext für die jeweiligen Parteien?

Wenn bei einer großen Firma ein neuer Werbechef die Arbeit aufnimmt, dann wird er die Arbeit der Werbeagenturen in einem ganz anderen Kontext sehen als sein Vorgänger in dessen letzten Amtstagen. Die unmittelbar sich ereignende Geschichte kann ebenso wichtig sein wie die weit zurückliegende Geschichte und die Kulturgeschichte.

BEGRENZTE SICHT

Sie ist eine Mischung von Kurzsichtigkeit und Beschränktheit. Sie bedeutet, daß jemand einfach nicht weiter als bis zu einer bestimmten Entfernung sehen kann. Für jemanden, der über eine größere Sichtweite verfügt, ist es immer ziemlich schwer einzusehen, daß die begrenzte Sicht eine Realität ist und man sie sich nicht aussucht. Ein Dorfbewohner in Europa mag stärker von seinem Freund beeindruckt sein, der den Dorfladen übernimmt, als von seinem Bruder, der in den Vereinigten Staaten in die Leitung eines großen Konzerns aufsteigt. Das liegt nicht daran, daß für ihn der Dorfladen etwas Unmittelbareres ist, sondern daran, daß er von einem großen Konzern nichts versteht.

Jemand, der nur einen Teil eines Dreiecks sehen kann, mag das, was er sieht, als eine Linie beschreiben. Jemand mit größerem Blickfeld mag einen Winkel beschreiben. Der aber, der das Ganze sieht, liefert die Beschreibung eines Dreiecks. Wenn alle drei ihre Beschreibungen vergleichen, können sie nicht glauben, daß sie alle von ein und derselben Sache reden.

Es bringt gar nichts, wenn man sagt: »Du kannst mir glauben, wenn ich dir sage, daß du das sehen würdest, wenn du mehr sehen könntest.« Die Wahrnehmung des Menschen mit begrenzter Sicht hat gleichsam kein offenes Ende. Sie ist festgelegt und organisiert durch die begrenzte Sicht. Es gibt keine automatische Bereitschaft zu einer Ausweitung. Der Mensch mit begrenzter Sicht hat nicht das Gefühl, hinter hohen Mauern eingeschlossen zu sein und verspürt nicht den Drang, einen Blick über die Mauer tun zu wollen. Dieser Mensch steht vielmehr mit dem Rücken zur Mauer und schaut nach innen: Er ist sich weder der Mauer bewußt noch der Möglichkeit, über sie hinwegzublicken.

Was immer Sinn ergibt, wird in den Grenzen der beschränkten Sicht Sinn ergeben müssen.

LOKALE LOGIK

Auf den ersten Blick mag die »lokale Logik« der begrenzten Sicht ähneln, tatsächlich aber besteht ein Unterschied, und zwar ein sehr bedeutender. Für den Denker schließt nämlich die lokale Logik eine weite Sicht keineswegs aus. Er wählt eine bestimmte Aktion, weil sie in einem sehr begrenzten Umfeld sinnvoll ist. Mit anderen Worten ausgedrückt, steht hinter seiner Aktion oder Wahl eine »lokale Logik«. Zu beachten ist, daß die Betonung auf »Logik« und nicht auf »Sicht« liegt.

Sehr oft ist eine solche Handlung, die lokal logisch ist, in einem weiteren Sinne alles andere als logisch.

Nach dem Schiffbruch seiner Jacht strandet ein Paar auf einer Pazifikinsel. Auf der Insel gibt es nur eine Wasserstelle. Die Frau, von Beruf Geologin, hat den Verdacht, daß das Wasser stark mit Blei vergiftet ist. Ihr Mann, ein Arzt, weiß sehr wohl, daß die Ansammlung von Blei im Körper zu Bleivergiftung und schließlich zum Wahnsinn führen wird. Die lokale Logik ist nun, daß sie das Wasser trinken müssen, um zu überleben. Im Sinne einer langfristigen Logik ist das Wasser giftig. Wie in fast allen solchen Situationen muß sich auch hier die lokale Logik durchsetzen – und das Paar muß hoffen, daß die Zeit es vor den verheerenden Folgen seiner Handlung errettet wird.

Zeitungsstreiks sind so lähmend, weil das beim Verkauf und bei der Werbung eingebüßte Geld niemals wieder hereingebracht werden kann. Außerdem muß ein Absinken der Auflage befürchtet werden. Es entspricht nur der lokalen Logik, den Personal- und Gehaltsforderungen nachzugeben und darauf zu hoffen, daß in der Zukunft das Anzeigenaufkommen wieder steigt, die Dinge also wieder ins rechte Lot kommen.

Eine junge Frau möchte das Geld ausgeben, solange sie noch jung ist und etwas davon hat. Sie ist sicher, daß ihr Mann mit der Zeit sehr viel mehr verdienen wird. Er ist sich dessen nicht so sicher und möchte lieber Vorsorge für den Ruhestand treffen. Sie droht ihm, ihn zu verlassen – was ihn auf den Gedanken bringt, daß sie ihn auf jeden Fall verlassen könnte, wenn sie sein Geld schon ausgegeben hat. Ihre lokale Logik ist eine andere als seine.

Der Sprache fehlt es an Ausdrucksmöglichkeiten für Dinge, die in lokalem Rahmen höchst vorteilhaft, in größerem Zusammenhang gesehen aber schädlich sind. Wenn wir uns auf die Zeit beziehen, dann haben wir solche Ausdrücke wie »kurzfristige Gewinne«. Wir brauchen ein Wort für etwas, das gleichzeitig gut und schlecht ist – je nachdem, ob man es unter dem Gesichtspunkt der lokalen Logik oder dem einer weiter reichenden Logik betrachtet.

LOGISCHE BLASEN

Wenn wir mit dem, was jemand tut, nicht einverstanden sind, haben
wir zwei grundsätzliche Möglichkeiten. Wir können diese Person
als dumm/böswillig ansehen oder aber als höchst intelligent, jedoch
in einer Blase von Wahrnehmungen und Umständen handelnd, die
ihm sein Tun diktieren. Mit anderen Worten ausgedrückt, handelt
diese Person höchst intelligent innerhalb der logischen Blase, in der
sie sich befindet. Für einen Beamten ist das Bemühen um Innovation kein logisches Verhalten, weil die Risiken der Innovation bei
weitem größer sind als der mögliche Lohn. Es führt zu nichts, wenn
sich ein Bergarbeiter seinen streikenden Kollegen widersetzt, da die
Risiken für seine Familie und für das zukünftige Familienleben
wahrscheinlich den Nutzen übertreffen.

Die Haut eines Menschen enthält sein Ich. Man stelle sich eine
weitere Hautschicht ein paar Zentimeter weiter außerhalb der tatsächlichen Haut vor. Und dann stelle man sich diese Hautschicht
noch weiter außerhalb vor. Am Ende können wir uns eine Art Blase
vorstellen, in der dieser Mensch lebt, als sei der von der Blase
umschlossene Raum ein Teil von ihm. Bei der Vorstellung der
logischen Blase haben wir es nicht mit einem physikalischen Raum
zu tun, sondern mit einer Ansammlung von Umständen und Bedingungen.

Lokale Logik und logische Blase ähneln sich häufig sehr, ja beide
können manchmal identisch sein. Die logische Blase ist immer eine
sehr persönliche Sache und auf ein bestimmtes Individuum bezogen. Die lokale Logik ist relativ. Die Bundesbank der Vereinigten
Staaten kann höhere Zinsen ankündigen, um die zur Verfügung
stehende Geldmenge zu sichern und die Inflationsrate in Grenzen
zu halten. Obwohl die amerikanische Wirtschaft allein groß genug
ist, fällt diese Maßnahme doch unter den Begriff »lokale Logik«,
weil es da noch die Wirtschaftssysteme der übrigen Welt und die
Schulden der lateinamerikanischen Staaten gibt, auf die sich die
erhöhten Zinsen auswirken.

Warum wird dies oder das getan? Auf diese Frage läßt sich bei der
lokalen Logik Antwort finden.

Warum tut er dies gerade jetzt? Auf diese Frage wird sich eine
Antwort in der logischen Blase der handelnden Person finden.

UNTERSCHIEDE DES UNIVERSUMS

Ich habe solche Unterschiede schon in dem Kapitel erwähnt, in dem ich jenen zwischen dem *aktiven* Informationsuniversum der Wahrnehmung und dem *passiven* Informationsuniversum der Informationsverarbeitung behandelte. Da erzählte ich auch die Geschichte von den drei Männern, von denen jeder ein Stück Holz in der Hand hält und es dann losläßt.

Solche Unterschiede zwischen Universen sind außerordentlich wichtig, und alle großen Sprünge der Wissenschaft verdanken sich einer Veränderung im jeweils gegebenen Verständnis des Aktionsuniversums.

Die Bedeutung der Universen zu übersehen ist noch schlimmer, als die der Sprachen zu ignorieren. Wenn man mit einem Japaner Englisch spricht und der diese Sprache nicht versteht, kommt es nicht zur Kommunikation – wohl aber zu dem Bewußtsein, daß die Kommunikation fehlt. Wenn man in einem Universum spricht und der Hörer in einem anderen Universum zuhört, kann es kein Verstehen geben. Der Zuhörer glaubt vielmehr nur, er verstünde. Es fiele einem Astronauten schwer, jemandem die Schwerelosigkeit zu erklären, der nichts von der Raumfahrt weiß – obwohl Wörter wie »schweben« durchaus Bestandteil der allgemeinen Erfahrung sind. Manchmal überkommt mich so ein Gefühl, wenn ich mich mit Philosophen der alten Schule unterhalte.

Das Universum der Wirtschaft ist ein anderes als das der Politik, das Universum der Technologie ein anderes als das der Nationalstaaten. Das sind ein paar von jenen Veränderungen, die beim Konfliktdenken vorzunehmen wir versäumen. Ein Universum setzt sich zusammen aus einer bestimmten Anzahl von Bedingungen und Regeln, die das Verhalten der Dinge in diesem Universum bestimmen – das Universum bestimmt das in ihm geltende »Natur«-Gesetz. Wie wir gesehen haben, steigt das Stück Holz im Unterwasseruniversum nach oben, oben auf der Erde fällt es nach unten.

Andere Anlässe, die einen Wechsel von einem Universum ins andere erfordern, schließen kulturelle und ideologische Bedingungszusammenhänge ein. Mit Kultur meine ich nicht nur kleine Gesten der Höflichkeit – daß man es etwa im Orient vermeidet, seinen Gefährten die Fußsohlen zu zeigen, wenn man zusammensitzt und trinkt. Ich meine grundlegende Kulturunterschiede. Zum Beispiel findet es ein westlich geprägter Mensch schwer zu verstehen, daß die japanische Kultur eine Gruppenkultur ist und keine ichbezogene (jederzeit fügt sich der Mensch in die spezielle Gruppe ein, in die er gestellt ist).

Man kann auch sagen, daß es schwer für einen Kapitalisten ist, die marxistische Ideologie zu verstehen — ausgenommen vielleicht, er versteht sie als Karikatur oder als einen Protest gegen den Kapitalismus. Gleicherweise muß es einem Marxisten schwer sein, die befremdliche Mischung aus Egoismus und Fürsorglichkeit zu verstehen, die in einer kapitalistischen Gesellschaft in Erscheinung tritt (ob das nun ein wesentlicher Bestandteil des Systems ist oder nicht).

Wichtig für das Verständnis der Unterschiede ist, daß man jedes Universum als eigenständige und in sich vollständige Größe behandelt. Dann bekommt es seine eigene Logik — und damit kann man arbeiten. Punkt-für-Punkt-Vergleiche durchzuführen und dann zu versuchen, sich alle festgestellten Unterschiede einzuprägen, führt nur zu Verwirrung. Man kann nur grundsätzliche Vergleiche anstellen, um die Unterschiede zu zeigen. Anhand dieser grundlegenden Aspekte läßt sich dann das neue Universum verstehen.

Um Verhalten, Werte und das zu verstehen, was als nächstes geschehen kann, müssen alle Aktionen auf das Universum bezogen werden, in dem sie stattfinden.

INFORMATION

Sie wissen, daß der Außenminister, der Ihnen am Tisch gegenübersitzt, am Ende des Monats aus dem Amt ausscheidet. Alle anderen am Tisch wissen das noch nicht. Sie sind ganz eindeutig in einer anderen Position als die übrigen Leute am Tisch.

Die Rothschilds versetzten ihre Freunde dadurch in die Lage, eine Menge Geld zu verdienen, daß sie noch vor irgend jemand anderem die Nachricht vom Ausgang der Schlacht bei Waterloo — per Brieftaube — weiterleiteten.

Zwei Interessenten bieten bei einer Auktion für ein reizvolles Gemälde. Der eine deshalb, weil er das Bild ganz einfach mag. Der andere hat von einem befreundeten Kunstexperten den Hinweis erhalten, daß das Gemälde sehr wertvoll sein könnte.

Es ist nicht schwer, Beispiele dafür zu finden, daß zwei Menschen scheinbar in derselben Situation sind, jeder von beiden aber über andere Informationen verfügt. Sie sind also offensichtlich nicht in derselben Situation.

Wir könnten der Frage nachgehen, ob die Information wahr und zuverlässig ist; ob es sich dabei um Tatsachen oder nur um Spekulationen handelt; ob sie bald oder niemals allen verfügbar sein wird. Später werden wir noch auf die Bedeutung eingehen, der der Verschwiegenheit im Konfliktdenken zukommt. Sollten die Parteien die Information austauschen, um die jeweiligen Situationen, in denen sie sich befinden, einander anzugleichen – oder sollten sie die Geheimhaltung wahren, um ihren Vorteil zu vergrößern?

Was geschieht, wenn Sie wissen, daß er weiß, daß Sie wissen, daß er weiß, daß Sie nicht sagen können, was Sie wissen? So sind die Spiegel spiegelnden Spiegel der klassischen Diplomatie. Bringen sie einen Wert hervor oder nur unnötige Kompliziertheit?

Wenn Sie plötzlich erführen, daß die Entscheidung gefällt worden ist, in der Nähe des Hauses, das Sie zu verkaufen beabsichtigen, solle ein neuer Flughafen angelegt werden – würden Sie das dem potentiellen Käufer mitteilen oder meinen, daß es seine Sache sei, dies herauszufinden? Das sind die Vorteile, die eine Diplomatie haben soll, die alles andere als offen ist. Was aber, wenn Sie als Verkäufer noch einmal an denselben Käufer gerieten? Vielleicht könnte da die lokale Logik der ersten Begegnung zu einem Schuß nach hinten werden.

Solche Informationsdifferenzen sind eine der Hauptquellen für Unterschiede in der Wahrnehmung – und da sie technisch gesehen zu den Unterschieden gehören, die am leichtesten beseitigt werden können, muß man sich ernsthafte Gedanken über die Vorzüge der Verschwiegenheit machen. Offensichtlich hat die Vertraulichkeit ihre Grenzen, aber die Schlüsselfrage ist, ob eine Partei so viele oder so wenige Informationen wie möglich mit der anderen Seite teilen sollte.

Wahrscheinlich muß jeder, der eine kartographierende und entwerfende Annäherung an das Konfliktdenken vorzieht, die Offenlegung von Informationen favorisieren, während jeder, der

der dialektischen Argumentation und der Konfliktmethode den Vorzug gibt, für Verschwiegenheit ist.

Man darf aber sicher sein, daß die Verschwiegenheit da, wo es nichts von Belang zu verbergen gibt, ein angemessenes Mißtrauen und keine irgendwie gearteten Vorteile einbringen wird – ausgenommen vielleicht den Bluff.

BILDAUSSCHNITT

Fernsehaufnahmeteams haben eine Aufgabe zu erfüllen; deshalb sind sie berüchtigt dafür, daß sie jene Momente einer Aktion herauspicken, die zwar gutes Fernsehen ergeben, zugleich aber auch ein verzerrtes Bild dessen vermitteln, was vor sich geht – die vereinzelte Schlägerei in einer sich ordentlich verhaltenden Menschenmenge. Ein von einem herumfliegenden Stein blutiggeschlagener Kopf füllt den Fernsehschirm, als sei er typisch für die gesamte Szene. »Das Interessante« heißt das Spiel – und ein blutiger Kopf ist gewiß sehr viel interessanter als neunundneunzig unverletzte Köpfe.

Zwei Wirtschaftswissenschaftler debattieren darüber, ob ein bestimmtes Land zu den Ländern der Welt mit einer höheren Besteuerung zu rechnen sei. Der eine bejaht dies, der andere verneint. Es erweist sich, daß die gesamten Steuereinnahmen in Prozent des Bruttosozialprodukts eher gering sind, weil die Verbrauchersteuern niedrig sind. Bei der Einkommensteuer jedoch gibt es eine merkliche Progression, so daß höhere Einkommensgruppen tatsächlich mit hohen Steuern belastet sind. So haben beide recht. Alles hängt davon ab, worauf man schaut.

Beide Seiten können durchaus das ganze Bild sehen, aber jede legt die Betonung dann auf einen besonderen Aspekt. Bei einer Tarifauseinandersetzung kann die Betonung auf das absolut gesehen niedrige Lohnniveau gelegt werden; oder darauf, daß die Löhne mit der Entwicklung der Lebenshaltungskosten nicht Schritt halten; auf die höheren Einkommen anderer Gruppen; auf die Arbeitsbedingungen; auf Zusagen, die positiv interpretiert werden könnten.

Ein großer Teil der Munition für das Konfliktdenken stammt aus dieser absichtlichen Wahl eines Bildausschnitts.

Abrüstungsgespräche sind wohlbekannt wegen ihrer wechselnden Betonungen. Geht es um Sprengköpfe oder Raketen? Um ihren Standort oder darum, wer über ihren Einsatz entscheidet? Sollten diese anderen Raketen mitgezählt werden? Macht die Treffsicherheit etwas aus? Das Baujahr?

Es ist seltsam, daß wir die Scheinargumente der selektiven Betonung so leicht akzeptieren. Erwarten wir wirklich, daß etwas perfekt sein muß, um von Belang zu sein? Wir scheinen dem Zwang zu unterliegen, jeden Angriff beantworten zu müssen. Könnten wir nicht auch antworten:

»Ja, das ist nur zu wahr. Aber in größerem Zusammenhang gesehen ist das eine Sache von geringerer Bedeutung.«

Wahrscheinlich wird Kritik dieser Art als Teil des politischen Prozesses und als Ausdruck des sozialen Gewissens, das die Gesellschaft zu Verbesserungen antreibt, begrüßt: »Wenn es eine hungernde Familie gibt, dann ist das eine zuviel.«

Während es leicht ist, Unwissenheit durch Information zu überwinden, ist es sehr schwer, eine Betonung zu verschieben, die zu einem bestimmten Zweck gewählt worden ist. So sehen Menschen Dinge unterschiedlich, weil sie dies wollen. Im Unterschied zu jenen anderen Fällen, wo sie keine Wahl haben.

ERFAHRUNG

Erfahrung ist persönliche Information und leistet den gleichen Beitrag zu differierenden Sehweisen. Ein erfahrener Mensch wird bei einem Ultimatum nicht überreagieren, ein Neuling könnte das sehr wohl tun. Jemand, der seinen Verhandlungspartner kennt, wird von ihm ein gewisses Maß an Schroffheit als Teil des Rituals hinnehmen, einen Neuling könnte das aus der Fassung bringen.

Wie wir später in dem Kapitel über Kreativität sehen werden, kann Erfahrung ebenso eine große Hilfe wie auch eine Falle sein. Sie ist eine Hilfe beim Erkennen und Deuten dessen, was geschieht. Sie ist eine Falle, wenn sie uns auf Klischeelösungen beschränkt. Je mehr Erfahrung wir haben, desto schwerer ist es, frisch und originell zu sein. Wo es aber einem erfahrenen Menschen gelingt, kreativ zu sein, da ist er doppelt effektiv: Er verfügt über die Erfahrungsmuster, mit deren Hilfe Kreativität in Handlung umgesetzt werden kann.

VORAUSSAGE

Dies ist eine Mischung aus Erfahrung und Information – und
wesentlich für das Konfliktdenken. Was wird sich ergeben? Was
wird geschehen, wenn ich hier nachgebe? Was wird geschehen,
wenn wir in diesem Punkt übereinstimmen? Wie wird man diese
Übereinstimmung zu Hause aufnehmen? Was wird geschehen,
wenn wir uns behaupten? Alles geschieht in der Zukunft, die sich
vom allernächsten Augenblick bis möglicherweise Hunderte von
Jahren vor uns erstreckt.

Ein guter Anwalt wird erkennen, daß eine bestimmte Klausel
später ein Schlupfloch bieten kann oder daß eine andere Bestimmung nicht durchführbar sein wird. Eine andere Klausel ist so
ungenau formuliert, daß sie allen Möglichkeiten Tür und Tor
öffnet. Dann sind da Klauseln, bei denen man vorhersehen kann,
daß sie endlosen Ärger machen werden, man sie deshalb also besser
wegläßt.

Gewöhnlich sieht man in der Weisheit den Schlüssel zur Voraussage. Man meint, sie könne vorhersagen, wie sich menschliche
Wesen verhalten werden. Man geht davon aus, daß sich die menschliche Natur nicht verändert, womit man dem Studium der
Geschichte einen Pluspunkt zuerkennt. Und doch ist der Kontext
des Denkens (denkt man an moderne Wirtschafts- und Waffensysteme) so anders geworden, daß wir möglicherweise von einer
Veränderung des Universums sprechen müssen. In welchem Falle
die Geschichte eher irreführend als hilfreich sein könnte.

Sollten Menschen leicht durchschaubar sein, damit es anderen
leichter fällt, ihr Verhalten vorauszusagen? Sollten sie, bevor sie
etwas tun, erst signalisieren, was sie zu tun gedenken? Hier treffen
in etwa die gleichen Überlegungen zu wie bei der Frage der
Geheimhaltung von Informationen.

Wenn wir gewußt hätten, daß alles so enden würde, hätten wir
dann all die Kosten und Mühen auf uns genommen? Im nachhinein
muß die Antwort sehr oft »nein« lauten. Weil wir die Zukunft nicht
voraussehen können, sind wir berechtigt, jede beliebige Hoffnung
in sie zu legen, wie unrealistisch sie auch sein mag.

Das Gegenteil von Hoffnung ist Angst. Jedes entworfene Resultat muß den Test der Angst bestehen – der Angst, daß eine Partei

sich benachteiligt sehen könnte. Es ist kläglich, unendliche Hoffnung gegen endliche Angst einzutauschen. Deshalb entspricht es der lokalen Logik des Konflikts, sich so lange wie möglich an Versprechungen festzuklammern. Aus diesem Grund muß auch das entworfene Resultat Verheißung bieten, wenn es für sich einnehmen soll.

Niemand kann die Zukunft voraussagen, aber wir können uns eine Reihe von Szenarien vorstellen. Das kann ein gemeinsamer Entwurfsprozeß sein. Wenn alle Szenarien unattraktiv sind, dann bleibt wenig Raum, den man der unbegrenzten Hoffnung zuweisen kann. Deshalb kann es von Nutzen sein, eine Reihe von Szenarien zu vergleichen, die auf der Basis verfügbarer Fakten und Projektionen entworfen worden sind. Der Zweck ist dabei, deutlich zu machen, daß nur ein Wunder herbeischaffen kann, was sich jede Seite noch erhofft. Das ist eine Möglichkeit, die Lücke zwischen jenen verschiedenen Voraussagen zu verkleinern, die uns dieselbe Situation so verschieden sehen lassen.

WAHRNEHMUNG

In diesem Kapitel habe ich viele der Gründe zur Sprache gebracht, warum Menschen Dinge unterschiedlich sehen. Sie können alle unter dem Stichwort »Wahrnehmungsdifferenz« zusammengefaßt werden. Deshalb ist es für das Konfliktdenken so überaus wichtig, das wahrnehmende Denken und ein Verstehen dieses Denkens zu beachten. Aus diesem Grund haben wir ein früheres Kapitel in diesem Buch der Frage nach der Wirkungsweise der Perzeption gewidmet.

Hier geht es um die Wahrnehmung in ihrer reineren Form. Sie sehen eine Wolke und erkennen ein Gesicht darin; Ihr Gefährte erkennt die Umrisse eines Landes. Sie betrachten sich eine Illustration in einem Buch und erkennen darin eine alte Frau; einen Augenblick später sehen Sie in derselben Zeichnung eine junge Frau dargestellt. Die haargenau gleiche Informationseingabe kann manchmal in verschiedener Weise strukturiert sein.

In der Praxis ist es so gut wie unmöglich, diesen »reinen« Typ von Wahrnehmungsdifferenz von der Wirkung zu trennen, die Erfahrung, Gefühl, Betonung und all die anderen in diesem Kapitel aufgeführten Möglichkeiten haben.

Es mag ausreichen festzuhalten, daß derselbe Gegenstand, der von verschiedenen Menschen mit gleichem Hintergrund und gleicher Motivation betrachtet wird, von ihnen doch auf verschiedene Weise gesehen werden kann. Wenn man das als eine Tatsache akzeptiert, dann sieht man schnell, daß dem Konfliktdenken oftmals eine unterschiedliche Auffassung derselben Situation zugrunde liegt: Die Kombattanten befinden sich in derselben physischen Situation, aber in einer unterschiedlichen Wahrnehmungssituation.

In einem der folgenden Kapitel werden wir sehen, daß es einer der zentralen praktischen Zwecke des *dreieckigen Denkens* ist, diese verschiedenen Wahrnehmungen miteinander zu versöhnen – indem es eine gemeinsame Grundlage findet oder neue Wahrnehmungen entwirft, die von beiden Seiten übernommen werden können. Es leuchtet ein, daß das von einer dritten Partei geleistet werden muß, weil es fast unmöglich ist, eine Wahrnehmung aus sich selbst heraus zu verändern.

6. Weil sie verschiedene Ziele haben

Es kann zu Konflikten kommen, weil Menschen Dinge verschieden
sehen oder weil sie verschiedene Dinge haben wollen – oder weil
eine Kombination von beidem vorliegt.

Menschen haben verschiedene Werte und Ziele. Sie möchten
verschiedene Wahlmöglichkeiten haben. Wenn ihre Entscheidung
im Widerspruch zu den Entscheidungen der anderen steht, ist der
Konflikt da.

Wie Henry Ford das so hübsch formulierte: Die Leute können
sich jede Farbe für ihr Auto aussuchen, die sie haben wollen –
solange es Schwarz ist. So würde ihre Freiheit der Wahl nicht mit
seinem Ziel ökonomischer Produktion in Konflikt geraten.

In diesem Kapitel möchte ich mich mit dem wichtigsten Verfah-
ren befassen, nach dem Menschen, Nationen und Zivilisationen eine
Wahl treffen. Das System ist sehr einfach und praktisch. Es besteht
in der Aufstellung sehr starrer Richtlinien. Wir kennen diese als
Werte, Glaubensinhalte, Prinzipien und Schlagwörter. Sind solche
Richtlinien erst einmal aufgestellt (allmählich oder auch per
Dekret), dann wird die Wahl einfach. Sie darf niemals gegen die
Richtlinien verstoßen. Sie muß so getroffen werden, daß sie den
Richtlinien entspricht.

Eine Innenarchitektin kauft Tapeten ein. Sie könnte nun Hunderte von Mustern durchsehen. Sie könnte jedes einzelne Muster
genau prüfen, ob es ihr gefiele und ob es ihren Vorstellungen
entspräche. Das wäre ein langwieriger Vorgang. Einfacher wäre es,
von Anfang an ein paar Richtlinien festzulegen. Zum Beispiel: Die
Tapete muß gestreift sein; sie muß viel Gelb enthalten; kein Rot; der

Preis muß innerhalb des vorgesehenen Kostenrahmens liegen. Diese
Leitlinien verhelfen nun der Innenarchitektin dazu, den Auswahl-
vorgang schnell zu erledigen. Denn es ist nun möglich, sofort alles
rauszuwerfen, was nicht den Richtlinien entspricht — beispielsweise
alles, was Rot enthält. Es wird ihr auch möglich, um solche Muster
zu bitten und sich auf sie zu konzentrieren, die die geforderten
Merkmale aufweisen. Sie kann bitten, daß man ihr gestreifte Tapetenmuster in Gelb in einer bestimmten Preisklasse vorführt.

Es leuchtet ein, daß diese Methode des Vorgehens nach Richtlinien höchst brauchbar ist.

Diese Methode hat aber auch noch einen anderen Vorteil. Die
Richtlinien können gelehrt und an andere weitergegeben werden,
die sie dann ihrerseits benutzen können. Die Innenarchitektin
könnte niemals all ihren Geschmack und ihre Erfahrung jemand
anderem vermitteln, aber es wäre ihr ein leichtes, eine Assistentin
loszuschicken, um gestreifte Tapetenmuster in Gelb zu besorgen.

Diese brauchbare Methode der Schaffung von Richtlinien bildet,
wie leicht zu erkennen ist, die Grundlage der Religionen, Ideologien und Zivilisationen. Sie hat sehr gut funktioniert.

Das System ist höchst nützlich, fordert aber den Konflikt heraus.
Wenn Richtlinien miteinander unvereinbar sind oder einander
widersprechen, dann ist der Konflikt da.

STIL

Man vergleiche einen Politiker mit einem sehr ausgeprägten Stil
(vielleicht de Gaulle oder Frau Thatcher) mit einem Politiker, dem
er fehlt.

Ersterer ist leicht erkennbar. Er hat ein bestimmtes Image. Jede
Handlung bestärkt dieses Image. Es sammeln sich Geschichten
(sowohl wahre als auch erfundene) um dieses Image. Der Politiker
ist viel stärker im Bewußtsein der Öffentlichkeit präsent. Es stimmt,
daß solche Politiker auch leichter von ein paar Menschen gehaßt
werden, aber diese Tatsache selbst ist nur ein Zeichen für die
gegebene Identität. Diese Politiker werden als Menschen gesehen,
die für etwas stehen. Dagegen erscheint der Politiker ohne Stil
schwach, grau und fade. Der Stil läßt die Wahrnehmung in kumu-
lierender Weise funktionieren. Ohne Stil geschieht jedes Ereignis

und jede Aktion und ist wieder weg, die Person ist jeweils so gut wie ihre letzte vermeldete Tat. Eines Politikers ohne Stil wird man sich tatsächlich eines sichtbaren Fehlers wegen erinnern – weil es nur wenig anderes gibt, was die Aufmerksamkeit erregte. Ein Politiker mit Stil kann viele Fehler überleben, weil die Wahrnehmung seines Image eine andere Grundlage hat. So wurde Ronald Reagan als »Teflonpräsident« bekannt, weil Fehler, die anderen zum Verhängnis geworden wären, nicht an ihm hängenzubleiben schienen.

Was uns hier interessiert, ist nicht so sehr der imagebildende Aspekt des Stils, sondern der Aspekt der Entscheidungsfindung. Der Politiker ohne ausgeprägten Sinn für Stil wird versuchen, jede Entscheidung nach Gesichtspunkten der ihr innewohnenden Vorzüge zu treffen. Er wird die Sachlage analysieren und sie mit seinen Kollegen beraten. Jede Entscheidung ist in sich eine Denkübung. Der Politiker mit Stil steht vor einer sehr viel leichteren Aufgabe. Er verweist die Angelegenheit einfach an die Richtlinien des Stils. Die hinter dem Stil stehenden Prinzipien führen augenblicklich zur Entscheidung. Das ist eine so einfache Sache wie die Tapetenwahl der Innenarchitektin – welche Handlung schreiben mir meine Prinzipien an diesem Punkt vor? Es gibt kein Zögern. Zueinander passende Dinge zusammenzubringen ist eine der einfachsten und schnellsten geistigen Operationen. Es besteht keine Notwendigkeit, die Sache mit anderen zu diskutieren oder über die Vorteile der Entscheidung nachzudenken. Tatsächlich könnte eine Diskussion mit anderen die Entscheidung eher verschwommen machen, da diese anderen nicht die Wächter des Stils sind. Für die anderen gibt es die Demokratie, damit sie ihren Beitrag leisten, indem sie sich der fortgesetzten Übung dieses Stils fügen. Mit der Zeit mögen sie finden, daß die Entscheidungen, die sie selbst treffen, in Übereinstimmung mit jenem Stil getroffen werden. Solche Entscheidungen werden dann dem Führer zugeschrieben und den Sinn für Stil fördern helfen.

Stil macht Vorhersagbarkeit möglich. Von einem Politiker mit Stil erwartet man, daß er in Übereinstimmung mit diesem Stil handelt. In gewissem Sinne geht der Stil dem Politiker voran und weist auf die Entscheidungen, die schließlich getroffen werden.

Unter gewissen Voraussetzungen ließe sich sagen, daß so ein Stil zur
Falle werden könnte, aber das gälte dann für jedes Engagement
gleichermaßen.

Es ist klar, daß es, wenn zwei Führer mit stark ausgeprägtem Stil
in Konflikt miteinander geraten, zu einer unausweichlichen Konfrontation kommen wird. Anders als viele Leute glauben, liegt das
weder an ihrer Hartnäckigkeit noch an der Machtpolitik. Und es
liegt auch nicht daran, daß keiner nachgeben oder verlieren will. Es
ist viel einfacher. Ein Politiker, der den Stil zur Richtschnur seiner
Entscheidungen macht, hat *keine andere Möglichkeit,* Entscheidungen zu fällen. Wenn eine Konfrontation diese Art der Entscheidungsfindung blockiert (weil zwei Stile zusammenstoßen), dann ist
keine Seite mehr entscheidungsfähig. Es kommt zu einer ausweglosen Situation, deren Ursache aber ein Vakuum und nicht Stand-
haftigkeit ist.

PRINZIPIEN

Der Stil eines Politikers umfaßt auch die Prinzipien, die offenkundig sein Verhalten leiten − obwohl geringfügigere Dinge wie Sprache, Kleidung und Anekdoten sehr viel zum Stil beitragen. Die
gewieften Vermarkter von amerikanischen Politikern verstehen ihr
Handwerk: Sie wissen, daß ein Produktimage unabhängig von den
Qualitäten des Produktes geschaffen und gefördert werden kann.

Unter Prinzipien verstehe ich die impliziten oder expliziten
Richtlinien für die Entscheidung. Da kann es den Grundsatz des
»freien Unternehmertums« geben oder den der »gleichen Chancen
für alle« oder den des »Wirtschaftswachstums«. Einige dieser Prinzipien werden als Slogan formuliert, andere werden erst durch ihre
Anwendung erkennbar. Beispielsweise wird, wenn zwischen
Gerechtigkeit und Pragmatismus gewählt werden muß, die Gerechtigkeit den Sieg davontragen (oder umgekehrt).

Die Prinzipien der Französischen Revolution (Freiheit, Gleichheit, Brüderlichkeit) sind bestens bekannt. Es ist nicht sehr wahrscheinlich, daß sie die motivierende Kraft waren, die hinter der
Revolution stand. Aber sie bildeten nützliche Kristallisations-
punkte.

Nur selten geht eine Ideologie wirklich aus der bewußten

Anwendung der verkündeten Grundsätze hervor. Diese Grundsätze werden normalerweise später formuliert, um der Ideologie zu ihrer Identität zu verhelfen. Die Tatsache, daß sie erst später in Worte gefaßt werden, bedeutet nicht, daß sie nicht schon die ganze Zeit über in unformulierter Form wirksam waren. Zum Beispiel sind das »Recht auf Unaufrichtigkeit« und das »Recht auf Gefährdung der öffentlichen Ordnung« unformulierte Prinzipien der westlichen Gesellschaft. Man umschreibt sie nur höflicher mit dem Ausdruck »Freiheit«. In der marxistischen Welt ist der Grundsatz, daß der Staat Vorrang vor dem persönlichen Eigeninteresse hat, gut gemeint, könnte aber wohl nutzbringender als »Notwendigkeit, konstruktiv zu sein« (in dem Sinne, daß man auch am Wohl der anderen mitarbeitet) formuliert werden.

Bei ihren kollektiven Verhandlungsübungen müssen die Gewerkschaften einen ganzen Katalog von Prinzipien festlegen, weil diese die einzige Grundlage sind, die sie haben. »Gleiche Bezahlung für gleiche Arbeit.« »Angemessene Bezahlung für ordentlich geleistete Arbeit.« »Unter keinen Umständen Lohnkürzungen.« »Kein Absinken des Lebensstandards.« Solche Grundsätze sind mehr als nur praktische Richtlinien – sie sind der wahre Kern einer Position. Sie müssen durchaus nicht ökonomisch sinnvoll sein. Ja, sie können sogar dem Ziel widersprechen, das sie zu erreichen trachten. Beispielsweise kann eine Ablehnung von Lohnkürzungen tatsächlich zum Verlust von Arbeitsplätzen führen (in dieser Hinsicht sind die amerikanischen Arbeiter sehr viel flexibler als die europäischen). Und doch ist leicht einzusehen, warum man an Grundsätzen festhalten muß.

Das bloße Fortbestehen von Prinzipien bringt ein Problem mit sich. Die Zeiten können sich ändern, und es mag erforderlich sein, die Grundsätze zu überprüfen und auf einen neuen Stand zu bringen. Aber dafür gibt es keinen Mechanismus. Es müßte eine von Augenblick zu Augenblick reichende Geltungsdauer geben. Aber niemand wagt es, fundamentale Grundsätze zu verändern.

Zum Beispiel können sich Forderungen wie Sicherheit des Arbeitsplatzes und gleiche Bezahlung für gleiche Arbeit negativ auf den Stand der Beschäftigung auswirken. In Zeiten der Rezession müssen Arbeiter entlassen werden, was im Hinblick auf die Arbeits-

losenunterstützung teuer sein kann. Wenn sich die Zeiten wieder
bessern, zögern die Firmen, wieder mehr Arbeiter einzustellen –
sie ziehen es vor, ihre Kapazitäten nicht voll auszulasten und
Aufträge abzulehnen. Wir könnten uns ein System vorstellen, das
dieses Übel überwindet. Neue Arbeiter würden mit einem höheren
Lohn (sagen wir 10 Prozent) wieder eingestellt, als ihn die alten,
nicht entlassenen Arbeiter beziehen. Dafür hätten die neuen Arbeiter nicht sofort Anspruch auf einen gesicherten Arbeitsplatz, das
heißt, sie wären die ersten, die gehen müßten, wenn wieder Entlas-
sungen notwendig werden würden. Und sie würden nicht die
üblichen Leistungen aus der Arbeitslosenversicherung erhalten.
Nach einer festgelegten Zeit müßten solche Arbeiter dann allerdings
in die reguläre Belegschaft der jeweiligen Firma übernommen werden. So ein Konzept könnte gut funktionieren und einigen Arbeitern gelegen kommen. Aber es würde zwei grundlegende Prinzipien
durchkreuzen – weshalb es wahrscheinlich nie ausprobiert wird.

Es muß gesagt werden, daß die Festlegung von Grundsätzen und
die Verteidigung dieser Grundsätze seitens der Gewerkschaften in
bemerkenswerter Weise dazu beigetragen haben, die Arbeitsbedingungen zu verbessern.

Wenn von verschiedenen Gruppen Grundsätze aufgestellt werden, dann ist klar, daß es gelegentlich zu Zusammenstößen kommen
wird. Aber selbst wenn die Prinzipien von ein und derselben
Gruppe aufgestellt worden sind, kann es doch immer noch Anlässe
geben, bei denen zwei Grundsätze an einem bestimmten Punkt in
Widerspruch zueinander geraten. Das Prinzip unbegrenzter
Gesundheitsfürsorge und der Grundsatz sparsamer Haushaltsfüh-
rung werden stets in Widerstreit liegen, da der Umfang und die
Kosten der Gesundheitsfürsorge schneller wachsen als die dafür zur
Verfügung stehenden Finanzmittel. Der einem freien Unternehmertum entsprechende Grundsatz geschäftlicher »Nichteinmischung«
gerät in Konflikt mit der Notwendigkeit, Investoren vor der Macht
der Insider und vor Betrug zu schützen.

Das Befremdliche – und fast Absurde – an der Sache mit den
Prinzipien ist, daß wir sie als etwas Dauerhaftes und Unverletzbares
formulieren und doch sehr wohl wissen, daß sie irgendwann miteinander in Konflikt geraten werden. Wir ignorieren das ganz einfach

und hoffen, damit fertig zu werden, wenn die Zeit gekommen ist. Der Grund dafür ist, daß ursprünglich die Prinzipien religiöser Natur waren. Das bedeutete, daß sie wirklich absolut waren (wie etwa die Heiligkeit des Lebens). Deshalb bestand auch kein Anlaß, über einen Zusammenstoß von Prinzipien nachzudenken. Außerdem gab es weniger. Wir haben immer dazu tendiert, alle später folgenden Grundsätze in gleichermaßen unrealistischer Weise zu behandeln. Wenn aus dem Zusammenprall zweier Prinzipien ein Konflikt entsteht, wissen wir nicht, was wir tun sollen. Abermals ein Punkt, an dem wir ein gehöriges Maß an entwerfendem Denken benötigen.

Als die britischen Streitkräfte Segel setzten, um die Falklandinseln zurückzuerobern, ging es um ein paar augenfällige und grundlegende Prinzipien. Da war die argentinische Invasion und der Grundsatz, daß man »einen Triumph der Aggression nicht zulassen darf«. Die Verhandlungen, die einen argentinischen Rückzug zum Ziel hatten, gingen von dem »Selbstbestimmungsrecht der Bewohner der Falklandinseln« aus. Beides sind klare und unverletzliche Prinzipien – und Frau Thatcher handelte demgemäß mit Unterstützung des Parlaments.

Wir wollen einmal die Rahmenbedingungen ein wenig verändern. Nehmen wir an, die Falklandinseln hätten näher beim Festland gelegen, so daß die argentinische Luftwaffe eine überwältigende Luftüberlegenheit besessen hätte (in Wirklichkeit lagen die Inseln ja an der Grenze der Reichweite ihrer Flugzeuge). Nehmen wir sogar an, die Inseln wären Teil des argentinischen Festlandes gewesen. Nehmen wir an, daß die britische Flotte zuvor bereits verkleinert worden wäre, um den NATO-Verpflichtungen (und nicht mehr den imperialen) zu genügen. Nehmen wir ferner an, die Vereinigten Staaten hätten jede Kooperation in Form von logistischen Maßnahmen und von Satellitenaufklärung rundweg abgelehnt.

Also: Die Prinzipien wären haargenau die gleichen geblieben, nämlich Widerstand gegen Aggression und Selbstbestimmung. Die Erfolgsaussichten einer militärischen Expedition wären aber entscheidend geschmälert oder sogar gänzlich zunichte gemacht worden (im Falle, daß die Inseln ein Teil des Festlandes gewesen

wären). Das zeigt, daß die reale Verfolgung eines Prinzips durch
pragmatische Erwägungen gedämpft werden muß.

»Wir werden an grundlegenden Prinzipien festhalten — und
ihnen so folgen, wie es uns praktisch möglich ist.«

Niemand könnte an diesem ehrlichen Eingeständnis Anstoß nehmen, weil es so sein muß, ob zugegebenermaßen oder nicht.
Wonach aber soll entschieden werden, was »praktikabel« ist? Das
ist entscheidend. Wenn wir sagen, größere kriegerische Auseinandersetzungen seien heute nicht mehr praktikabel, dann müssen wir
neue Mittel ersinnen, um Prinzipien zu verteidigen.

Wir könnten die Sache auch ein wenig anders formulieren:

»Wir werden niemals die grundlegenden Prinzipien des Wider-
standes gegen Aggression und des Selbstbestimmungsrechtes aufgeben.«

Da damit zum Prinzip erhoben ist, keine Prinzipien aufzugeben,
muß sich der Ablauf der Handlung nicht mehr automatisch ergeben, sondern kann nach Gesichtspunkten der Zweckmäßigkeit entschieden werden (wie das wahrscheinlich auch der Fall war).

SLOGANS

Ein Slogan kann ein Prinzip, eine Ansicht oder einen Wert zusammenfassen. Die Stärke eines Slogans ist es, daß er zu einem nützlichen Wahrnehmungspaket zusammenschnürt, was andernfalls zu
vage sein könnte, um einen Grund zum Handeln oder Denken
abzugeben.

Ein guter Slogan ist ein Denkersatz, weil er gleichsam eine
Mehrzweckschlußfolgerung für viele verschiedene Situationen liefert.

Die meisten Religionen haben die Angst als eine sehr nützliche
Emotion erkannt, weil sie so dauerhaft ist. Man kann in jeder
Minute seines bewußten Lebens vor irgend etwas Angst haben,
wohingegen Emotionen wie etwa Liebe normalerweise dazu tendieren, zu kommen und zu gehen — sieht man einmal von höchst
leidenschaftlichen Fanatikern ab. Ähnlich sind die Slogans, die
»gegen etwas« gerichtet sind, die haltbarsten, weil ihre Existenz
ganz automatisch mit der Existenz dessen verkoppelt ist, gegen das
sie Stellung beziehen. Es kann jedoch auch so etwas wie ein

Vakuum entstehen – wenn nämlich der Feind besiegt ist und die Slogans damit bedeutungslos werden. Dann mag es notwendig werden, neue Feinde zu schaffen, um die Mission des Kampfes nicht zu verlieren.

Es gibt keinen vernünftigen Grund, warum einander widerstreitende Slogans nicht nebeneinander existieren können sollten. Es verletzt nur unseren Sinn für Ordnung und das Prinzip des Widerspruchs – das ist aber auch alles. Es ist klar, daß eine Entscheidung nicht in Befolgung zweier entgegengesetzter Prinzipien gefällt werden kann – aber ein Slogan ist keine Entscheidung. Slogans, die sich »für« eine Sache aussprechen, können so gut nebeneinander existieren wie die Werbung für verschiedene Marken eines Produkts. Wir haben mit Slogans »gegen etwas« größere Schwierigkeiten, weil wir das Gefühl haben, daß sich die »Gegen«-Aktion gegen andere Slogans richten sollte. Das muß nicht so sein.

WERTE

Das ganze menschliche Leben und alle menschlichen Zivilisationen drehen sich um Werte. Anhand einer kleinen Umformulierung können wir zeigen, daß jeder Konflikt eigentlich ein Zusammenstoß von Werten ist.

Werte sind sehr eng mit Prinzipien und Meinungen verknüpft. Normalerweise ist es eine Grundanschauung, aus der ein Wert hervorgeht. Dieser Wert wird dann als Prinzip verpackt.

Es gibt Tabu-Werte und Richtungswerte. Ein Tabu-Wert ist ein Wert, den wir schlichtweg niemals negieren können. Als Beispiel sei der Wert des Lebens genannt.

Man stelle sich vor, ein Konflikt, der viele Menschenleben kostet, könnte vermieden werden, wenn die eine Seite zustimmte, daß die andere Seite vorsätzlich einen Menschen tötete, von dem beide Seiten wissen, daß er unschuldig ist. Dieses Opfer könnte niemals akzeptiert werden, selbst wenn Tausende weiterer Menschenleben (ebenso unschuldig) durch den Mangel an »Pragmatismus« verlorengingen. Die Annahme des Vorschlages hätte viel »lokale Logik« für sich, aber sie würde gegen einen Tabu-Wert verstoßen, der von der zivilisierten Welt seit jeher als fundamental angesehen wurde.

Richtungswerte sind allgemeine Angaben der Richtungen, in die wir zu streben suchen. Wir können nach Norden streben, obwohl es notwendig sein mag, daß sich unser Pfad in diesem Augenblick nach Osten, im nächsten Augenblick nach Westen wendet. In diesem Sinne bezeichnen Begriffe wie »Fortschritt«, »Gesundheit«, »Steigerung des Lebensstandards«, »Kultur und die Künste«, »Glück« usw. allgemeine Werte.

Es gibt Werte beider Arten für Individuen, für spezielle Gruppen, für Nationen und (so hofft man) für die Menschheit. Einige der letzteren sind als »Menschenrechte« definiert.

Ich werde in einem späteren Kapitel noch eingehender auf die Werte zu sprechen kommen, wo sie als Bestandteil des Entwurfs von Konfliktauflösungen erörtert werden (Werte kommen sowohl in der Entwurfsphase als auch in der Beurteilung der Eignung ins Spiel).

Hier sind die Werte für mich als einer der Faktoren bedeutsam, die Menschen dazu bringen, verschiedene Dinge haben zu wollen. Die meisten Menschen wollen das Leben, aber es gibt Umstände, unter denen sie den Tod zu wollen scheinen (Selbstmord, christliche Märtyrer, islamische Krieger). Wertsysteme können sich gewaltig voneinander unterscheiden.

Merkwürdigerweise sind wir eher zu einem Konflikt der Werte bereit als zu einem der Prinzipien (weil, wie ich schon angedeutet habe, ein Prinzip eine absolute Wahrheit zu sein scheint). Wir kennen alle das Recht eines Menschen, im Park Radio zu hören. Das ist für ihn ein Wert. Dann ist da aber auch für andere Besucher des Parks der Wert der Stille und des Friedens. Also kommt es zu einem Zusammenstoß von Werten. Die technische Lösung dieses Problems (durch Kopfhörer) ist ein hübsches Beispiel für ein entworfenes Ergebnis.

Der Wunsch von Eltern, ihren Kindern eine bessere Erziehung angedeihen zu lassen, und der Wunsch des Staates, gleiche Bildungschancen für alle zu schaffen, könnte zu einem Zusammenstoß von Werten führen.

Soweit dies möglich ist, werden wir mit diesen Wertkonflikten durch Anwendung zweier Kunstgriffe fertig. Der erste ist eine »Hierarchie der Werte«, die bedeutet, daß es Werte und Werte gibt. In der Hack-Ordnung wird der größere Wert den Vortritt vor dem kleineren haben. Der zweite Kunstgriff ist der der »Nichteinmischung«. Der Genuß eines Wertes soll für andere keinen Unwert bilden. Viele Flughäfen haben ein Nachtflugverbot, damit die Annehmlichkeiten für die Passagiere den Bewohnern der Umgebung, die vielleicht schlafen möchten, keine Unannehmlichkeiten bereiten.

Sehr häufig setzen wir auch die »Intention« ein. Tatsächlich tauschen wir etwa den Wert des Lebens gegen die praktischen Vorzüge des Straßenverkehrs ein. In den Vereinigten Staaten gibt es in jedem Jahr fast 50 000 Verkehrstote. Diese Zahl könnte verringert werden, wenn jeder mit der unmöglich niedrigen Geschwindigkeit von 10 km/h führe. Da aber die Todesfälle nicht »beabsichtigt« sind, kann das Tauschgeschäft gemacht werden. Der Unterschied zwischen Menschen, die in Napalm verbrennen, das anonym aus großer Höhe abgeworfen wurde, und Menschen, die im Verlauf einer Folterung verbrannt werden, ist ein Unterschied der Intention.

Es ist ebenso erschreckend, wie es zuversichtlich stimmt, daß Werte oftmals durch die Wahrnehmung verändert werden können. In bestimmter Weise gesehen, ist etwas unattraktiv. In anderer Weise betrachtet, wird es reizvoll. Das ist erschreckend, weil diese Möglichkeit jeder Art von Mißbrauch die Tür öffnet (wenn das nicht strenge Regeln wie die Genfer Konvention unterbinden). Und es stimmt zuversichtlich, weil es nahelegt, daß Zusammenstöße von Werten oft durch eine entwerfende Bemühung geklärt werden können, deren Ergebnis eine Versöhnung der Werte ist.

Interessant ist, daß Wertsysteme dazu neigen, getrennt von anderen zu bestehen. Das Wertsystem der Menschenrechte ist streng getrennt vom ökonomischen Wertsystem. Für menschliches Leben kann es keinen Preis geben. Und doch hat die Bundesrepublik Deutschland mit viel Erfolg Zahlungen an die Deutsche Demokratische Republik geleistet, um den Grenzübertritt von Leuten, die das Land verlassen wollen, zu sichern und um den Reiseverkehr und Verwandtenbesuche zu erleichtern. Es besteht ganz offensichtlich die Gefahr der wirtschaftlichen Erpressung und des Wuchers, ferner die einer grundsätzlich unangenehmen Abhängigkeit der Menschenrechte von der wirtschaftlichen Macht (so zum Beispiel, wenn man

einen Gefängnisdirektor bestechen kann, damit er einen Häftling
entläßt). Bevor wir aber so voreilig Schlüsse ziehen, wäre die Sache
wohl einer eingehenderen Erforschung wert. Haben wir es mit
Begünstigung zu tun (die gewöhnlich einen kommerziellen Preis
hat) oder mit Grundrechten (die keinen Preis haben)?

Was ich hervorheben möchte, ist, daß wir da in so etwas wie
einem Dilemma stecken. Es ist uns klar, daß Zivilisationen die
Summe ihrer Anschauungen, Werte und Prinzipien sind. Es ist uns
bewußt, daß wir, wenn wir an diesen aus Gründen des Pragmatis-
mus herumbasteln, allen möglichen Schrecken Tür und Tor öffnen.
Die Schrecken entstehen aus der Akzeptanz des Prinzips, daß »der
Zweck die Mittel heiligt« – das selbst benutzt wird, um den
Terrorismus zu rechtfertigen. Zugleich ist uns klar, daß der harte
Zusammenprall von Prinzipien und Werten in einer imaginativeren
Weise behandelt werden muß, als es unser gegenwärtiges System
des nackten Konflikts zuläßt.

Ich glaube, daß das Entwurfsidiom unsere einzige Hoffnung ist.
Es ist noch ein langer Weg zurückzulegen, aber unser Aufbruch zu
dieser Reise muß durch die Unzulänglichkeit der gegenwärtigen
Methoden beschleunigt werden. Wir können Zusammenstöße von
Prinzipien und Werten nicht einfach mehr als Verirrung und als
Problem ansehen, das gelöst werden muß, wenn es auftaucht. Wir
haben ja Organisationen wie die Vereinten Nationen geschaffen, die
gute Arbeit leisten. Aus Gründen, die ich später noch darlegen
werde, halte ich sie aber für nicht ausreichend. Solche Organisationen haben fundamentale Fehler.

MEINUNGEN

Wahrnehmungen, Verhalten, Werte und Prinzipien entspringen alle
den ihnen zugrundeliegenden Meinungen oder Anschauungen. Eine
Erörterung der Rolle und der Bedeutung von Meinungen würde ein
eigenes Buch erfordern. Ich will das Problem hier in ziemlich
unüblicher Weise angehen und die psychologischen Grundlagen
von Meinungen betrachten. Warum muß der Verstand Meinungen
haben. Was sind Meinungen? Es deutet viel darauf hin, daß Meinungen aus dem speziellen Typ von Informationssystem erwachsen,
das uns mit unserem Kopf zur Verfügung steht. Das ist das sich

selbst organisierende System, das ich in einem der vorangegangenen Kapitel beschrieben habe.

Wir wollen uns einige verschiedene Arten von Realität ansehen: *Pragmatische Realität:* Welches ist der »Geldwert« einer Sache? Was für Auswirkungen hat dies? Was bewirkt es? Die Realität des Geldes ist nur das, was es kaufen kann.

Bezugsrealität: Etwas ist durch seine Beziehungen zu anderen Dingen bestimmt. Bei einem Kurvenbild ergibt sich die Lage eines Punktes als Schnittpunkt der Werte auf den beiden Achsen. Die Position eines Schiffes bestimmt sich aus navigatorischen Bezugswerten. Wir bestimmen eine Position innerhalb eines Bezugsrahmens.

Gleichungs-Realität: Bei einer mathematischen Gleichung entspricht die Anordnung auf der einen Seite der auf der anderen. Es ist die Realität, die wir in der alltäglichen Sprache benutzen: Eine Idee hat eine Definition. Wir können uns von der Idee zur Definition oder in umgekehrter Richtung bewegen.

Überprüfbare Realität: Das ist das, was wir manchmal »wissenschaftliche Arbeit« nennen. Es ist eine Wahrheit, die wir wiederholt überprüfen können und die uns die Überprüfung stets unverändert bestätigt. Das bedeutet, daß immer das gleiche geschehen wird, wenn wir immer wieder die gleichen Bedingungen schaffen.

Kreisförmige Realität: Das ist eine kreisförmige Logik, die sich selbst erfüllende Prophezeiung. Ein flüchtiges Signal vergeht, aber ein wiederholtes ist von Dauer.

Diese kreisförmige Realität spielt bei Meinungen und beim Glauben eine Rolle. Man betrachtet die Welt in einer bestimmten Art, und das führt zu einer Weltanschauung, die dann wiederum die Art, in der man die Welt betrachtet, stärkt. Man hat sich in der Wahrnehmung gleichsam selbst eingeschlossen.

Der Verstand muß als sich selbst organisierendes Informationssystem der umliegenden Welt einen Sinn abgewinnen. Die losen Enden müssen verknotet werden. Wenn Lücken vorhanden sind, erscheinen die Ideen, um sie auszufüllen. Das Ganze wird immer zusammenhängender.

Wir wollen auf einfache Weise illustrieren, daß sich selbst organisierende Systeme stets dazu tendieren werden, sich wiederholende kreisförmige Muster zu bilden (eine kreisförmige Realität).

Zeichnen Sie auf ein Stück Papier etwa zwanzig kleine Kreise, wobei jeder Kreis für sich stehen soll. Zeichnen Sie — wie auch immer — Linien ein, die die Kreise miteinander verbinden. Sie können so viele Linien von den Kreisen weg und zu ihnen hin einzeichnen, wie Sie wollen. Mindestens aber zwei Linien müssen zu jedem Kreis hinführen. Nun nehmen Sie sich jeden Kreis gesondert vor und schreiben eine 1 an die Linie, die zu dem Kreis kommt, und eine 2 an alle anderen von dem Kreis wegführenden Linien. Das machen Sie bei allen Kreisen.

Die Kreise stellen »Zustände« dar und die Linien den Wechsel von einem Zustand zu einem anderen. Die Zahl 1 bezeichnet den bevorzugten Weg des Wechsels. Wenn dieser Weg aber schon benutzt wurde, um den Kreis zu erreichen, dann muß der Weg 2 gewählt werden, um wieder von dem Kreis fortzugelangen (dieser Weg des Wechsels ist sozusagen zweite Wahl).

Nehmen Sie nun einen Bleistift, schließen Sie die Augen, und stechen Sie mit dem Bleistift auf das Papier hinab. Führen Sie dann die Bleistiftspitze zum nächstgelegenen Kreis. Von da lassen Sie sie den Ausgang mit der Zahl 1 nehmen, und führen Sie sie auf dieser Linie bis zum nächsten Kreis. Aus diesem wieder über den Weg 1 hinaus. Wenn Sie jedoch gerade über Weg 1 in den Kreis hineingekommen sind, dann verlassen Sie ihn auf dem Weg 2. Fahren Sie in dieser Weise fort.

Sie werden sehen, daß Sie *immer* bei einem sich wiederholenden, kreisförmigen Weg anlangen, ganz egal, wie Sie die Kreise anordnen, wie willkürlich Sie sie miteinander verbinden oder wie wahllos Sie die Wege markieren. Anders ausgedrückt: Diese anscheinend zufällige Oberfläche hat aus einem willkürlichen Input eine »kreisförmige Realität« erschaffen.

In ähnlicher Weise ermöglicht es der Verstand der Erfahrung, sich selbst in Glaubensmustern zu organisieren.

Diese Art der internen, kreisförmigen Wahrnehmungsrealität ist sehr verschieden von der externen, überprüfbaren, objektiven Realität, an die wir in den Wissenschaften gewohnt sind. Aber in der Welt der Wahrnehmung ist sie *in jeder Hinsicht genauso real*.

Aufgrund ihrer kreisförmigen Natur sind Meinungen sehr schwer zu beseitigen oder zu ändern. Oft werden Menschen es vorziehen, an einer Meinung oder einem Glauben festzuhalten, statt ihrem Verstand zu vertrauen. Meinungen »funktionieren« nicht im gewöhnlichen logischen System. Meinungen können nur durch Atrophie verschwinden. Ein Punkt im Kreis wird schwach, und ein neuer Weg übernimmt seine Aufgabe. Das ist der Grund, warum viele der stärksten Religionen stets auf Ritualen bestanden haben – solche rituellen Handlungen helfen nämlich, die Atrophie zu verhindern.

Obwohl den meisten Konflikten unterschiedliche Anschauungs- oder Glaubenssysteme zugrunde liegen, besteht keine Veranlassung zu der Überzeugung, daß Glaubenssysteme unbedingt miteinander kollidieren müßten. Der Konflikt entsteht, wenn ein System meint, daß seine abgeleiteten Werte überall Gültigkeit haben sollten, und es dieses Ziel zu seiner Mission macht. Der Konflikt entsteht, wenn ein System nur mit dem Ziel aufgebaut wird, ein anderes Glaubenssystem anzugreifen. Aber nicht eine dieser »expansionistischen Tendenzen« von Glaubenssystemen ist eigentlicher Bestandteil ihres Wesens.

7. Weil der Stil ihres Denkens sie dazu ermutigt

Wir verfügen über einen aktionsorientierten Denkstil, der das Erkennen, das Unterscheiden, die Gewißheit und die Stetigkeit bevorzugt. Er bildet die Grundlage des hervorragenden technischen Fortschritts, den der Mensch gemacht hat (zu verschiedenen Zeiten und an verschiedenen Orten).

Es ist nicht schwer, sich vorzustellen, daß ein bestimmter Denkstil für bestimmte Zwecke sehr nützlich, für andere wertlos sein kann. Er kann sogar schlimmer als wertlos sein, nämlich gefährlich. Wir wissen, daß eine Brandrodungswirtschaft in kleinem Umfang für ein unterbevölkertes Gebiet in Ordnung, für ein überbevölkertes aber verheerend ist.

Ebendieses Beispiel verweist auf eines der Probleme unseres sprachgebundenen Denkens. Wir heften Etikette mit dauerhaften Werten an die Dinge – und das macht es dann äußerst schwer, etwas als »bis zu einem gewissen Grade gut, darüber hinaus aber schlecht« anzusehen. Ich nenne das manchmal die »Salzkurve«: Etwas Salz bekommt dem Essen, ein Mehr davon ist sehr abträglich.

Unser Verlangen nach Gewißheit bereitet uns Unbehagen mit Werten, die auf einer Unvorhersehbarkeit von Umständen oder Mengen basieren. Die meisten rein akademischen Auseinandersetzungen beruhen auf dieser Schwierigkeit. Beide Seiten haben gewöhnlich recht, aber unter verschiedenen Gesichtspunkten. Demokratie ist eine »gute Sache« und muß deshalb eingeführt werden, wo immer dies möglich ist. Wenn ein Land noch nicht reif dafür ist oder nicht in der Lage, das System funktionieren zu lassen, dann ist das Pech. In jedem Falle ist der Hinweis, daß ein Land noch nicht reif sei für die Demokratie, gönnerhaft und bevormundend. Ein entwerfendes Bemühen um Übergangslösungen oder alternative Formen, die für andere Kulturkreise geeigneter sind, könnte da zu größerem Erfolg geführt haben.

SPRACHGEBUNDENHEIT

Unser Denken ist begriffsgebunden. In einem der vorangegangenen Kapitel habe ich darauf hingewiesen, daß unser begriffsgebundenes Denken einige unvermeidliche Nachteile hat (etwa die Kategorisierung, die Dauer und das Unterscheiden). Die Sprache ist nie als Medium des Denkens entworfen worden. Ihr Zweck ist die Kommunikation. Es ist ein großer Fehler anzunehmen, die Erfordernisse der Kommunikation und die des Denkens seien die gleichen. Warum sollten sie es auch sein?

Mit Hilfe eines Kommunikationsmediums trachten wir danach, alle Zweifel auszuräumen – und jedes weitere Wort dient dem Zweck, uns in dieser Richtung weiterzuhelfen. Mit dem Denken möchten wir neue Möglichkeiten und Verbindungen erschließen, damit sich Einsichten bilden können. Die Prosa beschreibt das, was gegeben ist. Die Dichtung deutet an, was sein kann.

Wörter werden im Laufe der Zeit mit emotionalen Werten beladen – und wenn sie erst einmal so beladen sind, können sie nie mehr gereinigt werden. Wörter sind eine lebendige Akkumulation unserer Geschichte, und durch sie geraten wir in die Fallgrube von Idiomen, die längst ihre Brauchbarkeit eingebüßt haben. Das Wort »Profit« kann in vielen Gesellschaften nie mehr so rehabilitiert werden, daß es den für Investitionen erforderlichen Gewinn meint. Das Wort »manipulieren« kann nie mehr so wiederhergestellt werden, daß es die vorteilhafte Stellung eines Individuums bezeichnet, die es diesem ermöglicht, das Beste (für sich) zu tun.

Es gibt viele neue Gedanken, die wir entwickeln müssen und die wir doch nicht entwickeln können, weil es keinen geeigneten Weg gibt, die entsprechenden Wörter dafür zu schaffen. Jedes neue Wort wird von denen als Mätzchen betrachtet, die nicht sehen, wie armselig unsere Sprache in Wirklichkeit ist, wenn es um die Beschreibung des Systemverhaltens geht. In einem vorangegangenen Kapitel erwähnte ich die Notwendigkeit eines neuen Wortes, das etwas bezeichnen könnte, was gut im Sinne der lokalen Logik, zugleich aber schlecht im Sinne einer weiter reichenden Logik ist.

Vor vielen Jahren erfand ich den Begriff des *lateralen Denkens*, weil es unumgänglich notwendig war, die Logik der Kreativität und die Logik der Musterveränderung in einem sich selbst organisierenden Informationssystem zu beschreiben. Diese Aktivität der Änderung von Wahrnehmungen und Konzepten findet sich nicht mit künstlerischer Hervorbringung unter dem allgemeinen Begriff der »Kreativität« zusammen.

Im vorliegenden Buch nun versuche ich, den Ausdruck *dreieckiges Denken* einzuführen, um die notwendige Rolle der dritten Partei beim Konfliktdenken und das, was diese Rolle ausmacht, zu beschreiben.

POLARISIERUNG

Da wir Entscheidungen über Handlungen treffen müssen, mögen wir unschlüssige Menschen nicht. Wir mögen keine Wirtschaftler, die in der einen Hand eine Anschauung, in der anderen die entgegengesetzte mit sich herumtragen. Der Begründer des Christentums war ziemlich ergrimmt über »lauwarme« Leute.

Denken ist ein dynamischer Prozeß. Man kann sich dynamisch in eine Richtung bewegen, nicht aber gleichzeitig in zwei entgegengesetzte.

Dieses offensichtliche Dilemma der Polarisierung läßt sich umgehen mit der »Kästchenmethode«, deren sich die Japaner in ihrem alltäglichen Leben bedienen. Da gibt es am Tage den sich westlich gebenden Geschäftsmann, der sich am Abend (soweit er in Japan ist) japanisch gibt und zu Hause als traditioneller japanischer Familienvater.

Statt jeden Tag der Woche ein Zwitter aus Sozialist und Kapitalist – also das, was man einen Liberalen nennt – zu sein, könnte man montags, mittwochs und samstags Kapitalist und an den übrigen Tagen Sozialist sein. In gewissem Sinne hat das die schwedische Wirtschaft klugerweise getan.

Zweifelsohne gibt es viele Politiker, die das Gefühl haben, daß sie bei manchen ihrer Entscheidungen Sozialist und bei manchen Kapitalist sind (das ist nicht ganz so gut wie die Kästchenmethode, wo in jedem Kästchen volle Übereinstimmung gegeben ist). Aber die Sprache ist damit nicht glücklich – und weil sie das nicht ist, ist die politische Unterstützung für ein solches Verhalten nur schwach.

Sprache könnte niemals mit dem Ziel entworfen worden sein, uns zu sagen, daß diese rote Beere am Montag und am Freitag giftig, an anderen Tagen aber vorzüglich ist.

WAHRHEIT UND UNWAHRHEIT

Ich habe dieses Thema schon in dem Kapitel über die Argumentation und das dialektische Denken berührt.

Schlechte Logik führt zu schlechtem Denken. Das ist keine Frage.

Gute Logik führt zu gutem Denken. Da gibt es ein großes Problem. Gute Logik ist, wie ein gut funktionierender Computer, nur ein Hilfsmittel, um den Sinn der ihr präsentierten Wahrnehmungen zu entschlüsseln. Die Qualität der Logik kann niemals Mängel der Wahrnehmung aufwiegen. Aber eine vorzügliche Logik vermittelt ein falsches Gefühl der Sicherheit, der Arroganz und der Rechtschaffenheit. Wir glauben tatsächlich, daß eine Argumentationskette, die keinen logischen Fehler aufweist, richtig sein muß. Sie kann aber nie mehr sein als in Übereinstimmung mit unseren Ausgangspositionen, die ihrerseits durch die Wahrnehmung bestimmt sind.

Es gibt da auch die Auffassung von der einen Wahrheit – vergleichbar dem einen Sieger eines Wettrennens. Wenn man das Gefühl hat, man verfüge über den Sieger – was können dann andere Leute noch bieten?

Ich habe an anderer Stelle die das Denken hemmende Beschränkung erwähnt, daß man bei jedem einzelnen Schritt recht haben müsse. Das stimmt nur, wenn man seine Zielposition allein auf dem Wege der Ableitung rechtfertigen will, das heißt, wie man zu ihr hingelangt ist. Wenn sich jedoch diese Zielposition aus sich selbst heraus wird rechtfertigen müssen, dann ist der Weg dorthin belanglos. Und das ist beim Entwurf immer der Fall. Man kann einen Entwurf niemals durch die zu ihm hinführenden Denkschritte rechtfertigen. Die Rechtfertigung muß vielmehr immer die

Form einer abschließenden Wertung haben: Erfüllt der Entwurf den beabsichtigten Zweck, und entspricht er dem Akzeptanzprofil?

Ich sehe den Wert von Wahrheit und Unwahrheit so gut wie jeder andere, aber ich sehe auch, daß man sich die Versessenheit auf eine Schritt-für-Schritt-Wahrheit nur in geschlossenen Systemen leisten kann. Sehen Sie sich einmal die vielen anderen Reaktionen an, die man in einer Diskussion zeigen kann:

»Das ist interessant.«

»Das führt weiter zu . . .«

»Das ist noch vorläufig.«

»An diesem Punkt ist das spekulativ.«

»Jetzt etwas als Herausforderung.«

»Es gibt noch keine Rechtfertigung dafür, das auf diese Weise zu betrachten, aber . . .«

Wenn wir das Wesen musterbildender Systeme erst einmal verstehen, wird diese Art von Äußerungen zu einer *absoluten logischen Notwendigkeit*. Bei der Asymmetrie eines musterbildenden Systems kann es erforderlich sein, daß wir uns einem anderen Teil des Musters zuwenden, weil wir erst von dort aus im nachhinein erkennen können, was unmittelbar als logisch erscheinen wird. Das altmodische Beharren auf Richtigkeit bei jedem einzelnen Denkschritt ist einfach falsch.

DAS PRINZIP DES WIDERSPRUCHS

Das Prinzip des Widerspruchs bildet die Grundlage unseres gebräuchlichen logischen Systems. Zwei einander ausschließende Feststellungen können nicht beide wahr sein. Etwas kann nicht gleichzeitig wahr und falsch sein.

In gewissem Sinne wird das Prinzip des Widerspruchs geradewegs auf unser Konfliktdenken übertragen. Zwei einander ausschließende Wünsche können nicht beide gleichzeitig erfüllt werden. Man kann nicht im gleichen Augenblick nach Norden und nach Süden gehen. Deshalb muß es zum Konflikt kommen – um herauszufinden, welcher Wunsch obsiegt.

Ein Konflikt wird manchmal wie ein Rennen behandelt. Da gibt es ein Rennen und einen ersten Preis. Wir können keine Situation zulassen, in der Hans und Peter beide das Rennen gewinnen. Die beiden Feststellungen »Hans gewann das Rennen« und »Peter gewann das Rennen« widersprechen einander.

Unser Denkstil ist darauf angelegt, daß wir solche Widersprüche absichtlich *suchen*, weil wir für gewöhnlich auf diese Weise Fortschritte in unserem Denken machen. Statt deshalb Widersprüche zu vermeiden oder auf ein Minimum zu reduzieren, versuchen wir alles auf einen widersprüchlichen Begriff zu bringen.

»Alle Schwäne haben lange Hälse.«

»Dieser Vogel hat keinen langen Hals.«

»Also kann dieser Vogel kein Schwan sein.«

Die zwei Feststellungen »Dieser Vogel ist ein Schwan« und »Dieser Vogel hat einen kurzen Hals« würden sich widersprechen – und deshalb kann der Vogel kein Schwan sein. Das ist ein normales Denkverhalten. Um diese Art des Denkens zu unterstützen, müssen wir vollständige und exklusive Kategorien benutzen. Wir müssen sagen: »Alle Schwäne haben lange Hälse«, was uns leicht fällt, weil wir beschließen können, das Wort »Schwan« nur zur Bezeichnung von Vögeln mit langen Hälsen zu gebrauchen. Das System würde überhaupt nicht funktionieren, wollten wir in diesem Zusammenhang Wörter wie »im allgemeinen« oder »gewöhnlich« oder »im großen und ganzen« benutzen.

»Im großen und ganzen haben Schwäne lange Hälse.«

»Dieser Vogel hat keinen langen Hals und ist deshalb wahrscheinlich kein Schwan, aber ich bin mir da nicht ganz sicher.«

Diese Aussagen erscheinen sehr viel weniger befriedigend.

Und doch könnte es für das Konfliktdenken sehr hilfreich sein, von starren Wörtern zu solchen wie »gewöhnlich«, »im allgemeinen« und »im großen und ganzen« überzugehen. Sie vermitteln die gleiche Bedeutung, ohne Angriffen ausgesetzt zu sein. Sogleich muß das Prinzip des Widerspruchs durch ein Prinzip der Wahrscheinlichkeit ersetzt werden. Das schadet überhaupt nichts. Schaden gab es nur, wenn die Dialektik eingesetzt wurde, um eine konstruierte Theologie zu verteidigen. Die Aussage »Gott könnte vollkommen sein« ist nicht die gleiche wie »Gott ist vollkommen«, weil man dann nämlich nicht zu all den benötigten Deduktionen fortschreiten könnte.

»Dieses Tuch ist grün.«

»Nein, es ist blau.«

»Komm damit ans Licht.«

»Es ist immer noch blau.«

Höchstwahrscheinlich war das Tuch von changierender Farbe, das heißt grün und blau zugleich. Den Widerspruch ausgenommen, gibt es keinen Grund, warum die Menschen in Nordirland nicht gleichzeitig Briten und Iren sein sollten. Berlin ist ein aktuelles Beispiel für einen offensichtlichen Widerspruch: eine Stadt inmitten eines anderen Landes – und eines feindlichen obendrein. Und doch funktioniert das alles ganz gut.

Wir fürchten uns viel zu sehr vor offenbaren Widersprüchen. Wir weichen zurück, sobald wir einen entdecken, weil unser Denken darauf gedrillt ist. Es wäre sehr hilfreich für die entwerfende Art des Konfliktdenkens, wenn wir offensichtliche Widersprüche akzeptierten und uns dann von ihnen aus vorwärts bewegten. Sind es wirklich Widersprüche? Gibt es eine Möglichkeit, die Situation so abzuändern, daß der Widerspruch eine praktische Bedeutung gewinnt? Am Ende mag es sein, daß wir von dem Widerspruch lassen müssen – aber das erst wirklich am Ende.

Erforderlichenfalls können wir den Widerspruch immer mit dem neuen Wort »PO« schützen, das ich erfunden habe, und das ich in einem späteren Kapitel erläutern werde. »PO« wird im Zusammenhang mit Provokationen gebraucht, um anzudeuten, daß eine Feststellung *außerhalb* des Urteilssystems offeriert wird. Wir könnten etwa sagen »PO: Räder sollten viereckig sein« – und uns dann daranmachen, ein paar sehr interessante Ideen zu entwickeln.

Mit dem Widerspruch eng verknüpft ist die Schlüssigkeit. Die Menschen sollen sich nicht selbst widersprechen. Von ihnen getroffene Feststellungen sollen miteinander übereinstimmen. Dennoch sollten sie in der Lage sein, ihr Bewußtsein und ihre Position zu verändern. Es kann neue Informationen geben oder eine Veränderung der Verhältnisse. Oder es werden zwei nicht schlüssige Feststellungen gleichzeitig vertreten. Das zeigen Meinungsumfragen sehr häufig. Eine Mehrheit ist für ein amerikanisches Engagement in Zentralamerika. Zugleich jedoch gibt es eine Mehrheit, die sich gegen jede vorgeschlagene Form von Engagement ausspricht.

Eine Ehefrau kann den Wunsch haben, daß ihr Mann mehr Geld

verdient – und es zugleich gar nicht mögen, daß er zu diesem Zweck auf Geschäftsreisen geht. Beides sind echte Wünsche, auch wenn sie in logischer Hinsicht widersprüchlich sind. Wir müssen uns die Substanz dessen ansehen, was jeweils zur Debatte steht, nicht die Form. Es ist die übertriebene Beachtung der logischen Schlüssigkeit, die Konflikte so oft unlösbar macht.

Es könnte befürchtet werden, daß es zu einem totalen Chaos käme, wenn wir das Prinzip des Widerspruchs abwerteten. In diesem Chaos ginge dann alles durch, und es wäre unmöglich, überhaupt noch zu irgendwelchen Schlußfolgerungen zu gelangen. Es könnte alles bei einem gleichsam parallelen Aussprechen von Slogans und Wünschen enden. Das aber ist keineswegs die notwendige Konsequenz. Es mag sehr wohl Zeiten geben, in denen Konfliktdenken nicht mehr ist als ein Herausschreien von Schlagwörtern und Anschuldigungen, aber das passiert nur dann, wenn die beteiligten Parteien es so wollen.

Ein Tischler, der einen Tisch macht, geht ruhig seiner Arbeit nach und fügt die benötigten Teile zusammen, bis er den fertiggestellten Tisch vor sich hat. Dieser Tischler benutzt nicht das Prinzip des Widerspruchs. Er weiß, daß Einzelteile zusammengefügt werden können und daß eine Verbindung zwischen ihnen auf eine bestimmte Art herstellbar ist. Das ist ein positives Prinzip – es fügt zusammen, es führt zum Ziel, es ist machbar. Es ist das Prinzip der Konstruktion. Es ist ein durch und durch brauchbares Prinzip.

Wir sollten sehr sorgsam beachten, daß unsere Besessenheit vom Prinzip des Widerspruchs der theologischen Argumentation entstammt, *die den Beweis erbringen mußte, daß eine Häresie falsch war.* Dafür ist das Prinzip des Widerspruchs von wesentlicher Bedeutung. Das ist aber bei allen anderen Arten des Konfliktdenkens nicht der Fall. In diesem Buch wird die Betonung auf das Entwurfsidiom gelegt. Das ist ganz offensichtlich ein konstruktives Idiom – ähnlich dem des Tischlers und des Tisches.

In diesem Punkt bedarf es großer Klarheit. Wenn wir vom Prinzip des Widerspruchs besessen sind, dann sind wir zu der negativen, weil ausschließenden Art des Denkens verdammt. Wir müssen dieser Besessenheit entfliehen, um die positive, weil konstruktive Art des Denkens und das Entwurfsidiom entwickeln zu können.

8. Weil es von ihnen erwartet wird

Konflikt ist ein selbstverständlicher und verehrter Begriff unserer Zivilisation. Ich meine nicht nur das erwartete Heldentum bei der Verteidigung des Vaterlandes gegen Aggressoren oder bei der Hilfeleistung für die Opfer einer Schlägerei. Es mag notwendig gewesen sein, solchen Taten die entsprechende Ehre und den angemessenen Ruhm zuzuerkennen – und das mag auch heute noch so sein. Außergewöhnliche Opfer sind gebracht worden (auf welcher Seite auch immer), und sie sollten in angemessener Weise geehrt werden. Das Spektrum reicht von solchen Einstellungen zum Konflikt bis hin zum Wettstreit zwischen zwei Tennisspielern.

Es gibt Zeiten, da der Konflikt erforderlich sein mag. Es gibt Zeiten, da mag er als Wettbewerb Vergnügen bereiten. Ich beabsichtige nicht, die Vorzüge dieser beiden Fälle zu diskutieren, noch bin ich in diesem Buch darauf aus, den Konflikt als solchen zu verdammen. Mir geht es allein um *das Denken über den Konflikt*. Mir geht es um jene Bereiche, wo wir einen Konflikt lösen möchten, aber in keiner Weise glücklich sind mit den Mitteln, die uns dafür zur Verfügung stehen.

Ich möchte in diesem Kapitel darauf hinweisen, daß unsere Zivilisation in hohem Maße auf den Konflikt hin orientiert ist. Unsere Einstellungen, unsere Erwartungen und unsere Sprache sind mit den entsprechenden Sprechweisen durchtränkt. Wo es um die Konfliktlösung geht, weist unsere Kultur erhebliche Lücken auf. Wir sprechen so gerne vom Frieden, aber in unserem Denken können wir ihn nur *erkämpfen*.

SPRACHLICHE UNZULÄNGLICHKEIT

Immer wieder komme ich in dem vorliegenden Buch auf diesen Punkt zurück. Je tiefer ich in das Denken über das Denken hineingerate, desto bewußter wird mir die Unzulänglichkeit selbst reicher Sprachen. Entweder gibt es Wörter ganz einfach nicht, oder sie machen eine beabsichtigte Bedeutung zunichte, indem sie sie mit einer irreführenden verknüpfen, oder sie sind emotional aufgeladen.

Es ist vollkommen richtig, daß die Sprache über genügend Flexibilität verfügt, um neue Gedanken durch eine kunstfertige Zusammensetzung alter Wörter ausdrücken zu können. Das ist schließlich ja auch das, was ich in diesem Buch versuche und was ich schon in meinen früheren versucht habe. Aber es reicht nicht aus.

Es ist durchaus möglich, ein neues Konzept mit einer Ansammlung von Wörtern zu beschreiben. Damit wird in angemessener Weise eine deskriptive, erklärende und kommunikative Funktion erfüllt.

»Gehen Sie in das Kaufhaus, und holen Sie mir dieses Gebilde, das ein flaches Oberteil hat und von vier Beinen, eins an jeder Ecke, getragen wird.«

Sie wissen, was ich meine – und würden mir einen Tisch bringen. Meine Beschreibung und ihre Mitteilung sind perfekt. Aber diese Beschreibung ruft nicht die *Idee* eines Tisches hervor. Wir können die zutreffende Beschreibung benutzen, sooft wir wollen, und es kann sich schließlich eine Idee bilden oder auch nicht. Es läßt sich sofort erkennen, warum das so ist, wenn wir uns sowohl die Kombinationsmathematik als auch das Wesen des sich selbst organisierenden Systems der Wahrnehmung vergegenwärtigen, wie ich es in einem früheren Kapitel dargestellt habe. Offensichtlich können vorläufige Ansammlungen von Wörtern nicht zur Herausbildung von Ideen führen.

Eine Idee kann aber nicht wirklich in unser Denken gelangen, bevor sie sich nicht gebildet hat. Eine Idee ist wie eine Straßenkreuzung. Um diese Kreuzung herum entwickelt sich eine kleine Stadt. Die Stadt wächst. Vorstädte kommen dazu. Neue Straßen werden gebaut und verbinden sie mit anderen Städten. Die Stadt entwickelt ihre eigene Identität. Man kann von ihr aus zu anderen Orten gelangen. So ist das auch mit der Idee. Aber eine Beschreibung ist

nur wie ein begrenzte Zeit gültiger Reiseführer. Man kann ihm
genauestens folgen, aber das ist auch alles.

Deshalb reicht es nicht aus, wenn Sprachpuristen behaupten, wir
brauchten keine neuen Wörter, da die vorhandenen tauglich genug
seien, alles zu *beschreiben*. Eine Beschreibung ist nicht genug.

Wir haben eine Fülle von Wörtern für Sieg, Niederlage, Erge-
bung, Gewinn, Verlust, Angriff, Verteidigung, gewinnen, verlieren
usw. Da herrscht kein Mangel an Gedanken.

Sehen wir uns aber mal die Gedanken an, die zur Beschreibung
der Konfliktlösung zur Verfügung stehen: Da gibt es »zurückwei-
chen«, »besiegen«, »sich ergeben«, »aufgeben« – oder ihre Ent-
sprechungen auf der siegreichen Seite. Wir können auf »Kompromiß«, »Waffenstillstand« oder »Moratorium« zurückgreifen. Aber
alle diese Wörter sind unbefriedigend, weil sie nicht anzeigen, daß
es ein befriedigendes Ergebnis gibt – es gibt nur eine Einstellung
der Feindseligkeiten. Das Wort »Frieden« gehört nicht hierher, weil
es keine Beschreibung des Ergebnisses, sondern die eines Zustandes
ist, der erreicht werden kann, nachdem über das Ergebnis entschieden worden ist. Friede kann auf einen Sieg oder auf eine Niederlage
folgen.

Ich hätte gern einen Begriff, der folgendes andeutet:
»Wir hatten einen Konflikt, und wir dachten konstruktiv darüber
nach. Das Resultat ist, daß wir ein Ergebnis entworfen haben, mit
dem beide Seiten sehr zufrieden sind. Es handelt sich nicht nur
um eine Duldung oder Hinnahme dieses Ergebnisses, sondern
wir sehen darin in der Tat Vorteile für beide Parteien.«

Wie drücken wir einen solchen Gedanken aus? Wie beschreiben
wir eine Konfliktlösung, die höchst zufriedenstellend ist? Es ist
klar, daß sich die Sprache um solche Dinge nie sehr gekümmert hat,
weil unsere Kultur Sieg/Verlust-Konflikte erwartet.

Nehmen wir ein anderes Beispiel. Wir haben viele Wörter für
Freunde und Feinde. Wir haben viele Wörter für verschiedene
Beziehungen zwischen Freunden und Feinden: Liebe, Haß, Anta-
gonismus, Vertrauen, Verdacht usw. Sehen wir uns jedoch eine
Lücke an. Ich brauche ein Wort, um folgenden Gedanken zu
beschreiben:

»Dieser Bursche ist mein Feind. Ich weiß, daß er mich vernichten möchte – so wie ich ihn. Aber ich kann mit ihm reden und mit ihm arbeiten. Zusammen können wir konstruktiv an Sachen arbeiten, für die eine solche Zusammenarbeit nur vorteilhaft sein kann.«

Mit anderen Worten ausgedrückt, ein Feind, den ich mag und mit dem ich konstruktiv zusammenarbeiten kann. Ich muß ihn nicht einmal mögen, Respekt wäre schon genug. Selbst wenn kein Respekt da ist, kann ich noch wollen, daß wir miteinander reden und konstruktiv zusammenarbeiten. Diese Idee eines »Feindes, mit dem ich zusammenarbeiten möchte« ist der normalen Sprache völlig entgegengesetzt, weil sie dem Prinzip des Widerspruches widerspricht, das ich in einem der vorangegangenen Kapitel erwähnte.

Der Begriff des »dreieckigen Denkens« ist notwendig, um folgenden Gedanken zu erörtern:

»In einer Konfliktsituation sind die beiden beteiligten Parteien nicht in der Lage, sich außerhalb ihrer jeweiligen Wahrnehmungen zu stellen. Um von der Argumentationsmethode zur Entwurfsmethode zu gelangen, bedarf es einer dritten Partei. Diese dritte Partei ist nicht Vermittler, Unterhändler oder Fürsprecher. Die dritte Partei ist Spiegel, Überblick, Lieferant von Provokation und Kreativität, Leiter des Denkens. Die dritte Partei organisiert auch das Kartographieren der Situation. Diese dritte Partei ist integraler Bestandteil des Entwurfsdenkens, das für eine Konfliktlösung erforderlich ist.«

Da hat man jedesmal viel zu reden. Es wäre viel einfacher, wenn man für den ganzen Vorgang den Begriff des dreieckigen Denkens einsetzen könnte. Leider reicht es nicht, einfach von dritter Partei zu sprechen. Die dritte Partei könnte ja auch ein Richter sein, der in einer überlegenen Position ist. Die dritte Partei könnte auch ein Unterhändler auf niedrigerer Ebene sein, der nur Nachrichten zwischen den beiden Lagern hin- und herträgt. Was deutlich werden muß, ist, daß die dritte Partei auf gleicher Ebene steht wie die anderen beiden Parteien und dazu da ist, das Entwurfsdenken – mit ihnen zusammen – durchzuführen. Das Dreieck vermittelt sofort die Vorstellung von einer Gleichheit der Winkel. Das Dreieck vermittelt, wenn es normal in aufrecht stehender Form gezeichnet ist, auch die Vorstellung, daß die dritte Partei über dem Konflikt steht – womit Neutralität und eine Übersicht über das vor sich gehende Denken impliziert sind.

Es ist erstaunlich, daß wir nicht das Wort »Konfliktisierung« für die Schaffung, die Ermutigung und das Vorantreiben eines Konfliktes haben. Wir mögen ja glauben, daß Konflikte einfach so entstehen. Wir brauchen aber ein Wort für die Fälle, wo ein aktives Bemühen vorliegt, einen Konflikt zu entfachen. Noch nötiger brauchen wir das Wort »Entkonfliktisierung«, das die Vermeidung oder Lösung eines Konfliktes bezeichnet. Entkonfliktisierung bedeutet allerdings noch mehr als Lösung, denn das Wort umschreibt die entwerfende Beseitigung der Grundlage oder Ursache eines Konfliktes.

ERMUTIGUNG

Die Zuschauer sind es, die die Gladiatoren anfeuern. Es sind die Massen auf den Rängen, die die Fußballspieler antreiben.

Als die britische Kriegsflotte in Richtung Falklandinseln davondampfte, waren alle von einem außergewöhnlichen Geist erfüllt – es war fast wie der Aufbruch zu einem Kreuzzug. Es gab ja auch einen eindeutigen Angreifer, der etwas Böses getan hatte. Eine gut ausgebildete Berufsarmee wurde ausgesandt, um einem anmaßenden Emporkömmling eine Lektion zu erteilen. Alles würde sich weit genug entfernt abspielen, es würde also keine Bombardements und Rationierungen geben. Es herrschte eine gewisse Siegeszuversicht. Unter diesen Umständen trat die natürliche Freude am Konflikt in Erscheinung (wenn nämlich der Sieg gewiß ist). Ein Konflikt ist eine unterhaltsame Sache.

Im August 1984 dauerte der Bergarbeiterstreik in England noch immer an. Das Parlament in Westminster hatte gerade seine letzte Sitzung vor der Sommerpause beendet. Am 1. August erschien der *Daily Telegraph* mit folgender Schlagzeile:

Labour zerfleischt sich über Streik

MPS JUBELN ÜBER THATCHERS TRIUMPH

Auf der Rückseite stand eine andere Schlagzeile:

BENN ZU BREI GESCHLAGEN

(Gemeint ist Tony Benn von der Labourpartei, bekannt für seine scharfen Attacken und seine sehr linken Ansichten).

Das ist eine tolle Schlammschlacht. Das ist das Hauen und Stechen des Parlaments, die Essenz der Parteipolitik. Und die Grundlage der Demokratie.

Man stelle sich vor, wie langweilig es gewesen wäre, wenn da irgendwo in der Zeitung eine kleine Notiz gestanden hätte, daß eine Gruppe älterer Vertreter beider Parteien zusammengekommen sei, um einen konstruktiven und praktikablen Ausweg aus der Krise zu »entwerfen«, die nun schon viele Wochen andauere und etwa zehn Millionen Pfund pro Tag koste.

Es muß gesagt sein, daß Zeitungen einen Job zu erledigen haben. Die Ermutigung zum Konflikt ist sehr viel interessanter als seine Lösung, so wie ja auch ein Sexualmord sehr viel interessanter ist als das ereignislose Dasein einer Sekretärin.

Während des Vietnamkrieges entdeckte die amerikanische Presse die Freuden der Kreuzzüge – man hatte eine Mission und Leute auf seiner Seite. Diese Freuden wurden durch die Watergate-Affäre der Ära Nixon noch erhöht. Dann kam Carter und (unter anderem) das Geiseldrama von Teheran. Zu diesem Zeitpunkt konnte die Presse nichts mehr aufhalten. Es ist das Verdienst Ronald Reagans, daß er die Situation dadurch bereinigte, daß er die Presse ignorierte und sich direkt über das Fernsehen an die Menschen wandte. Sein Charme, seine Ernsthaftigkeit, seine Erscheinung und seine schauspielerische Erfahrung taten zweifellos das ihre. Sobald die Fernsehzuschauer selbst sehen und urteilen konnten (selbst wenn sie falsch urteilten), hatte es für die Presse keinen Sinn mehr, ihn ein inkompetentes Ungeheuer zu schimpfen. Die Freuden der Kreuzzüge waren vergangen.

Diese Abschweifung sollte deutlich machen, daß es zum Wesen der Presse gehört (und keineswegs ein Mißbrauch ist), mit den geeigneten Geräuschen und mit Gespür für die Erzeugung von Uneinigkeit Konflikte zu nähren und anzuheizen. Dem Fernsehen dagegen ist das nicht wesensgemäß, da hier die Protagonisten selbst sprechen können und Streitsucht absurd erscheint. Tatsächlich könnte das Fernsehen noch am ehesten das gegen den Konflikt wirkende Medium sein. Die Streit anfachenden, demagogischen Reden vor vollem Saal werden in der Wohnzimmerintimität des Fernsehens lächerlich.

Im ganzen gesehen, gehört es jedoch zur Natur der Gesellschaft, den Konflikt zu schüren und bis zu dem Punkt zu treiben, wo er persönlich lästig wird. Dann aber kann es bereits zu spät sein, ihn abzustellen.

Es gibt die Freude am Konflikt, weil es die Freude an Kampf und Wettstreit gibt. Selbst da noch, wo die Motive von Protestmärschen die allerbesten sind, gibt es diese Freude an ihrer Mission, an ihrem Zweck und an der Kameraderie.

Das Leben ist fade, und der Konflikt bringt Dramatik und Aufregung hinein. Der Konflikt weckt unser Interesse daran herauszufinden, was als nächstes passieren wird (weshalb die Menschen während der Kämpfe um die Falklandinseln förmlich an ihren Radios klebten). Über den Konflikt zu reden ist interessant − jeder kann Partei ergreifen und als Experte auftreten.

Aus verschiedensten Gründen heizen wir den Konflikt sowohl explizit als auch implizit an. Es ist schwierig, die eine Art von Konflikt zu schüren und die andere zu dämpfen, da die Sprache, die Idiome und die Einstellungen der guten Art sich ausbreiten und der destruktiven Art Nahrung geben.

Kinder mögen Cartoons, in denen ordentlich herumgeballert wird, nicht deshalb, weil sie blutrünstig sind, sondern weil ein Toter das einfachste Ergebnis der dramatischen Handlung ist. So wie Geld für den Reichen nicht mehr als eine Meßlatte ist, so ist für einen Helden eine Reihe von Toten die einfachste Art, Punkte zu zählen.

Teil III
Kreativität, Entwurf und die Rolle der dritten Partei

9. Entwurf

In diesem Kapitel will ich das Entwurfsidiom erörtern. Das Kapitel ist sicherlich keine umfassende Abhandlung dieses überaus wichtigen Themas. Ich möchte jedoch das Entwurfsidiom dem in einem vorangegangenen Kapitel behandelten Argumentationsidiom gegenüberstellen.

»Wie schließen wir dies aus?« Hier haben wir den negativen Ausschluß des Argumentationsidioms.

»Wie können wir das erreichen!« Das ist die positive Konstruktion des Entwurfsidioms.

Es muß gesagt werden, daß das Entwerfen einer Konfliktauflösung erheblich schwieriger ist als das Entwerfen einer Maschine. Und das deshalb, weil die menschliche Natur nicht vorhersagbar ist. Wir wissen genug über physikalische Gesetzmäßigkeiten, um in der Lage zu sein vorherzusagen, ob eine Maschine funktioniert (wir können das sogar mathematisch berechnen). Wir wissen aber nicht genug über das menschliche Verhalten, um voraussagen zu können, ob da etwas klappen wird.

Vor vielen Jahren trainierte ich einmal eine Gruppe Jugendlicher an einer Schule in Südschweden. Diese Gruppe wurde damals von verschiedenen Vertretern der Regierung und der Industrie mit Problemen konfrontiert. Das ganze Experiment wurde von Gunnar Wessman organisiert, einem führenden schwedischen Industriellen und großen Anhänger des lateralen Denkens. Eines der zur Diskussion gestellten Probleme war das der Wochenendschichten in einer chemischen Fabrik. Niemand wollte dort an den Wochenenden arbeiten. Wie konnte man die Arbeiter dazu motivieren?

Die Jugendlichen packten das Problem auf direkte und unbefangene Art an. Man solle das Motivieren der Arbeiter vergessen und statt dessen zusätzliche Arbeiter beschäftigen, die nur für die Wochenendschichten zuständig wären. Als dieser Vorschlag kam, gab es niemanden, der ihn gut fand. Man war der Ansicht, daß die Gewerkschaften einem solchen Vorgehen nicht zustimmen würden. Und überhaupt — wer würde einen solchen Job übernehmen wollen? Letztlich aber erwies sich das Ganze als Erfolg. Ja, es gab sehr viel mehr Bewerber um diese Jobs, als man benötigte.

Das Beispiel zeigt eine der Schwierigkeiten, daß nämlich eine Idee, die in der Praxis funktioniert, nicht akzeptiert wird.

ENT-ENTWURF

Wir können davon ausgehen, daß viele Konflikte durch die Geschichte, durch die Umstände, durch eine Stimmung oder durch Augenblicksentwicklungen hervorgerufen werden. Wir können ferner davon ausgehen, daß viele Konflikte von den involvierten Parteien geschaffen werden (nicht unbedingt bewußt), deren Aufmerksamkeit auf Differenzen und auf das Herauskristallisieren von Konfliktpunkten gerichtet ist.

Der Vorgang des *Ent-Entwerfens* umfaßt das Aufdröseln der so miteinander verknüpften Fäden und das Bemühen, sie auf andere Art wieder zusammenzubringen.

ÜBERTREIBUNG

Zwei Parteien sehen die gleiche Situation in leicht unterschiedlicher Weise. Das ist natürlich die Grundlage eines Konflikts. Verschiedene Wahrnehmungen führen zu verschiedenen Wünschen und Handlungsentscheidungen. Jede Partei wählt ihren eigenen Weg. Damit kommt es zu einem Konflikt über die Wahl des Weges. Obwohl die Differenz zwischen den gewählten Wegen in Wirklichkeit gering sein mag, kann alles bei einem ausgewachsenen Konflikt mit sichtbar diametral entgegengesetzten Anschauungen enden.

Ein Ehepaar streitet darüber, wie man auf dem besten Wege das Haus eines Freundes erreicht. Beide entscheiden sich für unterschiedliche Wege. Es kommt zu einer wütenden Auseinandersetzung, weil die Sache zu einem Kampf zwischen einem Willen und

einem anderen gerät – hier die Entscheidung für Route A, da die
für Route B. Alles mögliche andere wird in den Streit einbezogen.
Wenn wir nun darangehen, den Streit zu ent-entwerfen, dann zeigt
sich wahrscheinlich, daß der tatsächliche Unterschied zwischen
beiden Routen sehr gering ist.

Es ist die Tragödie beim Argumentationsverfahren, daß es, wenn
erst einmal völlige Uneinigkeit da ist, keine Rolle mehr spielt, wie
trivial der Anlaß unter Umständen ist. Der Konflikt wird auf der
Stelle total – mit völlig entgegengesetzten Ansichten.

RÜCKEN AN RÜCKEN
Es ist erstaunlich, wie stark sich die Dialekte in zwei nur wenige
Kilometer voneinander entfernt liegenden Dörfern unterscheiden
können. Es erscheint ganz unmöglich, daß sich dieser sprachliche
Unterschied herausgebildet hat bzw. fortbestehen kann, wo doch
die Kommunikation zwischen beiden Dörfern allem Anschein nach
eine so simple Sache ist. Und doch gibt es eine gute Erklärung
dafür, die zugleich von einiger Relevanz für das Ent-Entwerfen von
Konflikten ist.

Man stelle sich zwei größere Zentren vor, die viele Kilometer
voneinander entfernt liegen und die deshalb ihre eigenen Dialekte
entwickeln. Zwischen beiden Zentren gibt es kaum eine Verbindung. Von beiden Zentren aus verbreitet sich die jeweilige Bevölkerung, neue Dörfer entstehen an ihrer Peripherie. Die Ausdehnung
nimmt ständig weiter zu. Da die Bewohner dieser Dörfer ursprünglich aus den großen Zentren stammen, neigen sie dazu, jeweils das
Zentrum aufzusuchen, von dem ihre Familie ihren Ausgang nahm.
Die Kommunikation verhält sich stets zentripetal zum Ausgangspunkt. Da sich die Dörfer immer weiter kreisförmig ausdehnen,
kommt der Augenblick, wo beide Ringe sich sehr nahe kommen.
Ein Dorf am äußersten Rande des einen Zentrums kann also in der
Tat nur einen Kilometer von einem Dorf am äußersten Rande des
anderen Zentrums entfernt sein. Beide liegen sehr nahe beieinander
– und doch behalten beide den jeweiligen Dialekt ihres Ursprungs-
zentrums bei. Das ist das »Rücken-an-Rücken«-Phänomen.

Dasselbe geschieht beim Konflikt. Zwei Ideologien mögen sehr
weit voneinander entfernt ihren Anfang nehmen. Mit der Zeit

entwickeln und verändern sich beide. Schließlich bestehen in Wirklichkeit die scharfen Gegensätze nicht mehr, die Positionen haben
sich vielmehr stark angenähert – wie bei den Rücken an Rücken
liegenden Dörfern. Dennoch kann diese Nähe der Positionen nicht
erkannt werden, da jede ideologische Kommunikation über die
Ursprungszentren läuft. Das ist etwa bei verschiedenen Schattierun-
gen der christlichen Religion der Fall. Zu gegebener Zeit wird dies
wahrscheinlich auch bei Kapitalismus und Sozialismus eintreten.
Beide kommen sich immer näher. Beim Kapitalismus kommt es zu
einer stärkeren zentralen Lenkung und zu größerer Beachtung der
allgemeinen Wohlfahrt. Beim Sozialismus gibt es eine stärkere
Betonung von Initiative und Unternehmertum.

Es ist immer möglich, große Unterschiede sichtbar zu machen,
wenn man sich auf die historischen Differenzen konzentriert, die
auf ewig zu Prinzipien erstarrt sind – der Kapitalismus gibt dem
Individuum den Vorrang, der Sozialismus dem Staat. Es ist stets
nützlich, solche Prinzipien im Gedächtnis zu behalten. Aber die
Interessen beider Parteien können doch bei bestimmten Gelegenheiten sehr weitgehend angenähert sein – und es ist ein schlimmer
Fehler, wenn man diesen Gleichklang der Interessen dadurch wieder aufhebt, daß man sich nur an die ursprünglichen Unterschei-
dungsmerkmale hält.

Man muß also das sehr allgemeine Rücken-an-Rücken-Phänomen
im Kopf behalten, wenn man Konflikte ent-entwerfen will.

ZIELE UND VORTEILE

Im Augenblick möchte ich mich auf einen Aspekt beschränken,
nämlich darauf, wie ein bestimmtes Ziel gewählt wird, weil es einen
gewissen Vorteil zu bieten scheint. Das Ziel selbst wird dann zum
Brennpunkt des Konfliktes, der Vorteil aber gerät in Vergessenheit.

Bei dem sich lange hinziehenden Metallarbeiterstreik von 1984 in
Deutschland forderten die Gewerkschaften eine Verringerung der
wöchentlichen Arbeitszeit von vierzig auf fünfunddreißig Stunden.
Die Unternehmer widersetzten sich dem, weil sie befürchteten, daß
die Produktion darunter leiden könnte. So konzentrierte sich der
Konflikt auf die kollidierenden Ziele: 35- contra 40-Stunden-
Woche. Die Vorteile, die angestrebt wurden, waren aber ganz

unterschiedlicher Art. Die Unternehmer wollten keinen Nachteil in Form eines Absinkens der Produktion. Die Gewerkschaften erstrebten den Vorteil größerer Freizeit (und der Verringerung der Arbeitslosigkeit durch Verkürzung der Arbeitszeit). Die Unternehmer hätten vorschlagen können, eine Woche mit 40 Stunden und eine mit 35 Stunden zu arbeiten, um dann die Produktionsergebnisse zu vergleichen. Dieser Vergleich hätte dann einer Entscheidung über die Wochenarbeitszeit zugrunde gelegt werden können. Die Unternehmer hätten die Gewerkschaften auffordern können zu zeigen, wie eine Reduzierung der Arbeitszeit zur Verringerung der Arbeitslosigkeit eingesetzt werden könnte. Die Gewerkschaften ihrerseits hätten fordern können, daß jede Steigerung der Produktivität eher zu einer Verkürzung der Arbeitszeit als zu höheren Gewinnen führen solle. Allein die einfache Kristallisation des Konflikts um die Frage der 35- oder 40-Stunden-Woche schuf das Problem. Sobald der Konflikt so festgelegt war, war auch die sehr einfallslose Lösung (die 38,5-Stunden-Woche) unvermeidlich. Das löst den Konflikt zwar für den Augenblick, bietet aber letztlich nur Zündstoff für die nächste Runde.

Deshalb ist es wichtig, zwischen den wirklichen Werten und Vorteilen und den erklärten Zielen zu unterscheiden. Andernfalls kann sich ein Konflikt um diese erklärten Ziele herum verfestigen, die schließlich nur *einen möglichen* Weg darstellen, die angestrebten Werte zu erreichen.

WIDERSPRÜCHLICHE WÜNSCHE

Es gibt einige Konflikte, die von den beteiligten Parteien als unlösbar angelegt sind. Der Nordirland-Konflikt gehört zu dieser Art. Ist die eine Partei nur glücklich, wenn die andere unglücklich gemacht ist, dann ist das Problem des Widerspruchs gegeben. Es kann unter Umständen nur dadurch gelöst werden, daß beide Parteien unglücklich gemacht werden, was sehr viel leichter zu erreichen ist, als beide glücklich zu machen.

Es ist notwendig, diese widersprüchlichen Punkte zu isolieren und zu definieren, wenn man versuchen will, sie zu überwinden. Kein von einer Partei vorgetragenes Anliegen darf mehr den Wunsch enthalten, die andere Partei zur Strecke zu bringen. Es muß eine klare Äußerung von Wünschen geben, die als solche bestehen können. Wünsche und Bestrebungen erfordern eine positive Form.

Ich bin durchaus nicht der Ansicht, daß das eine leichte Sache ist oder daß es stets funktioniert. Sollte es nicht gehen, muß man andere Mittel ausprobieren. Dazu können transitorische Schritte, die Einführung neuer Elemente, eine Veränderung der Gegebenheiten, die Schaffung bedeutender Vorteile für beide Seiten usw. gehören.

Wenn es jedoch möglich ist, die widerstreitenden Ziele in positiver Form neu zu definieren, dann kann dies einen ausweglosen Konflikt zu einem lösbaren machen.

ZUSAMMENSTOSS VON WAHRNEHMUNGEN

Wie ich mehrfach wiederholt habe, liegt vielen Konflikten ein Unterschied in der Wahrnehmung zugrunde. Eine Schule relegiert einen Schüler wegen fortgesetzten unentschuldigten Fehlens. Die Eltern sehen im Verhalten ihres Jungen nur den Ausdruck von Unternehmungslust, die Schule aber sieht darin absichtlichen Ungehorsam und eine Gefährdung der Schuldisziplin.

Die Invasion der Falklandinseln wird von Großbritannien als nackte Aggression angesehen, der es sich zu widersetzen gilt. Die Argentinier sehen die Besetzung der Malvinen lediglich als Weiterentwicklung eines unvermeidbaren Prozesses, nachdem die Verhandlungen mit Großbritannien nie zu einem Ergebnis zu führen schienen. Beide Ansichten sind, das ist klar, nicht miteinander vereinbar − und doch sind beide auf ihre Weise richtig.

Ein Entwurfsweg wäre der Versuch, beiden Standpunkten Rechnung zu tragen. Der argentinische Angriff hätte durch den Rückzug der Truppen und durch eine Entschädigung der Inselbewohner rückgängig gemacht werden können. Zugleich hätte Großbritannien eine garantierte Verpflichtung eingehen müssen, innerhalb einer festgelegten Frist über die Zukunft der Inseln zu verhandeln. In der Praxis hätte dieser Weg in folgender Weise beschritten werden können: Die Vereinigten Staaten hätten sich offen und entschieden auf die Seite Großbritanniens stellen und volle militärische Unterstützung anbieten können. Die überwältigende militärische Überlegenheit hätte Argentinien einsehen lassen, daß jeder

Widerstand zwecklos wäre. Die Vereinigten Staaten hätten als Gegenleistung darauf bestehen können, daß Großbritannien ernsthaft und innerhalb einer begrenzten Zeit über die Zukunft der Inseln verhandelt. Statt dessen machten sich die Argentinier einige Hoffnung, Großbritannien militärisch demütigen zu können, was verlockend war. Ferner wäre das ganze Unternehmen zu einer totalen Niederlage geraten, hätten sie sich bedingungslos zurückgezogen.

Natürlich müßten die Wünsche der Inselbewohner Priorität haben. Aber Wünsche existieren nicht in einem Vakuum, sondern in einem konkreten Umfeld. Den Insulanern muß klar sein, daß der Tag kommen wird, an dem Großbritannien schlichtweg nicht mehr in der Lage ist, sie militärisch zu verteidigen, wie sehr es das vielleicht auch möchte. Und sie können sich auch nicht darauf verlassen, daß Frau Thatcher ewig das Sagen hat.

GEMEINSAME ELEMENTE

Eine andere Möglichkeit, mit Wahrnehmungszusammenstößen umzugehen, wäre, zu schauen, ob man nicht auf den beiden Positionen gemeinsamen Elementen einen Entwurf aufbauen kann. Das bedeutet eine Konzentration eher auf die Bereiche der Übereinstimmung als auf die der Uneinigkeit (erinnert sei hier an das erwähnte Kartographierinstrument PMI, mit dem Bereiche der Übereinstimmung, der Uneinigkeit und des Belanglosen festgehalten werden).

Im Falle des schwänzenden Schülers könnten die gemeinsamen Elemente die folgenden sein: Unentschuldigtes Fehlen ist nicht mit der Schuldisziplin vereinbar; Unternehmungsgeist ist ein guter Charakterzug. Der entworfene Ausweg könnte deshalb so aussehen, daß zwar eine Strafe verhängt, der Junge aber nicht relegiert wird – und daß man ein geeigneteres Betätigungsfeld für die Unternehmungslust des Jungen schafft. Der Direktor könnte auch statt einer Relegation die Versetzung des Jungen an eine andere Schule empfehlen, die mehr Möglichkeiten für unternehmerische Aktivitäten bietet.

WAHRNEHMUNGSVERÄNDERUNG

Wo dies funktioniert, verfügt man über den wirkungsvollsten Mechanismus von allen. Gemeint ist der Versuch, eine wirkliche Veränderung in der Wahrnehmung zu bewirken, so daß etwas nun anders gesehen wird. Die Veränderung ist kreativ oder einsichtig und damit das, was das laterale Denken erstrebt.

In einer normalen Streiksituation zeigen beide Seiten ihre Entschlossenheit und Stärke durch eine Art Geißelung: Wenn wir so viel erdulden, müssen wir entschlossen sein. Das Verfahren ist gut und funktioniert. Stellen wir uns vor, man könnte es neu entwerfen, und zwar so, daß sowohl die Entschlossenheit als auch das Erleiden weiterhin erhalten bleiben, es am Ende aber zu keinem totalen Produktionsausfall kommt. Das könnte so aussehen: Die Arbeiter würden bei verringertem Lohn weiterarbeiten. Das Unternehmen würde keine Gewinne machen. Die Gewinne und die einbehaltenen Teile der Löhne würden vielmehr einem treuhänderisch verwalteten Fonds zugeleitet, der selbst Bestandteil der Verhandlungen wäre und dann entsprechend dem erzielten Ergebnis aufgeteilt würde. So liefe die Produktion weiter, und es gingen keine Märkte verloren. Und doch würden beide Seiten getroffen. Wenn man zu der Ansicht gelangte, die Sache tue noch nicht weh genug, könnte man die Löhne weiter reduzieren und größere Anteile der Einnahmen des Unternehmens an den Fonds überweisen. Dieser Entwurf lieferte den offensichtlichen Widerspruch eines Streiks bei gleichzeitig weiterlaufender Produktion (ich werde später auf den Aspekt des Widerspruchs noch ausführlicher eingehen).

Wichtig an diesem Beispiel ist die Wahrnehmungsveränderung, die neue Einsicht nämlich, daß ein Produktionsausfall nicht im langfristigen Interesse der Arbeitnehmer sein kann.

Es ist unrealistisch anzunehmen, daß die eine Partei plötzlich die Dinge ebenso sieht wie die andere und den Konflikt für beendet erklärt. Die Veränderung der Wahrnehmung mag tatsächlich eintreten, aber sie kann oft nicht als solche manifest werden. Das entworfene Ergebnis kann auf einer solchen Wahrnehmungsveränderung aufbauen, es muß aber etwas Neues bieten.

Zum Beispiel muß eine Veränderung der Wahrnehmung, die dahin geht, die Automatisierung als im Interesse der Arbeitnehmer

liegend (und nicht gegen sie gerichtet) anzuerkennen, begleitet
werden von einer neuen Struktur, die den Arbeitern den Zugang
zum Besitz der Maschinenausrüstung (etwa durch Leasing)
eröffnet.

TEILELEMENTE

Es ist ein grundsätzliches Entwurfsidiom, die erfaßbaren Bestandteile in Teilelemente zu zerlegen. Ein Kind, das mit Legosteinen
spielt, wird alle zusammengesetzten Stücke auseinandernehmen,
um mit den Grundbausteinen etwas Neues aufzubauen. So ver-
schaffen wir uns in einer Konfliktsituation zunächst einen Überblick über die Bestandteile − Werte, Ziele, Positionen, Kanäle,
Mechanismen, Persönlichkeiten usw. Dann wird der Versuch
unternommen, den benötigten Entwurf anzufertigen.

So spielten beim Abschuß der koreanischen Verkehrsmaschine
alle möglichen Teilelemente eine Rolle: Verteidigung, Warnung,
Fehler, Schuld, Herzlosigkeit, öffentliche Meinung usw. Ein mögliches Vorgehen der Sowjets hätte die ständige Wiederholung sein
können, daß sie über ein sehr dichtes Luftverteidigungssystem
verfügten und daß das Ganze sehr gut wieder passieren könnte.
Aber sie akzeptierten einen Teil der Verantwortung für den Vorfall
und waren bereit, den Angehörigen der Opfer eine gewisse Entschädigung zu zahlen − vorausgesetzt, die Koreaner beteiligten sich
daran, da sie ihrerseits eine Mitschuld an diesem »militärischen
Unglücksfall« traf. Hier haben wir den Gedanken eines Unfalls, der
bedauerlich ist und vermieden werden sollte, der aber das Zusammentreffen verschiedenster Elemente darstellt (wie ein Auto, das
durch einen Ölfleck auf der Straße ins Schleudern gerät).

Vom Standpunkt der Sowjets aus gesehen, begingen sie keinen
Fehler. Der Fehler ging zu Lasten des sich irrenden Piloten. Wenn
ein Kutscher die Kurve nicht kriegt und die Kutsche samt Passagie-
ren in eine Schlucht stürzt, dann ist das schließlich die Schuld des
Kutschers. Der andere Standpunkt ist, daß das wissentliche
Abschießen eines Flugzeuges voller unwissender Passagiere nicht zu
rechtfertigen ist.

Jedes Konzept, jedes Bestreben oder jede Position ist stets aus
Teilelementen zusammengesetzt. Welches sind diese Elemente?

Warum möchten wir dies oder das tun? Wenn die Teilelemente bloßgelegt sind, kann ein Entwurf nach Art des Zusammenbaus, der Montage, angefertigt werden.

DER ZENTRALE PUNKT DES KONFLIKTS

Es wäre nur natürlich, wenn man einen Konflikt dadurch zu lösen versuchte, daß man seinen zentralen Punkt beseitigte – in dem Glauben, daß er die wahre Ursache des Konflikts ist. Aber das ist aus verschiedenen Gründen der falsche Ansatz.

Der zentrale Punkt eines Konflikts stellt oftmals nur die zweckmäßige Kristallisation der kollidierenden Wahrnehmungen dar, keineswegs aber seine Ursache. Ein Entwurf, der von diesem zentralen Punkt ausgeht, kann also für beide Seiten unakzeptabel sein.

Der zentrale Punkt eines Konflikts wird am heftigsten verteidigt, weil man ihn als das Herzstück ansieht. Dieses Herzstück aufzugeben heißt, die Niederlage hinzunehmen. Den zentralen Punkt anzugreifen ist so, als wolle man von Anfang an die Standarte des Feindes erobern.

Die Alternative liegt darin, sich um den zentralen Punkt des Konflikts nicht zu kümmern und sich statt dessen alles andere vorzunehmen. Es geschieht sehr häufig, daß am Ende dann der zentrale Punkt keine Unterstützung hat und ganz still und ohne jedes Aufheben aufgegeben werden kann. Das mag so aussehen, als wiche man dem Problem aus, aber in Wirklichkeit ist es ein Versuch, die Anordnung, innerhalb derer das Problem relevant ist, zu verändern.

SICH VON HINTEN VORARBEITEN

Das ist eine der erfolgreichsten Methoden, einen Entwurf zu erarbeiten. Wir beginnen beim Ende und sehen dann zu, welche alternativen Umstände uns dahin gelangen lassen könnten. Dann ergründen wir, wie wir zu diesen Umständen gelangen könnten. So verfolgen wir den ganzen Weg zurück. Am Ende haben wir einen breiten Fächer von Ausgangspunkten, von denen jeder einen Weg zu dem entworfenen Ergebnis bieten könnte.

Wenn wir beispielsweise mit einer Wasserknappheit fertig zu werden haben, dann gehören zu den Punkten, die uns zu einem

Ergebnis führen könnten, etwa folgende: bessere Versorgung, Ersatz, Einsparung, ohne Wasser auskommen. Wenn wir nun den Punkt »Einsparung« nehmen, dann sehen wir, daß wir dahin durch Verringerung der Zufuhr, Rationierung, veränderte Gewohnheiten, Verringerung der Verschwendung durch Haushaltsgeräte usw. gelangen können. Wenn wir uns dann »veränderte Gewohnheiten« vornehmen, wäre das durch Erziehung, Aufklärung, Überwachung usw. zu erreichen. Bei einem Wassermangel in New York erzielte man eine Einsparung von über 250 Millionen Litern pro Tag. Das war hauptsächlich der Öffentlichkeitsarbeit von Bürgermeister Koch zu verdanken, der immer wieder im Fernsehen auftrat und der alle Kinder der Stadt zu stellvertretenden Bürgermeistern ernannte und sie für den Wasserverbrauch bei sich zu Hause verantwortlich machte.

In Büchern aus Kindertagen findet man häufig die Suchaufgabe mit den drei angelnden Jungen. Die Schnüre der drei Angeln sind völlig verheddert. Am Ende einer der Angelschnüre hängt ein Fisch. Welcher Junge hat den Fisch geangelt? Man kann jeder Schnur von der Angel aus abwärts folgen, bis man bei dem Fisch anlangt. Schlaue Kinder finden schnell heraus, daß man sehr leicht zu dem glücklichen Jungen gelangt, wenn man beim Fisch anfängt und die Schnur von dort aus zurückverfolgt. Diesem Vorgehen entspricht es in etwa, sich von hinten voranzuarbeiten. Es ist eine vorzügliche Methode. Aber sie hat einen großen Nachteil: Wo ist der Endpunkt? Bei einem kreativen Entwurf *wissen wir noch nicht*, welches der Endpunkt sein könnte. Wenn wir meinen, das zu wissen, dann ist das Ergebnis schlicht eine Routinelösung.

TRAUMLÖSUNG

Das ist ein anderes grundlegendes Verfahren des Entwerfens. Es kann den Endpunkt für die »von-hinten-nach-vorn«-Methode liefern, es kann aber auch als eigenständiges Entwurfsidiom eingesetzt werden.

Wir gelangen sozusagen mit einem großen Satz zum Ende und stellen uns eine »Traumlösung« vor. Weil sie aber eine Traumlösung ist, kann sie viele unlogische Elemente enthalten. Noch wichtiger ist, daß sie Umstände hervortreten läßt, unter denen der Konflikt nicht länger bestehen würde. Wenn wir zum Beispiel den Gedanken der »unprofitablen Arbeit« akzeptierten, dann hätte der Bergarbeiterstreik 1984 in England gar nicht stattgefunden. Dieses Konzept ginge davon aus, daß in jeder in Umstrukturierung befindlichen Industrie jederzeit bis zu zehn Prozent der Arbeit unprofitabel sind. Deshalb könnten die unwirtschaftlichen Minen weiter fördern, vorausgesetzt, ihr Anteil an der Gesamterzeugung (gemessen in Kosten, Produktionsmenge u. a.) überstiege nicht die zehn Prozent. Das würde eine Art Pufferzone und Vorhersagbarkeit schaffen. Wenn noch mehr Bergwerke unwirtschaftlich würden, müßten allerdings einige stillgelegt werden.

Es mag nicht sehr nützlich sein zu sagen: »Wenn der Preis der Kohle erheblich stiege, gäbe es keine Schwierigkeiten mehr«, denn das käme der Aussage gleich: »Wenn es keine Probleme gäbe, dann gäbe es keine Probleme.« Zulässig wäre es zu sagen: »Wenn wir wüßten, daß der Kohlepreis in der Zukunft anzieht . . .«, weil damit eine Veränderung der Umstände einbezogen wird. Das könnte dazu führen, Investitionen in die Zukunft der Kohle oder in Kohle als Kapitalanlage zu erwägen.

VERÄNDERUNG DER UMSTÄNDE

Dies ist eine weitere, wirkungsvolle Möglichkeit, ein Konfliktergebnis zu entwerfen. Wenn sich die Umstände verändern, könnte sich die gesamte darin gefangene Psychologie ebenfalls ändern. Zur Zeit des iranischen Geiseldramas wurde ich in New York bei einem Fernsehtermin gefragt, was ich vorschlagen würde. Das war eine Sache, für die ich keine vorgefertigte Antwort parat hatte, weshalb ich etwas aus dem Ärmel schütteln mußte. Ich sagte, daß es meiner Ansicht nach der Hauptzweck der Studenten, die die Geiseln festhielten, sei, die Vereinigten Staaten in erhebliche Unruhe zu versetzen. Wenn die Vereinigten Staaten »irgendwie« signalisieren könnten, daß sie die Geduld nicht verlieren und sich nicht auf diese Art erpressen lassen würden, dann hätte es kaum mehr einen Sinn, die Geiseln festzuhalten. So ein Signal müßte den Geiseln sehr herzlos und kalt erscheinen (auch wenn es ihre frühzeitige Entlassung bewirken könnte). Ich schlug deshalb vor, die amerikanische Regierung solle jeder Geisel pro Tag 1000 Dollar als Entschädigung für diese unfaire Gefangenschaft zahlen. Dann wüßten die Geiseln Tag für Tag, daß etwas Gutes geschehen sei und daß die Geduld letztlich ihren Lohn finde. Dieser Vorschlag wurde von der *New York Village Voice* aufgegriffen und auch im amerikanischen Senat debattiert. Man gelangte zu der Ansicht, daß ein solches Vorgehen mit Blick auf zukünftige Kriegsgefangene einen zu kostspieligen Präzedenzfall schaffen würde. Das ging natürlich vollkommen an der speziellen psychologischen Grundlage des Vorschlages vorbei – nämlich daran, daß mit der Maßnahme die Aufforderung zur Geduld signalisiert werden sollte. Zu diesem Zeitpunkt hätten sich die gesamten Entschädigungsleistungen auf die Hälfte der Kosten eines Hubschraubers belaufen.

WENN-SÄTZE

Sie sind sowohl mit den Traumlösungen als auch mit der Veränderung der Umstände verwandt. Wir fangen damit an, daß wir eine kleine spekulative Veränderung vornehmen: »Wenn dies oder jenes der Fall wäre . . .« Das kann sowohl dazu dienen, die Grundlagen des Konflikts zu klären, als auch dazu, zum Entwurf einer Lösung zu verhelfen.

Ich sollte hier darauf hinweisen, daß ich damit *nicht* zukünftige Möglichkeiten oder Szenarien meine (wenn es die gäbe), sondern Veränderungen in den Bedingungen des Konflikts.

»Wenn die Bergarbeiter als ein permanenter Sonderfall angesehen werden könnten . . .«

Dann bestünde keine Notwendigkeit, sie als Testfall für die Durchsetzung industrieller Disziplin zu benutzen.

Das Wesentliche an einem Konflikt ist, daß sich die Wahrnehmungen und das Denken selbst fest zusammengeschlossen haben. Deshalb muß ein gewisses Maß an Instabilität eingeführt werden, um das Denken zu lösen.

BLOCKIERUNGEN, TABUS UND ANNAHMEN

Es ist eine übliche Verhandlungstaktik, gleich zu Beginn festzustellen, daß bestimmte Dinge »nicht verhandelbar« seien – und dann sehr willig zu erscheinen, andere Sachen zu diskutieren. Es muß ganz klar sein, daß so ein Vorgehen nicht akzeptabel ist, wenn man sich der Entwurfsmethode bedient.

»Nichts soll aus den Entwurfserwägungen ausgeschlossen werden. Wenn wir zu dem Entwurfsergebnis kommen, können Sie
alle diese Dinge von neuem einbringen, wenn Sie das möchten.«
Es macht das Entwerfen unmöglich, wenn man von Anfang an
Grenzen und Beschränkungen hinnimmt. Eine Zusammenfassung
der Entwurfsbedingungen kann Beschränkungen enthalten, aber
das Ausgeklammerte wird dann später doch in die Erwägungen
einbezogen. Für das Entwerfen ist wesentlich, daß man sich immer
in die Grenzen zurückarbeitet, anstatt von Beginn an nur *innerhalb*
von Grenzen zu arbeiten.

ENTWURF AUFWÄRTS ODER ABWÄRTS
Bildhauer haben für ihre Arbeit zwei Möglichkeiten.

Ein Bildhauer kann sich einen Marmorblock vornehmen und von
einem groben Umriß aus »abwärts« arbeiten, bis am Ende das
Detail herausgemeißelt wird. So kann auch ein Designer mit einem
groben Umriß des zu entwerfenden Ergebnisses anfangen und sich
dann gleichsam nach unten bis zum Detail vorarbeiten.

Ein Bildhauer kann aber auch eine Drahtkonstruktion nehmen
und darauf dann nacheinander kleine Tonklumpen anbringen. Das
ist das aufbauende Verfahren. Jedes hinzugefügte Stück muß
gerechtfertigt sein. Hier handelt es sich eher um ein montageartiges
Vorgehen.

In beiden Fällen hat der Künstler eine grobe Vorstellung von
dem, was er schaffen will. Das Verfahren des Zusammenbaus
ermöglicht es dem Künstler jedoch, jederzeit zu überprüfen, was er
hinzugefügt hat, und es wieder zu entfernen, sollte es nicht passen.

Mit Blick auf den Entwurf von Konfliktauflösungen heißt das,
daß bei diesem Verfahren zunächst Teilfragen gelöst werden, um
dann das Ganze zusammenzufügen. Das Entwerfen »abwärts«
beginnt bei einem groben Bild und arbeitet sich dann nach unten bis
zu Werten und Zielen vor.

DAS KERN-VERFAHREN
Dies ist ein weiteres Entwurfsidiom. Hier formt der Entwerfende
zunächst ein zentrales Kernprinzip und baut dann den Entwurf
darum herum. Man beachte, daß dieses Kernprinzip etwas ganz

anderes ist als der zentrale Punkt eines Konflikts. Das Kernprinzip ist kein Versuch, diesen zentralen Konfliktpunkt zu neutralisieren. Wenn man sich zum Beispiel die Zukunft der Falklandinseln ansieht, dann könnte das Kernprinzip das folgende sein:

»Die Inselbewohner müssen eine attraktive Wahlmöglichkeit haben, wobei aber Großbritannien nicht gleichsam als Geisel festgehalten werden darf.«

ZUSAMMENFASSUNG

In diesem Kapitel habe ich nicht mehr getan, als ein paar Entwurfsidiome und -aspekte zu streifen. In Wahrheit bedeutet Entwerfen eine Mischung aus Provokation, Träumen und Wahrnehmungsänderungen, wozu dann das methodische Herausarbeiten von Mitteln und Verfahren kommt.

Ich möchte betonen, daß das Entwurfsverfahren auf einem gründlichen Erkunden und Kartographieren der Situation basiert, wie es in dem Abschnitt über *Denken-2* beschrieben wurde. Dieses Kartographieren ist sehr wesentlich.

Wie ich zuvor schon erwähnt habe, hat ein Entwurf immer zwei Ziele. Er muß erreichen, was er erreichen soll, und er muß für die Beteiligten akzeptabel sein.

Im Falle entworfener Ergebnisse von Konfliktsituationen kommt sich beides sehr nahe, weil die Werte, Wünsche, Prioritäten und Ängste der streitenden Parteien selbst Bestandteile des Entwurfs sind. Es geht deshalb nicht darum, abstrakte Entwürfe zu schaffen und diese dann den Parteien zu präsentieren. Deshalb habe ich ja in diesem Buch den Gedanken des dreieckigen Denkens hervorgehoben. Denn er deutet an, daß alle drei Parteien (die streitenden Parteien und die dritte Partei) als Team bei dem Entwurf zusammenarbeiten.

Es ist jedoch wichtig, daß den streitenden Parteien klar ist, daß die Argumentationsmethode bei der Entwurfsübung ausgeschlossen ist. Um das zu gewährleisten, übernimmt die dritte Partei bei der Übung so etwas wie eine dirigierende Rolle. Sie gleicht dem oben liegenden Winkel im Dreieck. Wenn das Entwurfsverfahren von Wert sein soll, muß es richtig angewandt werden.

10. Warum Streitende am wenigsten in der Lage sind, ihren Streit zu beenden

Mit Recht könnte man nun glauben, daß die an einem Konflikt beteiligten Parteien ihren Konflikt selber beenden sollten. Das ist doch ihre Sache. Ihre Interessen stehen auf dem Spiel. Überhaupt haben sie schließlich damit angefangen.

Unglücklicherweise sind die beteiligten Parteien am wenigsten in der Lage, ihren Streit zu beenden. Das ist ein schwieriges Dilemma. Es ist so, als ob die einzige Person, die einen Ertrinkenden retten könnte, selbst Nichtschwimmer wäre. Oder als ob die einzigen Leute, die gerne Ingenieur werden wollten, keine Begabung für Mathematik hätten.

Es gibt nur eine − und nur eine − Situation, bei der die am Konflikt beteiligten Parteien am besten in der Lage sind, ihn zu lösen − wo nämlich der Konflikt durch den Einsatz schierer Gewalt beendet wird.

FEINDLICHE SPANNUNG

Zwei Mannschaften beteiligen sich an einem Tauziehen, bei dem das Seil über einen reißenden Fluß gespannt ist. Das Seil ist naß, weshalb sich alle daran festgebunden haben, um den bestmöglichen Halt zu haben. Beide Mannschaften ziehen so kräftig wie nur möglich. Im Augenblick steht das Seil still, weil beide Kräfte gleich groß sind. Trotz der beiderseitigen großen Anstrengung bleibt alles bewegungslos.

Keine Seite wagt es, in der Anspannung nachzulassen, denn dann würde sie sofort in den Fluß gezogen. Zwischen beiden gibt es keine

Kommunikation. Selbst wenn es sie gäbe, fehlte das Vertrauen. Wollte die eine Seite vorschlagen, sich zu entspannen, würde die andere das als einen Trick ansehen. Es besteht eine feindliche Spannung.

Zwei Limonadenhersteller geben eine Menge Geld aus, um für ihre Getränke zu werben. Beide wissen, daß diese gewaltigen Ausgaben den Markt für die Getränke nicht vergrößern werden. Aber kein Hersteller wagt es, die Werbungskosten auch nur für kurze Zeit zu verringern, weil dann die andere Seite sofort Marktanteile gewinnen würde – und die wieder zurückzuerobern wäre äußerst teuer. Es besteht eine feindliche Spannung. Obwohl beide Seiten die Verschwendung von Geld und Energie sehen, wagen sie es nicht einen Augenblick nachzulassen.

Das Wettrüsten ist ein paralleles Beispiel.

Der Konflikt ist im allgemeinen durch eine solche feindliche Spannung gekennzeichnet. Ein fortgesetzter Druck besteht. Ein militärischer Führer wagt es nicht, auch nur einen Augenblick Entspannung zuzulassen, da der Feind dann angreifen würde. Ein Boxer kann seine Arme nicht sinken lassen. Diese feindliche Spannung macht es für eine an einer Auseinandersetzung beteiligte Partei äußerst schwierig, sich der erkundenden und provozierenden Art von Denken zu widmen, die für den Entwurfsvorgang so wichtig ist. Es kann nicht zu jenem Geben und Nehmen kommen, das für den Entwurf eines Ergebnisses notwendig ist, denn es ist ein Grundprinzip des Konflikts, daß nichts aufgegeben werden darf, es sei denn, diese Aufgabe sei erzwungen worden.

Dieser unselige Zustand hat nichts mit dem guten Willen der Beteiligten zu tun – auch nichts mit ihrer Vernunft. Sie agieren in höchst intelligenter Weise – im Sinne ihrer jeweiligen »logischen Blase«. Die Logik der Situation bestimmt ihr Verhalten. Sicher würden die Mitglieder der Mannschaften, die das Tauziehen veranstalten, nur zu gerne aufhören, um ein Bier trinken oder angeln zu gehen.

VERSCHWIEGENHEIT, VERDACHT UND MISSTRAUEN

Das gehört alles unmittelbar zu der feindlichen Spannung. Wir
können uns vorstellen, wie der Kapitän einer der tauziehenden
Mannschaften über den Fluß schreit:

»Ich werde bis drei zählen und dann ›stopp‹ sagen. In diesem
Augenblick wollen wir alle unsere Anspannung verringern.«

Die gegnerische Mannschaft wird argwöhnen, daß sie sich sofort
im Fluß wiederfinden würde, wenn sie dem Vorschlag folgte.

Die Annahme ist nur natürlich, daß die andere Seite zu jeder Zeit
nur tut, was ihr einen Vorteil bringt. Das sind der Wahrnehmungs-
kontext und die Stimmung, in denen jede Handlung gesehen wird.

Während des Falklandkrieges gab es verzweifelte Anstrengungen
seitens des Generalsekretärs der Vereinten Nationen, des Präsiden-
ten von Peru, Alexander Haigs und anderer, Verhandlungen auf-
rechtzuerhalten. Bei allen diesen Verhandlungen war der britischen
Regierung bewußt, daß die Zeit verging und daß es im Südatlantik
Winter wurde. Das Wetter wurde immer schlechter und konnte
bald zu schlecht sein, um eine Invasion der Inseln zu erlauben. Wie
ernsthaft die Verhandlungsversuche deshalb auch gewesen sein
mögen, sie wurden stets voller Mißtrauen als Versuch angesehen,
militärische Vorteile zu erringen. Und solange sie so gesehen werden konnten, war es belanglos, ob der Verdacht zutraf oder nicht.

Psychologische Schachzüge gehören zum Wesen des normalen
Konfliktverhaltens. Im Zweiten Weltkrieg wurden die Deutschen
getäuscht und erwarteten die Landung der Alliierten am völlig
falschen Strand. Das führte zu deutschen Truppenkonzentrationen
an der falschen Stelle – und rettete viele Menschenleben.

Es verwundert nicht, daß die Verschwiegenheit ein zentraler
Bestandteil sowohl der Diplomatie und der Verhandlung als auch
des Konfliktes selbst ist. Ohne Verschwiegenheit sind weder Täuschung noch Bluff möglich.

Wie ich zuvor schon erwähnte, *übertragen wir das Konfliktidiom
selbst auf unser Denken über den Konflikt.* Unser Konfliktdenken
ist nur eine Miniaturausgabe des Konfliktes, der auch auf dem
Schlachtfeld ausgetragen werden könnte. Deshalb sind Verschwiegenheit und Bluff schon immer so wichtig gewesen.

Ein bekannter Unternehmer, der gerade die Verhandlungen über den Erwerb einer bestimmten Gesellschaft erfolgreich abgeschlossen hatte, sagte zu mir:

»Ich wollte diese Firma unbedingt haben. Wenn man den doppelten Preis gefordert hätte, hätte ich ihn auch bezahlt. Aber sie taten's nicht, und so fiel mir die Firma billig zu.«

Ist es verwunderlich, daß die Verschwiegenheit ein normaler Bestandteil unseres Verhandelns ist? Hätte der Unternehmer den Preis genannt, den zu zahlen er bereit gewesen wäre, dann hätte er doppelt soviel bezahlen müssen. Welcher Pokerspieler möchte schon gern mit aufgedeckten Karten spielen? Wo läge der Witz beim Bridge, wenn alle Blätter zu Beginn offen vorgezeigt würden? Die Schachfiguren aber stehen sichtbar auf dem Brett. Ob es irgendeine Bedeutung hat, daß die Russen Schach und die Amerikaner Bridge und Poker spielen?

Wenn eine Partei schon weiß, daß sie bereit ist, im Verlauf der Verhandlungen etwas abzutreten, dann möchte sie dies trotzdem nicht »kostenlos« tun. Der Höchstpreis muß dafür erzielt werden.

Wir nehmen solche Verschwiegenheit hin, weil sie ein wesentlicher Bestandteil unseres augenblicklichen Idioms für das Konfliktdenken ist. Ohne sie könnten wir dieses Idiom gar nicht einsetzen. Beim neuen »Entwurfsidiom« jedoch ist eine viel größere Offenheit möglich, weil alle Wünsche und Ängste ausgesprochen werden müssen, damit sie Bestandteil des Entwurfes werden können. Es ist klar, daß die am Konflikt beteiligten Parteien diese gegenüber dem anderen nicht preisgeben werden. Einmal mehr zeigt sich die wichtige Rolle, die der dritten Partei zukommt.

Mangel an Kommunikation

Verschwiegenheit bedeutet natürlich Mangel an Kommunikation. Worauf ich aber hier hinweisen möchte, ist die schlichte *Abwesenheit* eines Kommunikationskanals zwischen den Konfliktparteien.

Zwischen dem Ende des Falklandkrieges 1982 und dem Juni 1984 gab es keine direkten Kontakte zwischen den Regierungen Großbritanniens und Argentiniens. Eine kindische Absurdität! In

einem späteren Kapitel werde ich auf die Absurdität von Nationen
eingehen, die sich wie Teenager aufführen — mit Schmollen, Belei-
digtsein, kalten Schultern, der Weigerung, miteinander zu sprechen, und was sonst noch dazugehört.

Ebenso absurd ist, daß Nationen, die sich miteinander im Krieg
befinden, nicht permanent *während des Konfliktes* miteinander
sprechen.

Eine der Aufgaben der Organisation, die ich später vorstellen
werde (die SITO, die übernationale und unabhängige Denkorgani-
sation), wird es sein, den streitenden Parteien ein Forum zu bieten,
so daß sie andauernd miteinander reden können — täglich und von
Angesicht zu Angesicht.

Ich meine auch, daß es statt periodischer Zusammenkünfte und
dem Auszug aus Sitzungen einen permanenten amerikanisch-sowjetischen Rat geben sollte (möglicherweise unter Schirmherrschaft der
SITO).

Ich möchte auf alle diese Fragen an dieser Stelle nicht näher
eingehen. Es sei lediglich darauf hingewiesen, daß traditioneller-
weise den Konfliktparteien ein direkter Draht zueinander fehlt.
Und das ist ein weiterer Grund dafür, daß es eine dritte Partei geben
muß.

DAS BEZIEHEN VON POSITIONEN

In den Schlachten der Vergangenheit pflegten die Feldherren ihre
Position auf dem Schlachtfeld durch ihre Standarten zu markieren.
Diese flatternden Fahnen zeigten allen an, wer welche Territorien
besetzt hielt. Sie markierten die jeweils erreichte Position und die
Geländegewinne. Ihr psychologischer Wert bestand darin, den
Truppen zu zeigen, was vor sich ging. Darüber hinaus hatten sie
einen sehr praktischen Wert: bei der Neuformierung versprengter
Truppenteile. Diese wußten dann, wo sie sich sammeln konnten
und welche Punkte zu verteidigen waren.

Genau dies geschieht bei modernen Auseinandersetzungen. Die
beteiligten Führer müssen ihren Leuten signalisieren, was vor sich
geht. Sie tun das mit Hilfe von verbalen Bannern. Es wäre ganz
unmöglich, die tatsächlichen Vorgänge detailliert zu beschreiben,
weshalb man zu ein paar knackigen Slogans greift. Der britische

Gewerkschaftsführer Arthur Scargill erklärt, daß »nicht ein Bergwerk geschlossen wird«. Die Sowjets erklären, daß es »keine Abrüstungsgespräche geben kann, solange die Amerikaner nicht ihre Cruise Missiles abziehen«. Das ist das herkömmliche Beziehen einer Stellung. Es deutet ebenso an, wie die Dinge stehen, wie auch, welche Positionen zu verteidigen sind.

Unglücklicherweise ist eine Position, die solcherart öffentlich und bestimmt bezogen wird, äußerst schwer wieder aufzugeben.

Dieses Kommunikationsdilemma kommt auch in anderen Bereichen vor. Das Dilemma entsteht aus der Notwendigkeit, zu gleicher Zeit mit zwei verschiedenen Gruppen kommunizieren zu müssen.

In ihrem Jahresbericht legt eine Gesellschaft dar, wie erfolgreich sie ist. Das ist wichtig, um das Vertrauen der Investoren zu erhalten, um einen guten Aktienkurs zu sichern und weiterhin leicht an Kredite zu gelangen. Je mehr Geld eine Gesellschaft benötigt, desto rosiger muß das Bild sein, das sie den Investoren vorzeigt. Natürlich wird der Jahresbericht auch von den Arbeitern und den Gewerkschaftsfunktionären gelesen. Wenn die Lage so rosig ist, dann wird doch sicherlich die aufgeschobene Lohnerhöhung jetzt durchzubringen sein? Die Lohnforderungen machen dann der Gesellschaft, die schon Liquiditätsprobleme hat, das Leben noch schwerer. Es ist unmöglich, mit einer einzigen Botschaft, die unvermeidlich von beiden Gruppen zur Kenntnis genommen werden wird, den Investoren zu signalisieren, alles stehe zum besten, und gleichzeitig den Arbeitern, die Lage sei so ernst, daß sie den Gürtel enger schnallen müßten.

Genau dies kennzeichnet Konflikte. Ein Führer muß seine Position anzeigen, um die Unterstützung seiner Anhänger zu behalten. Zugleich macht diese starre Position Verhandlungen sehr viel schwieriger. Ein anderer Aspekt desselben Phänomens zeigt sich in der Politik. Um seiner Anhängerschaft zu Hause willen mag es für einen Politiker notwendig sein, sich kriegerisch zu gebärden. Zugleich kann er durchaus den Wunsch haben, mit Blick auf die Gegenpartei die Dinge gemäßigter anzugehen. So muß er wüste Beleidigungen ausstoßen und gleichzeitig irgendwie zu erkennen geben, daß diese nur für den »häuslichen Gebrauch« bestimmt sind. Die Perfektion der modernen Kommunikation macht das zu einer äußerst schwierigen Aufgabe. Was nur an die Adresse einer Versammlung von Anhängern gerichtet gewesen sein mag, wird sofort vom Rest der Welt vernommen.

Da das Beziehen von Positionen stets von passenden Sprüchen wie »niemals aufgeben«, »Widerstand bis zum Tod« und »kein Abweichen von unserer Position« begleitet wird, sind die an einem Streit beteiligten Parteien niemals in einer guten Lage, die Korrekturen zu erkunden, die für den Entwurf eines Ergebnisses notwendig sind.

Es gibt aber noch einen weiteren Aspekt der öffentlichen Stellungnahme. Bei Tarifverhandlungen geschieht es häufig, daß beide Seiten klug und erfahren genug sind zu wissen, wie das Verhandlungsergebnis letztlich aussehen wird. Die Sache könnte fast schon bei der ersten Zusammenkunft entschieden werden. In den meisten Ländern (mit Ausnahme Japans) ist das aber nicht möglich. Es gibt eine von der Tradition geheiligte Art, solche Fragen zu behandeln – einen rituellen Tanz. Es muß überzogene Forderungen und Drohungen geben, den Abbruch von Gesprächen und was noch so dazugehört. All das ist aus zwei Gründen erforderlich.

Wenn keine rituellen Tänze aufgeführt werden, werden die Gewerkschaftsmitglieder niemals glauben, daß die Funktionäre ordentliche Arbeit geleistet haben. Die Funktionäre werden als schwach und zu kompromißbereit angesehen werden. Bei den nächsten Wahlen werden sie dann durch »härtere« Vertreter ersetzt werden.

Der zweite Grund ist der, daß die Funktionäre selbst nie wissen können, ob sie das bestmögliche Ergebnis erzielt haben, wenn nicht jedesmal der größtmögliche Druck ausgeübt worden ist. Das läßt an jenen Geschäftsmann denken, der eine Firma billig erwerben konnte, weil die Gegenseite es unterließ, den Höchstpreis zu fordern. Es muß immer sowohl eine gute Sache als auch »größtmöglichen Druck« geben. Wenn man größtmöglichen Druck ausübt, zeigt man seiner Gefolgschaft – und sich selbst –, daß man am Ende das bestmögliche Ergebnis erzielt hat. Wie sonst sollte man das zeigen?

ETIKETTEN

An verschiedenen Stellen dieses Buches habe ich schon das Problem der Sprache und der Etiketten erwähnt. Hier geht es mir nun um stereotype Beleidigungen.

Wenn die gegnerische Partei ein *Feind* ist und *böse*, werden konstruktive Gespräche erschwert. Wenn die andere Seite als *Rüpel* und *Aggressor* und *Diktator* abgestempelt ist, dann erscheint schon ein Verhandeln mit ihr als eine Art Niederlage.

Solche Etiketten sind notwendig, um die Unterstützung für eine Sache anzuheizen und die Berechtigung des eigenen Anliegens zu bekräftigen. Sie sind ebenfalls für aufrüttelnde Reden gut geeignet. Die Zeitungen lieben sie und verwenden sie einfallsreich in geschickten Schlagzeilen.

Hier haben wir wieder das schon erwähnte Dilemma von »öffentlichem Gebrauch« und »Gebrauch in Verhandlungen«.

Man muß sich auch daran erinnern, daß hinter diesen Beleidigungen noch ein anderes Ziel steht. Sie können nämlich dazu dienen, die »Stimmung« von Verhandlungen zu beeinflussen. Wie ich schon erläuterte, kann eine harte und unnachgiebige Gestimmtheit wirklich dazu führen, das Konzept, dem die andere Seite folgt, zu verändern. Anders ausgedrückt, spricht viel dafür, einen Gegner »unter Druck zu setzen«.

SPASS

Konflikte und Krisen sind reizvoll und machen Spaß. Häufig lieben Politiker Krisen geradezu. Und das unabhängig von dem Nutzen des Konflikts, der darin liegt, die Unterstützung für ein ungeliebtes System zu vergrößern oder streitende Gruppierungen durch das klar umrissene Bild eines äußeren Feindes (oder eines inneren – wie im Falle der Juden im nationalsozialistischen Deutschland) zu einen.

Eine Krise oder ein Konflikt schärfen das Denken von Politikern. Viele von ihnen sind »Reaktordenker«. Sie fühlen sich viel wohler, wenn sie auf etwas reagieren, als wenn sie die Initiative ergreifen und durch einfallsreiche Aktionen die Lage der Gesellschaft verbessern sollen. Sie sind ganz einfach weder kreativ noch Designer – ganz abgesehen davon, daß jede Initiative riskant ist, weil die Sache

ja ins Auge gehen könnte und dann ebenso vielen Leuten weh
täte wie nützte. Reaktives Denken bietet größere Sicherheit. Man
tut nur das, wozu man genötigt ist. Jede Tat — oder sogar das
Überleben selbst — ist eine ungeheure Leistung. Selbst Unnach-
giebigkeit in einer Sache gerät zum großen Sieg.

Wegen dieser Attraktivität und politischen Nützlichkeit von
Konflikten kann die Motivation der beteiligten Parteien, sie zu
lösen, nicht eben die größte sein. Sie werden nicht nach kreativen
oder entworfenen Lösungen trachten — aus Furcht, daß Vorschläge dieser Art, würden sie erst bekannt, es schwermachen
könnten, den Konflikt fortzuführen. Wenn es eine erkennbare
Lösung gibt, dann ist es schwer, so zu tun, als existierte sie nicht.

MASCHINENSCHREIBEN MIT ZWEI FINGERN
Die Welt ist voll von geschickten und erfahrenen Unterhändlern
— wir finden sie in den Gewerkschaften, in den Regierungen, in
den Vereinten Nationen und in Kanzleien. Gewiß sind solche
Leute besser in der Lage als andere, Konflikte zu lösen. Gewiß
sind die geschickten Unterhändler, die sich in den Reihen der am
Konflikt beteiligten Parteien finden, am ehesten in der Lage, diesen Konflikt auf dem Wege der direkten Verhandlung zu beenden.

Dem ist nicht so. Selbst wenn diese Leute das glauben.

Vielbeschäftigte Journalisten verbringen einen großen Teil ihres
Daseins mit Tippen. Sie kennen sich mit Schreibmaschinen und
Tastaturen gut aus. Aber viele von ihnen tippen ihr Leben lang
nur mit zwei Fingern. Sie hämmern in bemerkenswert ineffizien-
ter Weise auf ihrer Maschine herum — wenn man eine jüngere
Sekretärin zum Maßstab nimmt, die erst über wenige Monate
Erfahrung verfügt, die aber gelernt hat, mit zehn Fingern und
blind zu schreiben.

Der wirkungsvolle Gebrauch einer schlechten Fertigkeit macht
diese nicht zu einer guten.

Ein Tennisspieler oder ein Golfspieler kann einen ihm eigenen
Stilfehler haben, den zu korrigieren er völlig unfähig ist. Dazu
bedarf es eines Trainers, der den Fehler gleichsam von außen
sieht, auf ihn hinweist und mit dem Spieler zusammen an seiner

Korrektur arbeitet. Ein intensives Training ohne eine solche Korrektur wird den Fehler nur noch tiefer einschleifen.

So können erfahrene Konfliktteilnehmer oder geschickte Unterhändler oder gewiefte Dialektiker nur über Fertigkeiten in den alten Konfliktidiomen der Auseinandersetzung verfügen. Sie können überhaupt kein Geschick im Umgang mit dem Entwurfsidiom haben. Geschick und Erfahrung sind nicht ausreichend, solange wir nicht sagen, wozu sie dienen sollen.

Es sollte ganz klar sein, daß Erfahrung mit einer Situation zwar zu Sensibilität gegenüber dieser Situation führen kann, daß sich aus dieser Erfahrenheit aber nicht notwendig stets die beste Art entwickelt, mit der Situation fertig zu werden. Eine halbe in einem medizinischen Kurs verbrachte Stunde kann mehr über die Behandlung eines ertrunkenen Menschen lehren als zwanzig Jahre, in denen man Leute aus dem Wasser gezogen hat — ohne jede Schulung.

Es ist ein fataler Irrtum anzunehmen, daß Erfahrung soviel ist wie Fertigkeit. Es ist ein fataler Irrtum zu glauben, daß irgendeine Fertigkeit, die eingesetzt wird, auch die richtige sein muß. Es ist nützlich, die Metapher des »Zwei-Finger-Suchsystems« im Gedächtnis zu behalten.

All jene Menschen, die sich Fertigkeiten im alten Idiom des Konfliktdenkens erworben haben (wo das Denken eine Erweiterung des Konfliktes ist), sollten nicht meinen, das sei der einzige oder beste Weg zur Konfliktlösung. Wenn wir uns damit zufriedengeben, die Konfliktlösung solchen Leuten zu überlassen, dann wird diese Auffassung tatsächlich vorherrschen. Und wir werden ewig einem Idiom verhaftet bleiben, das sich als unzulänglich erwiesen hat.

Sicht von aussen

Wir kommen nun zum letzten Grund dafür, warum die an einem Konflikt beteiligten Parteien am wenigsten dazu in der Lage sind, ihn zu lösen. Und der hat etwas mit der Wahrnehmung zu tun.

An anderer Stelle habe ich erwähnt, daß es bei der wissenschaftlichen Methode überaus schwer wurde, den Beweis auf irgendeine andere Weise zu sehen, wenn erst einmal die »vernünftige Hypothese« aufgestellt war. Das liegt an der Art und Weise, in der die

Wahrnehmung als sich selbst organisierendes System funktioniert. Der Beweis wird nicht neutral auf eine passive Informationsoberfläche gestellt, sondern existiert im »aktiven«, sich selbst organisierenden Umfeld der Wahrnehmung. Genau das ist auch bei Konflikten der Fall. Beide Parteien vertreten eine Position. Die Position beherrscht die Wahrnehmung und organisiert die Elemente der Situation so, daß die Position gestützt wird. Die Elemente stehen ganz einfach nicht für den Entwurf einer neuen Struktur zur Verfügung, denn eine solche neue Struktur erschiene sofort als der gewählten Position unterlegen. Das ist nicht der Fehler der beteiligten Personen oder Beweis ihrer heuchlerischen Haltung. Diese Situation ist schlicht auf die Logik musterbildender Systeme zurückzuführen. Im Sinne der Wahrnehmung kann man sich nicht selbst »an seinen Schnürsenkeln« in die Höhe hieven.

Ich werde auf diesen Punkt später zurückkommen, wenn ich mich gezielt mit der Rolle der dritten Partei bei der Lösung von Konflikten befassen werde. Immerhin ist dies ein Punkt von fundamentaler Bedeutung.

Es gibt da noch einen verwandten, aber anderen Gesichtspunkt. Wenn man zu tief in eine Situation verstrickt ist, dann ist es schwer, einen *Überblick* oder einen Sinn für *Perspektive* zu gewinnen. Das ist ein weiterer Grund dafür, daß die am Konflikt beteiligten Parteien den Konflikt kaum selbst lösen können. Wenn man einer Straße folgt, kann man nicht gleichzeitig in der Position eines Hubschraubers sein und nach alternativen Wegen Ausschau halten.

ZUSAMMENFASSUNG

Ich habe in diesem Kapitel zu zeigen versucht, daß die an einem Konflikt beteiligten Parteien tatsächlich am wenigsten geeignet sind, diesen Konflikt zu lösen – außer, das Ergebnis wird gewaltsam herbeigeführt. Ich möchte unterstreichen, daß ich das nicht als Zeichen der Böswilligkeit oder der Habgier auf seiten der Beteiligten ansehe. Es entspringt vielmehr der Logik der Situation, und es könnte gar nicht anders sein. Von einem Kämpfer den Heldenmut zu erwarten, sich seinem Gegner gänzlich preiszugeben und ihm voll zu vertrauen, hieße Dummheit erwarten.

Es ist zutreffend, daß es Denkgewohnheiten und Gewohnheiten im Konfliktverhalten gibt (wie etwa die gegenseitige Beschimpfung), die nicht unbedingt nötig sind und die eine Konfliktlösung erschweren. Wir könnten unseren Denkstil verbessern und die schlimmsten Gewohnheiten ablegen, was die Sache erheblich erleichtern würde. Nichtsdestoweniger sind die Parteien selbst unfähig, all das Denken zu leisten, das zu einer Lösung des Konfliktes erforderlich ist, weil sie involviert sind und etwas zu gewinnen oder zu verlieren haben.

Diese unvermeidliche Unzulänglichkeit des Denkens auf seiten der Konfliktbeteiligten schafft ein Dilemma. Es ist nur natürlich, daß die Disputanten ihre Auseinandersetzung als ihre eigene Angelegenheit ansehen. Bei der Komplexität der modernen Welt aber, wo sich alles auf alles andere auswirkt, ist das nur selten der Fall, und die Streitigkeiten haben meistens auch schädliche Folgen für alle Unbeteiligten. Trotzdem sind die direkt Betroffenen der Ansicht, die Regelung sei allein ihre Sache – und das deshalb, weil man meint, daß die Bereinigung stets auf der Grundlage einer »Prüfung der Stärke« erfolgen müsse und die Einmischung anderer das Gleichgewicht der Kräfte in unfairer Weise verändern würde. Deshalb sind dann die Kämpfenden unfähig, einen Weg aus ihrem Konflikt zu entwerfen, und gleichzeitig unwillig, irgend jemand anderen hinzuzuziehen. Diese Unwilligkeit ist eine gefährliche Arroganz.

11. Kontinuität

Die Vergangenheit ist nicht wie eine Reihe von Büchern in einem Bibliotheksregal, die so aufgestellt ist, daß wir uns eben mal eine Geschichtslektion heraussuchen können. Die Vergangenheit — das sind unsere Sprache, Ideen, Denkgewohnheiten, Einstellungen und sozialen Strukturen. An verschiedensten Stellen bin ich schon auf die gefährliche Art und Weise eingegangen, in der sich unsere Sprache als kumulativer Ausdruck unserer Kultur auswirkt — gefährlich, weil sie uns zwingt, Ideen zu folgen, die keine Gültigkeit mehr haben. Die Sprache ist eine Enzyklopädie der Ignoranz. Ein Gedanke dringt zu einem Zeitpunkt relativer Unwissenheit in die Sprache ein. Danach ist er dann auf Dauer in irgendeinem Wort eingefroren.

Da ich über die Gefahren der Kontinuität schreiben will, muß ich vorausschicken, daß man natürlich auch sehr viel Gutes über sie sagen kann. Ganz einfach ausgedrückt, wären jedes Leben und jede Zivilisation ohne Kontinuität völlig undenkbar. So, wie die Wahrnehmung unmöglich wäre ohne die starren Muster, die sich gebildet haben, so wäre auch die Organisation des Lebens unmöglich ohne die Verhaltensmuster, die sich herausgebildet haben. In beiden Fällen können wir nur dann die Gefahren solcher starren Muster erwägen, wenn wir auch ihren ungeheuren Wert anerkennen.

Außenpolitik kann kaum funktionieren, wenn Verträge nichts bedeuten und man sich auf Zusagen nicht verlassen kann. Da jedes Übereinkommen tendenziell etwas zum Gegenstand hat, was in der Zukunft geschehen (oder nicht geschehen) wird, muß es Kontinuität geben. Im modernen Konfliktdenken gibt es eine sehr beunruhigende Neigung, von »neuen Situationen« zu sprechen. Die Japaner schlossen mit Australien ein sehr günstiges Zuckerabkommen ab. Dann rutschte der Zuckerpreis plötzlich in den Keller, so daß das, was die Japaner zur Hälfte des Weltmarktpreises geliefert bekommen hatten, auf einmal den doppelten Marktpreis kostete. Die Japaner weigerten sich daraufhin, den Vertrag einzuhalten, und verwiesen darauf, daß sich eine »neue Situation« ergeben habe und der Vertrag deshalb neu verhandelt werden müsse. Sie meinten, in der japanischen Kultur stelle ein Vertrag nur die Absicht dar, auf einer für beide Seiten vorteilhaften Grundlage Handel miteinander zu treiben. Wenn sich die Umstände veränderten, dann bedürfe auch ein Vertrag der Modifikation. Die australische Regierung dachte da ganz anders.

Als in Argentinien die Regierung Alfonsin die Militärjunta ablöste, war sie ziemlich unwillig, den von dieser aufgehäuften Schuldenberg anzuerkennen (da diese Regierung keine demokratische gewesen war). Das rote Rußland der Revolution weigerte sich, die Staatsanleihen der gestürzten zaristischen Regierung einzulösen.

Es ist klar, daß Schulden, Zusagen und Verträge allesamt wertlos werden, wenn eine Partei sich auf eine »neue Situation« berufen und den Fortbestand eingegangener Verpflichtungen aufheben kann. In einer Verhandlungssituation kann die eine Seite ein Angebot unterbreiten – und später unter Hinweis auf eine »neue Situation« wieder zurückziehen.

In den alten Tagen der Diplomatie mußten Zusagen eingehalten werden, andernfalls hätte eine Nation ihre Glaubwürdigkeit eingebüßt. Das entsprach einem Verlust der Kreditwürdigkeit. Niemand wollte mehr etwas mit diesem Staat zu tun haben. Heute herrschen eine pragmatischere Toleranz und die Auffassung vor, daß ein neues Regime ein Anrecht auf einen Neubeginn haben sollte.

Das sowjetische Außenministerium zeigt eine bemerkenswerte Kontinuität. Ein und derselbe Mann kann zwanzig oder dreißig Jahre lang etwa für die Bundesrepublik zuständig bleiben. Er kennt »sein« Land dann natürlich genauestens. Das ist das Gegenteil des absoluten Mangels an Kontinuität in der amerikanischen Politik und in den auswärtigen Diensten dieses Landes, wo der Botschafter bei

einem wichtigen Land bei Antritt einer neuen Regierung ausgetauscht
wird gegen einen neuen, der ein Mann ohne die geringste Erfahrung im
auswärtigen Dienst sein kann, ganz zu schweigen von der Erfahrung
mit dem entsprechenden Land. Die sowjetische Kontinuität bietet
einerseits den Vorteil von Erfahrung und Verständnis. Andererseits
kann diese Kontinuität das Denken eines Menschen in seiner Beweg-
lichkeit einschränken. Kontinuität hat also Vor- und Nachteile.

VON AUGENBLICK ZU AUGENBLICK

In einem vorangegangenen Kapitel erwähnte ich die »feindliche
Spannung« und benutzte dabei das Bild der zwei tauziehenden
Mannschaften, von denen es keine wagt, in der Anspannung nachzulassen. In Nordirland wagt keine der beteiligten Parteien, in ihrer
Feindseligkeit gegenüber der anderen Partei auch nur einen Augenblick nachzulassen, denn in ebendiesem Augenblick würde sie sofort
von ihren Anhängern als »weich« verdammt.

Bei der Lösung eines jeden Konfliktes ist diese Kontinuität von
Augenblick zu Augenblick von größter Wichtigkeit. Wann kommt es
zur »Wende«? Wie können unerschütterliche Positionen jemals
aufgegeben werden? Man kann sich vielleicht noch vorstellen, daß eine
Position gegen eine andere, gleichermaßen vorteilhafte ausgetauscht
wird – aber es ist sehr schwer, eine Position ganz aufzugeben, um die
ersten vorsichtigen Erkundungsschritte in Richtung auf ein geplantes
Ergebnis zu tun.

»Ich bin gebunden. Was kann ich schon tun?«

Das ist ein typisches Argument aller Unterhändler.

Die Lösung kommt von der dritten Partei (im dreieckigen Denken),
die den Bruch in der Kontinuität herbeiführen kann, während die
Konfliktparteien ganz offensichtlich noch an ihren Positionen festhalten.

DER GRENZSCHEIDEN-EFFEKT

Dieser Gedanke läuft darauf hinaus, daß es ein wunderbares Ziel geben
mag, daß aber alle Vorzüge dieses Zieles gegenstandslos wären, wenn
wir nicht in der Lage wären, den ersten Schritt zu tun. Der
Grenzscheiden-Effekt ergibt sich direkt aus der »Von-Augenblick-
zu-Augenblick-Kontinuität«.

Es mußte letztlich zu einer Übereinkunft zwischen Großbritannien und Argentinien kommen. Aber jeder Vorschlag, die Frage der Hoheit über die Inseln auch nur zu diskutieren, hat wegen der bei der Rückeroberung der Inseln gefallenen Soldaten eine überaus negative Wirkung (es würde dann ja so aussehen, als seien sie umsonst gefallen).

Im geschäftlichen Leben ist es durchaus gebräuchlich, daß eine Idee anfangs einen »negativen Kapitalfluß« mit sich bringt, d. h., sehr viel Geld muß ausgegeben werden, bevor die Idee Gewinn bringt. Man geht davon aus, daß eine Idee sich zu Anfang negativ auswirkt. Aber in jedem anderen Bereich ist es so gut wie unmöglich, mit Ideen »mit negativem Kapitalfluß« zu operieren. Die vorgetragene Idee muß von vornherein attraktiv sein. Selbst wenn der Anführer bei einem Konflikt den letztlichen Wert einer zunächst negativen Idee sähe, hätte er es sehr schwer, seine Anhängerschaft zu überzeugen.

Es gibt ja auch die Wendungen »So fängt's immer an« und »Domino-Effekt«. Beide meinen, daß am Anfang ein kleineres Zugeständnis notwendig ist, weil nur das zu etwas Ernsthafterem führen wird. Wenn erst einmal ein erster Schritt zugebilligt worden ist, dann kann es unmöglich sein, den Rutsch noch aufzuhalten. Solche Ausdrücke erschweren den Einsatz von Ideen mit anfänglich »negativem Kapitalfluß«.

Revolutionäre waren schon immer der Ansicht, daß eine Revolution erforderlich ist, weil die Gesellschaft selbst niemals willens sei, jene Übergangsschritte zu unternehmen, die sie gerechter machen würde. Jeder Schritt, wie klein er auch sein mag, wird von den Herrschenden stets als negativ angesehen und entschieden abgelehnt werden. So wird ein friedlicher Wandel unmöglich gemacht.

ÜBERGANGSSCHRITTE

Es ist klar, daß die Planung eines Konfliktergebnisses den Übergangsschritten eine ziemlich große Beachtung schenken muß. Es geht nicht nur darum, ein befriedigendes Ergebnis zu planen. Jeder einzelne Schritt dahin muß geplant werden. Der allererste ist der allerwichtigste. Die Übergangsschritte können für die Planungsaufgabe der wesentlichste Teil sein, denn es sind dies die Schritte, die die Kontinuität von Augenblick zu Augenblick durchbrechen.

Es ist sehr wichtig, daß der erste Schritt keinen negativen Gesichtspunkt aufweist. Vielmehr ist es äußerst wertvoll, wenn der erste Schritt einen positiven Anreiz bietet.

Man kann mit dem Finger eine Stahlkugel über eine Oberfläche treiben. Wenn das eine nachgiebige Oberfläche ist, kann man die Kugel voranbringen, ohne sie zu berühren. Man drückt einfach die Oberfläche direkt vor der Kugel nach unten. Die Kugel rollt dann in diese Vertiefung. Wenn man also vor der Kugel einen »anziehenden« Bereich schafft, kann man sie hinbekommen, wohin man will. Dieses Beispiel zeigt den offenbaren Wert von Übergangsschritten, die einen Anreiz bieten. Man kann hier konkret an die Zahlung von Arbeitslosengeld an Arbeiter denken, die ihre Stellung verloren haben.

ZEITGEBUNDENE BEDINGUNGEN

Wir können nun die Kontinuität von Augenblick zu Augenblick verlassen und uns ihren langfristigen Auswirkungen zuwenden.

Viele Länder haben eine Art »repräsentative« Demokratie. Die Wähler wählen jemanden, der sie im Parlament oder Kongreß vertreten wird. Die Idee ist, daß dieser Repräsentant im Namen derjenigen denkt, redet und entscheidet, die ihm ihre Stimme gegeben haben. Die wesentlichen Grundlagen der Demokratie sind bestimmt von den Bedingungen, die zur Zeit ihres Aufkommens gegeben waren. Als die Kommunikationsmöglichkeiten noch schwach entwickelt waren, war es erforderlich, einen Repräsentanten zu haben, der zum Zentrum der Macht reisen konnte, um dort die Ansichten anderer Leute zu vertreten, die zu Hause bleiben mußten. Heute nun gibt es höchst beachtliche Kommunikationssysteme – es gibt sogar das interaktive Fernsehen, das es dem Zuschauer zu Hause erlaubt, einen Knopf am Gerät zu drücken und so über alles, was auf dem Bildschirm vor sich geht, »abzustimmen«. Unsere Techniken der Meinungsumfrage sind hoch entwickelt. Durch Befragung eines repräsentativen Querschnitts der Bevölkerung ist es möglich, von weniger als zweitausend Leuten zu erfahren, was vielleicht Millionen denken.

Die moderne Technik wird mit Sicherheit die Möglichkeit einer »direkten Demokratie« schaffen, das heißt, daß die Menschen in der Lage sein werden, statt über ihren gewählten Repräsentanten selbst zu Fragen Stellung zu nehmen. In gewissem Umfange gibt es das in der Schweiz, wo das überschaubare Kantonalsystem schon immer direkte Volksabstimmungen zu allen möglichen Fragen gestattet hat. Natürlich wird dabei die »Führerschaft« in der Demokratie verlorengehen. Das bedeutet aber, daß der gewählte Repräsentant nicht mehr einfach die Ansichten seiner Wähler wiedergibt, sondern sie tatsächlich verbessern wird (das ist nur eine Hoffnung).

Viele Dinge entwickeln sich in einer bestimmten Weise, weil die Bedingungen und die Technologie, die zur Zeit ihres Entstehens gegeben waren, dies so festgelegt haben. Die Kontinuität sorgt dann dafür, daß sie immer weiter so gehandhabt werden – selbst wenn das nicht mehr länger nötig ist.

DER SPERR-RIEGEL-EFFEKT

Da gab es die Zeit der Dampflokomotiven, für deren Betrieb Heizer erforderlich waren. Es wurde damals eine Übereinkunft zwischen Gewerkschaft und Management bezüglich der Anzahl der im Führerstand einer Lokomotive beschäftigten Personen getroffen. Als dann die elektrischen Lokomotiven aufkamen, brauchte man keine Heizer mehr. Die Gewerkschaften jedoch bestanden auf der vereinbarten Anzahl von Personen im Führerstand – um Arbeitsplätze zu erhalten. Das gleiche geschah in der Londoner Fleet Street. Verbesserungen in der Drucktechnik bedeuteten, daß man weniger Arbeiter brauchte. Die Gewerkschaften aber setzten Verträge durch, um Geistermannschaften zu erhalten, die für eine Arbeit bezahlt wurden, welche es gar nicht mehr gab. Das sind völlig vernünftige Aktionen, die den »logischen Blasen« der Gewerkschaftsvertreter entsprechen. Es sind Beispiele für eine Kontinuität, die auf überholten Bedingungen basiert.

Der Ausdruck Sperr-Riegel-Effekt bedeutet, daß wir willens genug sein mögen, einen »Fort-Schritt« zu machen, zugleich aber unwillig sind, einmal erlangte Vorteile aufzugeben. Er betrifft den Lebensstil der Menschen und ihre Erwartungen. Eine Einkommensverbesserung führt zu einer Steigerung des Lebensstandards.

Und schon bald wird das zu einer Standarderwartung. Jeder Versuch, den Lebensstandard zu verringern, trifft auf heftige Opposition.

Vorteile, die zeitlich begrenzt eingeräumt werden, können später nicht wieder rückgängig gemacht werden, ohne daß es großes Geschrei gibt. Ein einmaliger, für gute Arbeit bezahlter Bonus wird zu einem erwarteten Bestandteil des Gehalts.

Wichtig in diesem Zusammenhang ist, daß es großes Geschrei über den Entzug von Dingen geben kann, auf die gar kein wirkliches Anrecht besteht. Das ist ein für das Konfliktdenken wesentlicher Gesichtspunkt.

Ein Arbeiter, der bald schon gewohnheitsmäßig einen Kollegen im Auto mit zur Arbeit nimmt, riskiert die Feindschaft, wenn er das nicht mehr tut.

NULL-BASIS

Jede Vorwärtsbewegung bemißt sich daran, wo man im Augenblick steht. Viele Firmen verlieren leicht ihre Richtung: Sie sind gegründet worden, um ein bestimmtes Marktbedürfnis zu befriedigen – wenn sie aber eine bestimmte Größe erreicht haben, beziehen sie ihre Schwungkraft nicht mehr aus dem Marktbedürfnis, sondern aus der augenblicklichen Form ihrer Organisation.

Wenn ein Speiseraum für leitende Angestellte eingerichtet worden ist, dann wird dafür – wenn der Etat verhandelt wird – eine bestimmte Summe eingesetzt. Der Gedanke eines Etats auf Null-Basis bedeutet, daß nichts als selbstverständlich hingenommen wird. Der Ausgangspunkt ist immer wieder Null. Statt die für den Speiseraum der leitenden Angestellten erforderlichen Mittel einfach einzusetzen, überprüft man, ob so ein Speiseraum überhaupt nötig ist. Eine hervorragende Idee – aber in der Praxis bedeutet die Kontinuität vorhandener Strukturen häufig, daß man für die meisten von ihnen eine vernünftige Begründung findet.

So sehr wir vielleicht auch zu der Null-Basis zurückkehren möchten, so wird unser nächster Schritt doch davon bestimmt, wo wir im Augenblick gerade stehen. Das ist bei Konfliktsituationen ganz offensichtlich so – die Absicht, reinen Tisch zu machen, das Vergangene zu vergessen und sich auf die eigentlichen Ursachen der

gegebenen Situation zu beschränken, mag reizvoll erscheinen, ist
jedoch nur schwer in die Tat umzusetzen.

Es wäre schön, wenn man auf der Null-Basis über die Sprache
und die Begriffe, die sie uns zur Verfügung stellt, neu nachdenken
würde. Aber es besteht wenig Hoffnung, auch was das Nachdenken
auf Null-Basis über verschiedene Institutionen und Strukturen der
Gesellschaft betrifft.

APOSTOLISCHE NACHFOLGE
Die katholische Kirche ist der Auffassung, daß die protestantischen
Bischöfe keine echten Bischöfe sein können, weil sie der »apostoli-
schen Nachfolge« verlustig gegangen sind. Gemeint ist die auf den
Apostel Petrus zurückgehende Kontinuität – er setzte Bischöfe ein,
die ihrerseits wieder Bischöfe einsetzten usw., so daß eine ununter-
brochene Nachfolge gegeben war, bis sich verschiedene Kirchen
von Rom lossagten.

In der Praxis läuft diese »apostolische Nachfolge« darauf hinaus,
daß die Leute, die für ihre jeweilige Organisation die Nachfolger
auswählen, stets solche nehmen, die ihrem eigenen Bilde entspre-
chen. Diese Erwählten verhalten sich dann ihrerseits so. So wird die
Kultur einer Institution auf Dauer eingefroren. Das passiert in den
Universitäten fortwährend. Es geschieht bei allen öffentlichen
Diensten und bürokratischen Organisationen. Es ist auch bei den
Zeitungen so.

Bei politischen Parteien ist das der Fall, denn die, die gewählt
worden sind, sind die, die am besten das bestehende Denken und
die vorherrschenden Einstellungen wiedergeben.

Bei Konflikten bedeutet das, daß diejenigen, die an dem Nachdenken über sie beteiligt sind, jene sind, die am ehesten das alte und
traditionelle Denken über den jeweiligen Konflikt vertreten. Bei
Organisationen wie den Vereinten Nationen heißt das, daß ihre
Vertreter mit größter Wahrscheinlichkeit das traditionelle Denken
dieser Organisation wiedergeben. So neigen Fragenkomplexe und
Organisationen dazu, immer mehr in ihren Formen zu erstarren.

ABPRALLER

Die Abpraller-Kontinuität hat zwei Teile. Eine Institution wird gegründet, um eine bestimmte Aktivität zu ermöglichen. Die Institution wird dieser Aufgabe gerecht und immer stärker. Am Ende ermöglicht die Institution nicht mehr einfach nur die Aktivität, sondern legt tatsächlich selbst fest, was getan werden soll.

Ein vorzügliches Beispiel dafür ist das Bankensystem. Man beließ früher sein Gold bei den Goldschmieden, weil sie über die Möglichkeiten verfügten, es zu lagern und zu schützen. Dem Eigentümer wurde ein »Eigentumszertifikat« ausgehändigt. Dies Zertifikat wurde für ihn zum Mittel, Schulden zu begleichen. Solange jeder wußte, daß das Gold da war, wenn man es benötigte, war es möglich, Kredite zu geben und Kapital zu schaffen. All das verdankte man den Banken. Schließlich aber hatten diese eine so dominierende Stellung erreicht, daß sie heute die Art und Weise vieler finanzieller Aktivität bestimmen.

Schulen schaffen sich ein Prüfungsamt, um sich die Arbeit zu erleichtern. Es dauert nicht lange, da werden diese Prüfungsämter allmächtig und diktieren den Schulen nun, was sie zu tun haben.

Repräsentative Organisationen, die begründet wurden, Konflikte zu bereinigen, polarisieren sich schließlich zu Machtblöcken und Allianzen – und dienen dann nur noch dazu, die Konflikte zu verschärfen.

VERSÄUMNIS

Vierzig Jahre lang hat ein Autofahrer seine Absicht, die Richtung zu ändern, vermittels eines Winkers angezeigt, der an der Seite des Autos hochklappte. Das war ein höchst ineffizientes System, da dieser Winker aus vielen Winkeln nicht sichtbar war und immer wieder klemmte oder abbrach. In der Tat war das ein Überbleibsel aus der Zeit, in der ein Kutscher mit seiner Peitsche eine Richtungsänderung anzeigte – oder der Fahrer der in der Frühzeit noch offenen Autos mit seinem Arm.

Erst vierzig Jahre später ging man zu dem sehr viel wirkungsvolleren Blinkersystem über, das technisch schon die ganze Zeit möglich gewesen wäre.

Wir sind so auf das »Problemlösen« fixiert, daß wenig über Dinge

nachgedacht wird, die nicht wirklich ein Problem sind. So bleibt
etwas unangefochten bestehen, bloß weil niemand auf den Gedanken gekommen ist, eine bestimmte Annahme mal zu überprüfen.

SELBSTGEFÄLLIGKEIT

Diese Art der Kontinuität steht dem »Versäumnis« nahe, bezieht
sich aber auf eine Idee, die in der Vergangenheit sehr gut funktioniert hat. Wir gelangen zu dem Glauben, daß eine Idee, die bei
wiederholter Gelegenheit gut funktioniert hat, eine Idee von absoluter Gültigkeit ist. Wenn sie aufhört, gut zu funktionieren, fechten
wir die fortbestehende Relevanz dieser Idee keineswegs an, sondern
schieben die Schuld besonderen Umständen, störenden Faktoren,
falschen Einstellungen oder der Inkompetenz der beteiligten Leute
zu. Die Idee selbst stellen wir nicht in Frage. Wir meinen, daß daran
kein Fehler sein kann, weil sie doch in der Vergangenheit stets so
gut funktioniert hat.

Ich glaube, daß wir in unseren Denkweisen und vielen Institutionen von größter Selbstgefälligkeit sind. Sie haben in der Vergangenheit gut funktioniert, und deshalb neigen wir zu der Ansicht, daß
ein Versagen nicht auf das System selbst zurückzuführen sein kann,
sondern nur auf die Art, wie es im jeweiligen Augenblick gehandhabt worden ist.

Wie ich später noch zeigen werde, halte ich die Vereinten Nationen selbst für einen Fall, wie er hier zur Debatte steht. Wir
betrachten diese Organisation voll Selbstzufriedenheit und ignorieren die Notwendigkeit, eine andere ins Leben rufen zu müssen, die
besser für die Lösung von Konflikten geeignet ist.

ZEITENFOLGE

Dinge geschehen im Verlauf der Zeit. Ein Zusammentreffen von
Dingen zu einer bestimmten Zeit ergibt eine Einrichtung oder eine
Konzeption. Wenn diese erst einmal existieren, kann man sie ergän-
zen. Aber die wesentlichen Elemente sind nicht mehr frei, um neue
Verbindungen einzugehen.

Der Grund dafür, daß wir erkrankte Menschen stets in Kranken-
häusern behandeln, ist der, daß im Mittelalter die Orden der
Mönche und Nonnen die fürsorglichste Gruppe der Gesellschaft

darstellten. Sie lebten in geschlossenen Gemeinschaften, weshalb es
ganz natürlich war, die Kranken zu ihnen zu bringen. Es entwickelten sich die Institution und Konzeption des Krankenhauses, und
diese sind uns erhalten geblieben und beherrschen unsere Vorstellungen von gesundheitlicher Fürsorge. Wenn man an die Notwendigkeit der Zentralisierung teurer Ausrüstungen und sehr speziali-
sierter Behandlungen denkt, hat das System seine Vorteile. Aber es
besteht kein Anlaß zu der Annahme, daß Krankenhäuser unbedingt
der beste Weg sind, etwa achtzig Prozent der Gesundheitsfürsorge
zu leisten. Das könnte auch durch kleine Einheiten geschehen.

Ähnlich werden viele unserer Vorstellungen vom Krieg und vom
Konflikt durch eine besondere geschichtliche Abfolge bestimmt.
Unsere Konfliktvorstellungen sind nicht weit von dem Gedanken
an einen König entfernt, der seine Krieger in die Schlacht führt.
Zum Beispiel muß es bei einer Konfliktlösung keine Homogenität
geben. Es muß zu keinem Ergebnis kommen, mit dem alle Beteiligten zufrieden sind. Dabei könnte es sehr wohl verschiedene Lösungen für verschiedene Parteien geben – und sogar verschiedene
Verhandlungsteams.

Wenn ich unterrichte, teile ich oft ein paar Zettel mit Linien
darauf aus und bitte die Anwesenden, sie zu einer einfachen Figur
zusammenzusetzen. Die Teilstücke ergeben ein Rechteck. Ich gebe
weitere Zettel aus. Das Rechteck läßt sich zu einem größeren
erweitern. Ich teile noch mehr Zettel aus, und nun gibt es ein
Problem. Die neuen Stücke können nicht so zu dem schon vorhandenen Rechteck hinzugefügt werden, daß ein zusammenhängendes
Gebilde entsteht. Der einzige Weg voranzukommen ist der,
zurückzugehen und zunächst die »richtige« Anordnung wieder
aufzulösen, um die Einzelteile wieder freizusetzen und dann neu
zusammenzufügen. Das Resultat ist ein einfaches Quadrat.

Der Grundsatz, der auf diese Weise illustriert werden soll, ist
simpel: Elemente können in einer bestimmten Struktur gefangenge-
setzt werden – der Fortschritt kann davon abhängen, daß man sie
»befreit«, um dann eine bessere Struktur zu schaffen, die sich auch
später hinzukommende Elemente zunutze macht.

Ob uns das lieb ist oder nicht, wir müssen doch zugeben, daß wir
zwangsläufig in die Falle der Kontinuität geraten. Wir können

dieser Tatsache die Form eines ziemlich alarmierenden Axioms
geben:

»Keine Idee kann je ihre eigenen Bestandteile bestmöglich
nutzen.«

Und dies deshalb nicht, weil die Bestandteile im Verlauf der Zeit
zusammengekommen, also zeitabhängig sind. Die beste Anordnung
sollte aber zeitunabhängig sein — so, als ob alle Teile gleichzeitig
zusammengekommen wären. Sie können aber niemals gleichzeitig
in Erscheinung treten, denn wenn sie das täten, wären wir nicht in
der Lage, sie zu erkennen.

Eine Anerkennung des obigen Axioms ist für das Einsetzen von
Kreativität sehr motivierend. Denn es bedeutet, daß in unseren
Vorstellungen und Strukturen Elemente eingeschlossen sind, die
befreit werden könnten, um bessere und relevantere Entwürfe zu
gestalten.

ZUSAMMENFASSUNG

Unsere Denkgewohnheiten lassen uns glauben, daß wir schrittweise
vorankommen, wenn wir nur jeden Schritt sorgfältig und korrekt
tun. Das ist eine Täuschung. Eine Beschäftigung mit dem Phänomen der Kontinuität wird erweisen, daß wir uns, um vorwärtszu-
kommen, möglicherweise rückwärts bewegen und Konzepte oder
Strukturen auseinandernehmen müssen, die zu ihrer Zeit gültig
waren. Wenn wir uns dieser Einsicht versagen, wählen wir die
Revolution als einzige Methode des Wandels. Wir wählen dann den
Konflikt und den dialektischen Zusammenstoß.

Es ist ein Unglück, daß es beim Konflikt vorgegebene Ideen,
Strukturen und Positionen gibt. Die feindschaftliche Spannung
erzeugt eine Kontinuität von Augenblick zu Augenblick, die nicht
durchbrochen werden kann.

Für jeden am Konfliktdenken Beteiligten ist eine sehr genaue
Kenntnis der Logik und des Mechanismus der Kontinuität unbedingt erforderlich.

Wir müssen wissen, wie wir von der Kontinuität eingefangen
werden — weil das eine unnötige Falle ist. In dieser Falle müssen wir
nicht festsitzen — wenn wir nur Weisheit genug haben zu erkennen,
daß wir in einer Falle sitzen.

12. Ziele, Vorteile und Werte

Ein Ziel ist etwas, worauf man seine Bemühungen richtet. Ein Ziel kann definiert werden. Man setzt voraus, daß ein Ziel innerhalb der eigenen Reichweite liegt (ob das nun in Wirklichkeit der Fall ist oder nicht); man unternimmt Schritte, um das Ziel zu erreichen; man fällt Entscheidungen, die davon abhängig sind, daß sie einen dem Ziel näherbringen. Dabei kann es Zwischenstationen geben, die man auf dem Wege zum endgültigen Ziel zu erreichen sucht. Man kann nur hoffen, daß eine klare Vorstellung von dem erstrebten Ziel vorhanden ist.

Ein Vorteil ist etwas, das sich aus dem Erreichen des Zieles ergibt. Der Vorteil bringt einen Wert hervor. Ein Vorteil kann in objektiver Weise gemessen werden – ein Wert nicht. Man steuert ein Ziel an, weil man überzeugt ist, daß es einen Gewinn bringt, wenn man es erreicht hat. Solch ein Vorteil muß nicht immer verdient sein. Er kann gewährt werden, man kann auch einfach darüber stolpern.

Ein Wert ist etwas, das sich aus dem Vorteil ergibt. Ein Wert ist Ansichtssache. Ein einsam in einer Hütte auf einer verlassenen Insel hausender Mensch mag den Frieden und die natürliche Umgebung schätzen. Ein anderer mag die Langeweile hassen. Der eine kann die organisierte Routine und die Vorhersagbarkeit des Lebens in der Armee begrüßen, der andere kann sie als niederdrückend und einengend empfinden. Der Wert liegt – wie die Schönheit – im Auge des Betrachters. Wie bei der Schönheit sind auch bei den Werten einige für viele Menschen unmittelbar erkennbar. Werte sind aber nicht immer offensichtlich, und es kann eine besondere Art geben, etwas zu betrachten, die ganz plötzlich einen Wert offenbart. Bei einer Konferenz in Neuseeland klagten alle anwesenden Manager über die weitreichende Kontrolle der Industrie durch die Regierung. Ein einziger begrüßte diese Reglementierung und behauptete, daß sie seine Konkurrenten ganz schön in Schach halte. Werte und Bedürfnisse gehen also zusammen. Nahrungsmittel sind von besonderem Wert, wenn man hungrig ist. Freiheit hat einen ganz besonderen Wert, wenn man nicht frei ist.

Wir neigen dazu, bei Konflikten an Angreifer und Opfer zu denken. Angreifer ist die Partei, die den Konflikt in Gang bringt. Wir tendieren zu der Auffassung, daß der Angreifer ein bestimmtes Ziel hat, das er erreichen muß — während es das Ziel des Opfers ist, sich dem Angreifer zu widersetzen. Das ist eine vereinfachende, moralistische Vorstellung von einem Konflikt. Der Angreifer ist im Unrecht, und man muß ihm widerstehen. Es mag sein, daß dem Angreifer sein Ziel einen bestimmten Nutzen bringt. Vielleicht bringt es dem Opfer keine Nachteile. Vielleicht gibt es sogar auch einen Gewinn für das Opfer. Vielleicht läßt sich ein Weg finden, die Interessen des Angreifers und des Opfers auf eine Linie zu bringen. In jedem Falle müssen wir über die schlichte Etikettierung als Angreifer hinausgehen. Ebenso müssen wir über die anfänglich erklärten Ziele hinausschauen. Es könnte immerhin sein, daß es auch andere Möglichkeiten gibt, die gleichen Vorteile zu erzielen.

Wenn wir von dem Konfliktmodell Angreifer—Opfer wegkommen, erkennen wir einen echten Zusammenprall von Interessen. Beide Seiten erstreben Dinge, die völlig unvereinbar sind. Die eine Hälfte der Stadt möchte eine Gummifabrik ansiedeln, um Arbeitsplätze zu schaffen. Die andere Hälfte sperrt sich gegen die stinkende Produktionsanlage, weil sie die Umwelt belastet. Der Interessenkonflikt ist auf objektiver Ebene gegeben: Ansiedlung der Fabrik oder Nichtansiedlung. Auf der Habenseite stehen die Schaffung von Arbeitsplätzen und der Ausstoß von Gestank. Die endgültigen Ziele sind Arbeitsplätze und Umweltschutz. Es könnte nun einen Weg geben, die Fabrik so zu bauen, daß keine Geruchsbelästigung auftritt. Es könnte die Möglichkeit geben, Arbeitsplätze durch Ansiedlung einer anderen Industrie zu schaffen. Die Hauptgegner könnte man einladen, Teilhaber der Gummifabrik zu werden, und man könnte ihnen spezielle »Unannehmlichkeits-Aktien« anbieten.

Man könnte das Werk weiter außerhalb der Stadt ansiedeln und eine entsprechende Infrastruktur zur Verfügung stellen.

Eine grundlegende Entwurfstechnik bewegt sich von dem offensichtlichen Punkt des Zusammenpralls weg und ergründet die sich bei verschiedenen Veränderungen der Situation ergebenden Vorteile und Werte.

Die Schaffung von Vorteilen erfordert in gewissem Umfange eine tatsächliche Anpassung an die Situation. Die Schaffung von Werten kann nur eine Veränderung der Wahrnehmung erforderlich machen.

Beispielsweise könnte für die Gegner der Fabrik ein verborgener Wert die Befürchtung gewesen sein, daß ihre Häuser wegen der Geruchsbelästigung an Wert verlieren. Eine andere Möglichkeit, die Dinge zu sehen, wäre die, daß die verbesserte Beschäftigungslage in der Region eine verstärkte Nachfrage nach Häusern mit sich bringt, wohingegen eine hohe Arbeitslosigkeit den Verkauf von Häusern erschwert.

DIE ZEIT ALS MASS-STAB

Ein Schwindler verkauft stets Werte, die erst in der Zukunft geliefert werden. Je größer das Versprechen, desto wahrscheinlicher der Glaube der Käufer, daß der Wert schließlich wirklich geliefert werden wird. Sie wollen glauben – und deshalb glauben sie.

Werte für die Zukunft sind ein wichtiger Teil des Entwurfs von Konfliktergebnissen. Beide Seiten müssen sicher sein, daß sie nicht in eine verwundbare Position manövriert werden. Beide möchten gern glauben, daß auch die Chance größerer zukünftiger Vorteile gegeben ist, selbst wenn die augenblicklichen nicht sehr groß sind. Die deutsche Metallarbeitergewerkschaft gab sich mit der 38,5-Stunden-Woche zufrieden – aber es wurde in den Tarifvertrag aufgenommen, daß in Zukunft einzelne Firmen die Möglichkeit einer Sonderregelung haben sollten. Das würde es der Gewerkschaft erlauben, sich einer »schleichenden Strategie« zu bedienen, das heißt, jene Firmen, die sich das am ehesten leisten könnten, würden die wöchentliche Arbeitszeit weiter verringern, und die anderen würden dann später folgen.

Die Veränderung von Grundsätzen mag zwar keinen unmittelbaren Vorteil bringen, wohl aber einen zukünftigen.

Jede Investition bringt eine augenblickliche Liquiditätseinbuße mit sich, um dafür in der Zukunft vermehrtes Kapital einzubringen. Wenn bei einer Konfliktsituation verschiedene Parteien unterschiedliches Vertrauen in die Zukunft haben, wird es möglich sein, der einen Partei zukünftige Werte im Austausch gegen augenblickliche Werte der anderen Partei anzubieten. Diese Werte würden in Gestalt besonderer, in das Abkommen aufzunehmender Vorteile garantiert. Es reicht nicht aus, lediglich die Hoffnung anzubieten, daß die Zukunft diese Werte erbringen wird – es muß einen Weg geben, einen Vorteil genau zu formulieren. So ist zum Beispiel ein Bezugsrecht auf Aktien ein wirklicher Vorteil, wohingegen die bloße Hoffnung, daß die Aktien einer Firma im Wert steigen werden, nicht als solcher angeboten werden kann.

VORTEILE MIT VORBEHALT

Wenn »etwas« geschieht, folgt daraus »etwas anderes«. Vorbehalte dienen dazu, Befürchtungen zu zerstreuen. Wenn das Verkehrsaufkommen des Flughafens ein bestimmtes Volumen erreicht hat, dann wird ein Nachtflugverbot verhängt werden. Es kann ebenso unrealistisch wie viel zu kostspielig sein, zur Zeit der Planung eines Konfliktergebnisses alle möglichen Befürchtungen zu zerstreuen. Vorbehaltsklauseln können da von großem Wert sein.

Es gibt noch eine andere Art solcher Vorbehaltsklauseln; wenn nämlich festgehalten wird, daß Vergünstigungen gewährt werden, sobald die zu erbringende Leistung einen bestimmten Stand erreicht hat. Das ist typisch für Vereinbarungen, die sich mit Produktivität befassen. Solche Klauseln schützen eine Partei vor leeren Versprechungen und belohnen die besondere Anstrengung.

AUFEINANDER BEZOGENE VORTEILE

Dabei handelt es sich um eine Art Versteigerung von guten Absichten. Eine Partei bietet an, etwas zu tun, wenn die andere nachzieht. In gewissem Sinne hat man es auch hier mit einem Vorbehalt zu tun. Die einzige Bedingung ist dabei nur die, daß die andere Partei bereit ist, sich ähnlich zu verhalten: Wir werden davon Abstand nehmen, Stellungnahmen zu dieser Frage zu veröffentlichen, wenn Sie ebenfalls darauf verzichten; wir werden unsere Gefangenen gegen die Ihren austauschen. Der Auktionscharakter liegt darin, daß die eine Partei

folgen muß, wenn die andere bereit ist, höher zu gehen. Wir werden
soundso viel bieten – können Sie mithalten? Dieser Aspekt von
Konfliktergebnissen wird meiner Meinung nach viel zu wenig genutzt,
wahrscheinlich, weil wir die Konfliktlösung eher als einen Kompromiß im Rahmen geforderter Vorteile ansehen, als eine Möglichkeit,
neue Vorteile zu schaffen, mit denen sich andere Wege zu einem
Ergebnis eröffnen.

GEMEINSAMER VORTEIL

Hier kommen die beiden Parteien wirklich in einem gemeinsamen
Unternehmen zusammen, das für beide Vorteile bringen wird. Statt
sich feindlich gegenüberzustehen, sind sie nun in diesem engen
Sinne Partner. Bei Bebauungsvorhaben ist es nicht unüblich, daß
sich die Bauträger mit der Planungsbehörde zusammentun, so daß
sie das bekommen, was sie haben wollen, die Planer dafür aber
etwas, das sie sonst nie erreicht hätten. Wie weiter oben erwähnt, ist
die negative Einstellung gegenüber dem Konflikt (wir sind im
Recht, sie sind es nicht) äußerst hinderlich, wenn es um das Planen
von Vorteilen eines Ergebnisses geht. Die herrschende Einstellung
ist noch immer: »Wieviel können wir dabei herausschlagen?« und
»Wie wenig müssen wir dabei abtreten?«

BELOHNUNGEN

In den Vereinigten Staaten gibt es Wirtschaftsbanditen, die die
Aktien einer Gesellschaft aufkaufen und dann mit einer Übernahme
drohen. Am Ende muß die Firma diese Aktien mit erheblichem
Aufschlag zurückkaufen, wenn sie die Bedrohung abwenden will.
Dies ist eine Form von Erpressung (blackmail), bei der Dollars
(greenbacks) im Spiel sind – daher die Bezeichnung »greenmail«.
Die Gefahr der Erpressung ist real, und wir müssen uns vorsehen,
daß wir nicht in ihre Nähe geraten. Und doch dürfen wir nicht
zulassen, daß der Gedanke daran jeden Versuch blockiert, Belohnungen in ein Konfliktergebnis aufzunehmen. Wir dürfen nicht
davon ausgehen, daß jeder Konflikt der Versuch eines Angreifers
ist, herauszufinden, »wieviel er dabei herausschlagen kann«.

13. Kreativität

Die Kreativität ist ein Schlüsselbestandteil des Entwurfsvorganges und deshalb ein wesentliches Element des bei der Konfliktlösung angewandten Verfahrens eines »geplanten Ergebnisses«. Ein Verständnis der Prinzipien – und der logischen Voraussetzungen – der Kreativität ist für jeden unbedingt erforderlich, der an dem planenden Verfahren der Konfliktbewältigung beteiligt ist. Unglücklicherweise weichen die Idiome des kreativen Denkens von denen der dialektischen Argumentation entscheidend ab. Aus diesem Grunde sind die Leute, die normalerweise mit der Konfliktlösung befaßt sind, zumeist am wenigsten in der Lage, die erforderliche Kreativität beizusteuern. Das ist nicht nur eine Frage des Talents oder des Temperaments; die Rolle der Streitenden beinhaltet, daß ihnen ganz einfach die Provokationen und Spekulationen der Kreativität nicht offenstehen. Daher die Notwendigkeit der dritten Partei im dreieckigen Denken.

Über die Kreativität wird eine Menge Unsinn geschrieben, weil sie – wie die Mutterschaft – automatisch als eine gute Sache angesehen wird. Ich ziehe es vor, die Kreatitivät als logischen Prozeß zu behandeln und nicht als eine Frage der Begabung oder der Mystik.

Wenn wir uns das Universum aktiver, sich selbst organisierender Informationssysteme ansehen, fangen wir an, die Logik solcher Systeme zu begreifen. Wir erkennen dann die Notwendigkeit des lateralen Denkens und können ferner wirkungsvolle, praktische Werkzeuge ersinnen.

Ich erfand vor vielen Jahren den Begriff des *lateralen Denkens*, weil der Begriff »Kreativität« zu allgemein, zu vage, zu sehr behaftet mit künstlerischen Konnotationen und zu wertbefrachtet ist. In Wirklichkeit sind viele kreative Leute nicht im geringsten kreativ. Viele Künstler sind insofern nicht mehr als produktive Stilisten, als sie in einem definierten Stil produzieren. Viele kreative Leute sind auch sehr starr. Sie mögen eine ungewöhnliche und wertvolle Idee haben, sie bleiben aber dann unnachgiebig bei dieser Idee stehen. Das kann man häufig in Forschungsabteilungen erleben, wo es immer wieder kreative Wissenschaftler gibt, die in ihrem Denken überaus starr sind. Ähnliches gilt für Werbeagenturen.

Das laterale Denken hat insbesondere mit der Fähigkeit zu tun, vorgegebenen Wahrnehmungs- und Vorstellungsmustern zu entfliehen, um neue Wege zu eröffnen, Dinge zu sehen oder zu tun. Die englische Entsprechung *lateral thinking* ist inzwischen durch Aufnahme in das *Oxford English Dictionary* zum offiziellen Bestandteil der englischen Sprache geworden. Im vorliegenden Buch habe ich das Wort »Kreativität« benutzt, weil es sein könnte, daß die meisten Leser den Begriff »laterales Denken« noch nicht kennen.

DER ERSTE FLUGAPPARAT

Warum waren die Gebrüder Wright die ersten Menschen, die flogen? Sie setzten nicht bei irgendeiner neuen Technologie an, die für andere unzugänglich gewesen wäre. Nein, sie hatten Erfolg, weil sie das Grundkonzept änderten — sie hatten Erfolg, weil sie das laterale Denken anwandten.

Alle, die sich mit der Planung von Flugapparaten befaßten, bauten zunächst kleine Modelle und ließen sie fliegen. Da diese Modelle von allein fliegen mußten, mußten sie entsprechend stabil sein. So war die Planung auf *stabile Fluggeräte* ausgerichtet. Jeder kleine Erfolg bedeutete einen Fortschritt in dieser Richtung. Da kamen die Gebrüder Wright und änderten das Planungskonzept. Sie beschlossen, *instabile* Flugzeuge zu bauen. Das gab ihrem Denken eine neue Richtung.

Wenn bei einem instabilen Flugzeug ein Flügel wegsackt, wird es in die Querlage geraten und abstürzen. Deshalb ist es notwendig, den relativen Auftrieb des Flügels zu vergrößern, um das Flugzeug wieder in eine normale Lage zu bringen. Den Gebrüdern Wright gelang das dadurch, daß sie die Flügel krümmten oder verdrehten. Sie entwickelten dafür eine Steuerung – und waren die ersten, die fliegen konnten.

Diese Geschichte veranschaulicht sehr gut, daß es für das laterale Denken schon genug sein kann, eine neue *Gedankenrichtung* anzugeben. Von da an kann diese Richtung mit logischem, technischem und experimentellem Denken verfolgt werden, das noch weitere kreative Beiträge leisten kann oder auch nicht. Das ist ein sehr wichtiger Punkt, weil wir oft ganz irrtümlicherweise glauben, die einzige Funktion der Kreativität sei es, Lösungen zu liefern. Oftmals aber ist ihre nützlichste Funktion die, *neue Richtungen* zu weisen. Wenn wir erst einmal anfangen, in diese neue Richtung zu denken, dann können Erfahrungen und bereits zur Verfügung stehende Ideen zu dem benötigten Entwurf zusammengefügt werden. Das ist für die Konfliktlösung von großer Bedeutung, denn oft kommt der Stillstand dadurch zustande, daß die beteiligten Parteien die Situation in recht starrer Weise sehen. Der bloße Vorschlag eines neuen Ansatzes kann schon ausreichen, das Denken auf eine Lösung zu in Bewegung zu setzen.

Es ist übrigens interessant, daß die gleiche Wirkung eines veränderten Konzepts später beim Bau des ersten durch Menschenkraft angetriebenen Flugzeuges zu beobachten war. Viele hatten schon mathematisch nachgewiesen, daß ein solches Flugzeug niemals fliegen könne, weil der Mensch gar nicht über ausreichende Kräfte verfüge. Mein alter Freund Paul MacCready war erfolgreich und gewann den Kramer-Preis, der schon so lange Zeit ausgeschrieben war. Statt so ein Flugzeug neu zu planen, wie das alle anderen versucht hatten, nahm er ein vorhandenes Leichtgewichtflugzeug und modifizierte es. Als Grundlage der Konzeption diente ihm der Hanggleiter.

Es gibt drei grundlegende Arten von Fortschritt: technischen Fortschritt, Systemfortschritt und Ideenfortschritt. Ich werde auf alle drei sogleich näher eingehen.

TECHNISCHER FORTSCHRITT

Der technische Fortschritt begleitet uns auf unserem Weg. Wenn es eine neue technische Entwicklung gibt, passen wir sie sofort dem an, was wir tun. Wir machen sie uns zunutze.

Das Düsenaggregat kommt daher – und sogleich bauen wir es

anstelle der Kolbenmotoren in die Flugzeuge ein. Der Transistor wird erfunden, und wir nutzen ihn sofort, um durch ihn die Röhren zu ersetzen, die bei elektronischen Systemen wie Radio, Fernsehen, Computer usw. die Verstärkung geleistet hatten.

Der technische Fortschritt ist so unglaublich schnell, weil wir bereit sind, die Neuentwicklungen zu nutzen. Wir können sie sofort »einstöpseln«. Der Fortschritt ist in Wirklichkeit geometrisch. Niemand außer den Herstellern der überflüssig gewordenen Produkte erhebt Einspruch gegen ihn.

Kreativität ist erforderlich, um das Potential der Neuentwicklung würdigen zu können. Kreativität ist nötig, um die Neuentwicklung »einzupassen« und ihr Potential zu maximieren. Es bedarf noch großer Kreativität, um unsere Computer- und Telekommunikationstechnologie am besten für uns nutzbar zu machen. Wir haben noch nicht einmal von unserer Fernsehtechnologie vollen Gebrauch gemacht. Wir haben allenfalls unsere Waffentechnologie genutzt, um den Gedanken der gegenseitigen Abschreckung zu entwickeln.

SYSTEMFORTSCHRITT

Der Systemfortschritt vollzieht sich viel langsamer als der technische Fortschritt. Beim Systemfortschritt können die Elemente bereits verfügbar und schon lange Zeit vorhanden sein, bevor jemand aus ihnen ein neues Konzept entwickelt. Diese Art von Fortschritt ist typisch für das Planen oder Entwerfen. Es gibt keinen plötzlichen Input, sondern es macht sich jemand daran, Dinge in einem Entwurf zusammenzufügen – und hat mit diesem Entwurf Erfolg.

Zwischen dem Entstehen der Elemente und ihrem Einfügen in einen Entwurf können Jahre oder Jahrzehnte oder eine noch längere Zeit liegen. Alles hängt vom Willen und vom Talent ab, das heißt, vom Willen der Menschen zu dem Versuch, Dinge in Entwürfen zusammenzubringen, und vom Talent derjenigen, die diesen Versuch unternehmen.

Es ist genau diese Art von Fortschritt, die für die entwerfende Methode der Konfliktlösung erforderlich ist. Wie können die verschiedenen Elemente (die das *Denken-2* und die Anfertigung der Karte liefern) in ein Ergebnis eingebracht werden?

Ein klassisches Beispiel für einen solchen Systemfortschritt ist der europäische Gemeinsame Markt. Das Rote Kreuz und die Genfer Konvention sind weitere Triumphe des konstruktiven Entwerfens. Wichtig ist, daß am Systemfortschritt nichts Unausweichliches ist. Wir können durchaus in einem ineffizienten System steckenbleiben, einfach weil sich niemand darangemacht hat, ein besseres zu entwerfen. Es dauerte Jahre, bis das simple System der »einen Schlange« Eingang in Banken, Büros und bei Fluggesellschaften fand (alle stellen sich in einer Schlange an, und der vorderste geht zu dem Schalter, der gerade frei geworden ist, statt daß es vor jedem Schalter eine eigene Schlange gibt und man hinter einem »schwierigen Fall« hängenbleibt).

IDEENFORTSCHRITT
Der ist in der Tat langsam. Das erklärt, warum wir so große technische und so geringe soziale Fortschritte gemacht haben; warum unsere Waffensysteme so hoch entwickelt sind, unser Konfliktdenken aber so primitiv ist.

Diese Art von Fortschritt ist direkt auf sich selbst organisierende Systeme und einige der Punkte bezogen, die ich in dem Kapitel über die Kontinuität angeschnitten habe. Initialerfahrungen bilden ein Muster oder Strukturen. Ist ein Muster da, dann bestimmt es die Art, wie jede weitere Erfahrung behandelt wird. Das Muster stützt sich selbst und wird immer stärker. Als Wahrnehmung organisiert es die zukünftige Erfahrung, als Struktur die Gesellschaft um sich herum. Wie wir schon gesehen haben, kontrollieren dann die Ideen, die in die Sprache eingetreten sind, unser Denken.

Da, wo der Fortschritt von unserer Fähigkeit abhängt, einen *Rückzug* anzutreten, um einem gegebenen Muster zu entgehen, wird er tatsächlich nur langsam vonstatten gehen. Unser Denken ist dafür einfach nicht gemacht, auch nicht unsere Denkgewohnheiten. Deshalb müssen wir speziell das laterale Denken entwickeln, das auf eine Veränderung von Mustern ausgerichtet ist.

WARUM DIE GEISTIGE EVOLUTION NICHT AUSREICHT
Wenn wir nicht an die Kreativität glauben, dann müssen wir uns auf die Evolution der Ideen verlassen. Das bedeutet, daß vorhandene

Vorstellungen beständig durch neue Erkenntnisse verbessert werden. Eine Idee wird als ein Garten angesehen, der durch fortwährende Pflege weiter verbessert werden kann. Der Fortschritt geht immer nach vorn, von der vorhandenen Version zu einer besseren.

Wir könnten auch glauben, daß die Ereignisse und die Veränderungen des Umfeldes einen evolutionären Druck auf die Ideen ausüben. Dieser Druck formt dann die Ideen und macht sie besser. So wird etwa der Druck der Gewerkschaften auf das Management zu einer allmählichen Verbesserung der Vorstellungen von Arbeit im Kapitalismus führen. Die Rolle des Denkers ist die, zu den Kräften beizusteuern, die die Ideen verbessern. Es reicht deshalb aus, Kritik zu üben und Klage zu führen, denn das erzeugt evolutionären Druck.

Das ist es, was wir tatsächlich glauben. Ein Politiker sieht sich in der Rolle eines Autofahrers am Steuer. Das Auto fährt vorwärts. Die Straße ist schwierig und kurvenreich. Aufgabe des Fahrers ist es, das Auto mit Gefühl zu steuern und es auf der Straße zu halten. Die Frage der Wahl des Autos, der Route oder des Zieles, ja sogar die der Motorleistung stellt sich überhaupt nicht. Alles ergibt sich aus dem »natürlichen Ablauf der Dinge«, das heißt aus den unzähligen Veränderungen, die zusammen den Fortschritt ergeben.

Dieses Bild weist zwei sehr ernsthafte Einschränkungen auf. Die erste ist die, daß überhaupt keine Rückwärtsfahrt vorgesehen ist, das heißt, keine Auflösung einer Idee, die ihre Gültigkeit verloren hat und den Fortschritt blockiert. Es reicht nicht, bei jedem Schritt recht zu haben. Wir können gelegentlich dazu genötigt sein, zurückzusetzen und eine andere Route zu nehmen. Wir finden das nur sehr schwer.

Die zweite Einschränkung ist die, daß der Fortschritt sehr langsam sein kann, wenn wir auf die Evolution warten wollen. Alle Elemente können schon lange da sein, bevor sie die Evolution zu neuen Vorstellungen formt. Wir können uns diese Langsamkeit aber angesichts der Schnelligkeit des technischen Fortschritts nicht mehr leisten.

Wir müssen daran denken, daß es viele evolutionäre Sackgassen gibt. Die Evolution kann durchaus eine falsche Richtung einschlagen. Eine von einer besonderen Anordnung von Umständen bestimmte Evolution könnte eine falsche Richtung nehmen, wenn sich diese Umstände ändern. Ein Tier, das die Fähigkeit entwickelt hat, schnell Wärme abzugeben, müßte sehr schnell aussterben, wenn das Klima kälter würde. Politische Systeme, die für stabile Gesellschaften geplant sind, könnten sich als unbrauchbar erweisen, wenn unsichere Zeiten heraufziehen.

BLOCKIERUNG

Wir können den Mangel an Kreativität einfach als die Unfähigkeit ansehen, eine bessere Idee zu ersinnen. Aber wir sollten niemals vergessen, daß die Existenz eines gängigen Konzepts oder einer Institution tatsächlich das Entstehen von Besserem *blockieren* kann. Die Tatsache, daß eine Vorstellung von »Universität« da ist, kann die Entwicklung eines neuen Typs von Bildungssystem verhindern, das das ganze Leben umfaßt. Wenn die Elemente und Ressourcen in bestimmter Weise gebunden sind, dann sind sie nicht mehr frei, um auf andere Art neu zusammengefügt zu werden. Schon unsere Vorstellungen vom »Aushandeln« machen es schwer, bessere Möglichkeiten der Festlegung von Löhnen und Gehältern zu entwerfen. Es ist nicht einfach so, daß die Angemessenheit einer Vorstellung oder die Selbstzufriedenheit, mit der sie vertreten wird, jede Motivation zu Entwurf oder Planung verhindert – dazu kommt das Problem, sich einem vorherrschenden Muster entziehen zu müssen, um Dinge anders sehen zu können.

Die Trennung von Kapital und Arbeit macht es schwer, die Idee zu entwickeln, daß die Arbeiter, statt von ihnen ersetzt zu werden, Eigner der Industrieroboter sein könnten.

Die Wörter »Arbeiter« und »Arbeit« dienen dazu, Vorstellungen versteinern zu lassen, die einer Veränderung bedürften.

DAS DILEMMA DER KREATIVITÄT

Wir kommen nun zu dem Grund, warum die Gesellschaft – sieht man vom künstlerischen Bereich ab – ganz gut ohne eine sonderliche Beachtung der Kreativität zurechtgekommen ist.

Jede kreative Idee wird sich immer im nachhinein als logisch erweisen.

Da jede wertvolle kreative Idee im nachhinein logisch ist, geht

man dann davon aus, daß es überhaupt keiner Kreativität, sondern
schlicht einer besseren Logik bedarf. Was folgt ist, daß schließlich
die Logik das vollständige Denksystem ausmacht. Das ist ein sehr
ernsthafter Irrtum, der die Entwicklung der Kreativität aufgehalten
hat.

Wie ich in einem vorangegangenen Kapitel erläutert habe, ist die
Wahrnehmung ein sich selbst organisierendes Informationssystem,
in dem sich die hereinkommende Information selbst zu Mustern
formiert. Wir können diese Muster als Pfade oder Kanäle ansehen,
da jedem besonderen Zustand unweigerlich ein anderer folgt, so daß
wir dem Muster, haben wir seinen Anfang, bis zu seinem Ende
folgen können.

Man stelle sich nun die Möglichkeit von Nebenmustern vor,
vergleichbar etwa den Nebenstraßen, die von einer Hauptstraße
abzweigen. Wenn wir zu solch einem Nebenmuster gelangen, müssen wir dann anhalten und darüber nachdenken, welcher Richtung
wir folgen wollen? Wenn das so wäre, würden wir ewig schwanken
– wir müßten ein weiteres Gehirn haben, das die Entscheidungen
fällt. Das ist aber nicht notwendig. Die Architektur der Nerven ist
so angelegt, daß das dominante Muster im Augenblick andere
Muster unterdrückt. Auf diese Weise zeichnet sich das Hauptmu-
ster selbst klar ab, und wir folgen ihm. Da ist keine Magie im Spiel.

Sollten wir jedoch von einem anderen Punkt aus einen Nebenweg
betreten, dann können wir leicht zum Hauptweg zurückgehen. Das
nennen wir die »Asymmetrie von Mustern«. Wir bewegen uns auf
dem Hauptpfad nur in einer Richtung, können uns aber auf dem
Seitenpfad zurückbewegen. Die Asymmetrie bildet die Grundlage
sowohl des Humors als auch des lateralen Denkens. Beim Humor
bringt uns der Humorist zum Seitenpfad hinüber und läßt uns
unseren Weg gleichsam zurücksausen. Beim lateralen Denken helfen uns die verschiedenen Techniken der Provokation, zum Seitenpfad hinüberzuwechseln.

Wir können eine kreative Idee nur dann als wertvoll erkennen,
wenn es einen Pfad gibt, der von dieser Idee aus zurück zu unserem
Ausgangspunkt führt. Wir werden sie nur dann als wertvoll akzeptieren, *wenn es einen logischen Weg zu ihr gibt*. Ja, wir können eine
kreative Idee nur dann erkennen, wenn sie sich im nachhinein als

logisch erweist. Es kann eine Fülle kreativer Ideen geben, die uns alle nichts sagen, weil wir keine logische Möglichkeit haben, sie zu erkennen.

Die Annahme, daß eine kreative Idee von vornherein auf logischem Wege zu erreichen sein müßte, weil sie sich später als logisch erweist, mißversteht das Verhalten musterbildender Systeme vollkommen. Und genau das *haben wir immer getan*. Das ist ein ernster, grundlegender Fehler unserer Denkkultur.

Gerade deshalb ist es ja so wichtig, das Wesen musterbildender Systeme zu verstehen. Die traditionelle, sprachgebundene Logik und Philosophie sind einfach unfähig, die Kreativität zu begreifen – weshalb sie uns immer als ein so großes Wunder erschienen ist.

TECHNIKEN DES LATERALEN DENKENS
Ich habe mehrere Bücher über die Techniken des lateralen Denkens geschrieben und möchte hier deshalb nicht ins Detail gehen. Ich möchte lediglich einige Punkte ansprechen und zeigen, wie Techniken der Kreativität angewandt werden können.

Wenn die Wahrnehmung ein musterbildendes System ist – und man kann nur schwer erkennen, wie sie irgend etwas anderes sein könnte –, dann sind diese Techniken ein wesentlicher Bestandteil des Denkens. Sie sind kein Luxus. Sie sind notwendig, um bestehenden Mustern zu entkommen und zu neuen Mustern hinüberzugelangen.

BEWEGUNG
Für das normale Denken ist das Urteilsidiom von grundlegender Bedeutung. Entspricht das der Erfahrung? Ist es richtig? Wird es funktionieren? Wenn die Idee nicht der Erfahrung entspricht, wird sie verworfen.

Beim lateralen Denken müssen wir das Urteil gegen ein anderes Idiom austauschen. Das neue Idiom heißt »Bewegung«. Wohin bringt mich diese Idee? Was legt dies nahe? Was bringt mir dies? Welches ist der Bewegungswert dieser Idee?

Das Urteil ist wie die Prosa: Entscheidend ist der »rückwärts gerichtete« oder deskriptive Wert dessen, was ist. Bewegung ist wie die Dichtung: was zählt, ist der »nach vorn gerichtete« oder potentielle Wert dessen, was sein kann.

Jede Idee, egal wie falsch oder unlogisch, kann wegen ihres Bewegungswertes genutzt werden. Das Radar wurde erfunden, weil jemand den Bewegungswert der absurden Idee nutzte, man könne mit einem Radiowellenstrahl Flugzeuge abschießen.

Das Verständnis des Bewegungsidioms ist wesentlich für ein Verstehen des lateralen Denkens.

PROVOKATION

Es mag keinen Grund dafür geben, etwas zu sagen — bis es gesagt worden ist.

Diese Feststellung steht der normalen Logik völlig entgegen und definiert doch die Provokation. Der Zweck der Provokation ist es nämlich, uns dahin zu bringen, daß wir Dinge auf andere Art sehen. In gewissem Sinne sind auch eine wissenschaftliche Hypothese oder Einsteins Gedankenexperimente eine Provokation. Interessant dabei ist, daß die westliche Wissenschaft nicht deshalb Fortschritte gemacht hat, weil sie sich beim Angriff auf oder bei der Verteidigung von Hypothesen der dialektischen Methode bediente (wie das die meisten westlichen Wissenschaftler glauben), sondern die Fortschritte sind dem provokativen Wert der Hypothesen (der der chinesischen Wissenschaft unbekannt ist) zu verdanken.

Ohne das Bewegungsidiom wäre die Provokation sinnlos. Wir würden die Idee einfach aufgrund der Beurteilung verwerfen. Die Bewegung jedoch ermöglicht es uns, die Provokation gleichsam als Trittstein zu benutzen — um zu sehen, wohin wir gehen können.

Die Verbindung von Provokation und Bewegung ist also von fundamentaler Bedeutung für das laterale Denken.

Wie logisch ist dieses Verfahren? In einem musterbildenden System ist es vollkommen logisch. Wir benutzen die Provokation, um von dem Hauptpfad wegzukommen. Ist das erreicht, können wir den Weg zurück zum Ausgangspunkt finden — aber mit einer neuen Idee. Die Asymmetrie von Mustern macht es logisch, neue Einstiegspunkte zu gewinnen. Wir brauchen die Provokation, um uns aus vorhandenen Mustern herauszuzwingen.

Eine Provokation kann sehr viel extremer sein als eine Hypothese (die vernünftig sein muß). Bei der Hypothese zählt das Urteil, bei einer Provokation die Bewegung.

DAS NEUE WORT »PO«

Vor vielen Jahren ersann ich das neue Wort »PO« als ein Sprachsignal, das eine Provokation anzeigen soll. Das Wort signalisiert, daß eine Feststellung außerhalb des Urteilssystems vor allem wegen ihres provokativen Wertes getroffen wird.

»PO: Die Fabrik sollte flußabwärts von sich selbst liegen.«

Das ist für die Errichtung einer Fabrik an einem Fluß unlogisch. Aber die Provokation führt direkt zu der Überlegung, daß eine Fabrik durch Gesetz dazu angehalten werden sollte, zur Verringerung der Wasserverschmutzung die Wasserentnahme flußabwärts von der Abwassereinleitung zu installieren (so würde sie sich intensiver um die Klärung des Wassers kümmern müssen).

»PO: Wir erhöhen die Augenzahl der Polizei statt ihrer personellen Stärke.«

Diese Provokation stand im Zusammenhang mit der Straßenkriminalität, die zu einer Reihe von Problemen gehörte, mit denen mich der Herausgeber des *New York Magazine* 1971 konfrontierte. Aus dieser Provokation ergab sich der Gedanke, die Bürger zu Augen der Polizei zu machen, ein Vorschlag, den die Zeitschrift noch im gleichen Jahr veröffentlichte. Seitdem sind 20 000 Kommunen in den Vereinigten Staaten dem Gedanken einer »Bürgerwacht« gefolgt, der in einer erheblichen Verringerung bestimmter Arten von Kriminalität seine Bestätigung gefunden hat.

»PO: Flugzeuge sollten auf dem Rücken landen.«

Das scheint totaler Blödsinn zu sein, aber die Bewegung führt von dieser Provokation zu der Idee eines abwärts wirkenden Auftriebes. Das wieder führt zu dem Gedanken an irgendein Verfahren, mit dem einem Flugzeug beim Landeanflug eine aufwärtsweisende Schräglage gegeben werden könnte. Sollte ganz plötzlich zusätzlicher Auftrieb erforderlich werden, könnte diese sofort aufgehoben werden, wodurch augenblicklich ein Reservoir an Auftriebskräften zur Verfügung stünde.

Es gibt viele formale Wege der Provokation. Ebenso gibt es viele formale Möglichkeiten, einer Idee Bewegung abzugewinnen. Da ist überhaupt nichts Wunderbares dran. Jede Operation ist in sich logisch.

Eine überraschend einfache und wirkungsvolle Technik, zu

einem neuen Einstieg zu gelangen, ist die, ein »beliebiges Wort« zu
benutzen. In logischer Hinsicht ist das absoluter Unsinn, weil ein
wahlloses Wort per definitionem überhaupt nichts mit der zur
Debatte stehenden Sprache zu tun haben kann. In einem musterbildenden System aber ist dieser wahllose Ausgangspunkt vollkommen
logisch. In der Praxis funktioniert diese Methode tatsächlich sehr
gut, und viele kreative Leute bedienen sich ihrer heute ganz automatisch. Die Technik des »beliebigen Wortes« zeigt im übrigen sehr
gut, warum es notwendig ist, die »Systembasis« der Wahrnehmung
zu kennen, wenn man Denkwerkzeuge entwickeln will. Das Herumspielen mit Wörtern reicht da einfach nicht aus.

DAS AKZEPTIEREN VON IDEEN

Eine der Schwierigkeiten der Kreativität liegt darin, daß jede neue
Idee vor dem Hintergrund der alten Idee bewertet und akzeptiert
werden muß. Es ist nur selten möglich, Ideen direkt auszuprobieren. Der Vorschlag einer im lateralen Denken geschulten Gruppe
von Kindern, ein Werk der chemischen Industrie solle das Problem,
Leute für die Arbeit in den Wochenendschichten zu finden,
dadurch lösen, daß es spezielle, nur für die Arbeit am Wochenende
vorgesehene Arbeitskräfte einstelle, wurde keineswegs unmittelbar
akzeptiert. Der Gedanke widersprach aller Erfahrung mit der Motivation von Arbeitskräften. Schließlich probierte man die Sache aber
aus, und sie erwies sich als großer Erfolg.

So hat der Designer von Ideen die Doppelaufgabe, Ideen zu
ersinnen, die funktionieren werden und zugleich für die alten
Idiome akzeptabel sind, mit denen sie beurteilt werden. Das ist eine
schwere Aufgabe, aber es ist das Normale für den Designer. Man
kann von niemandem verlangen, daß er nach einer Idee handelt, die
keinen Sinn zu ergeben scheint. Die Provokation stellt nur einen
Schritt dar. Am Ende muß eine Idee praktikabel und sinnvoll sein.

LATERALES DENKEN UND KONFLIKTDENKEN

Das laterale Denken ist eines der Werkzeuge, die für das entwerfende Verfahren der Konfliktlösung benötigt werden. Bei vielen
Designer-Schulen auf der ganzen Welt sind meine Bücher über das
laterale Denken schon seit Jahren Pflichtlektüre. Die Veränderung

von Vorstellungen und Wahrnehmungen ist ein zentraler Teil des Entwurfsvorganges.

Das laterale Denken kann ganz einfach dazu benutzt werden, dem Denken eine neue Richtung zu geben. Daraufhin können sich dann Logik und Erfahrung in dieser Richtung bewegen. Laterales Denken kann auch benutzt werden, ein bestimmtes Problem zu lösen. Laterales Denken kann eingesetzt werden, um an einem bestimmten Punkt eine Idee zu liefern: »Wir brauchen eine Idee, um . . .«

Laterales Denken ist ebenso ganz allgemein eine Art des Denkens (Bewegung und Provokation) wie auch ein Satz von Werkzeugen, die eingesetzt werden können. Ein leitender Angestellter der Hongkonger Niederlassung der Bank of America berichtete mir einmal, daß er und seine Kollegen die Technik des beliebigen Wortes angewandt hätten, um ein neues Investitionsinstrumentarium zu schaffen.

Laterales Denken ist eine Sache des Verstehens, des Geschicks und der Erfahrung. All das bereitzustellen ist eine weitere Aufgabe der dritten Partei im dreieckigen Denken.

ZUSAMMENFASSUNG

Die Evolution von Vorstellungen und Begriffen genügt nicht. Wir brauchen Möglichkeiten, aus gedanklichen Sackgassen wieder herauszukommen. Wir brauchen Möglichkeiten, in überholten Vorstellungen gefangene Elemente freizusetzen, um sie für bessere Entwürfe nutzen zu können.

Kulturell waren wir niemals in der Lage, die Grundlagen der Kreativität zu verstehen, weil wir das sich selbst organisierende Wesen der Wahrnehmung nicht begriffen haben. Da jede kreative Idee von Wert im nachhinein logisch sein muß (andernfalls könnten wir die Idee niemals erkennen), glauben wir irrtümlich, daß man zu solchen Ideen auch durch eine bessere Logik gelangen könne. Das ist Unsinn.

Laterales Denken ist ein weniger allgemeiner Begriff als Kreativität – seine Aufgabe ist die Veränderung von Mustern. Statt des Urteils gibt es Bewegung. Da werden Provokationen geäußert, die durch das neue Wort PO angezeigt werden. Es gibt Techniken, die gezielt angewandt werden können, um fest umrissene Aufgaben zu erfüllen.

Das laterale Denken ist zentraler Bestandteil des entwerfenden Denkens — und deshalb zentraler Bestandteil der Konfliktlösung durch ein entworfenes Ergebnis.

14. Die Rolle der dritten Partei beim Konfliktdenken

Zweck der dritten Partei ist es, einen zweidimensionalen Kampf in eine dreidimensionale Erkundung umzuwandeln, die zum Entwurf einer Lösung führt.

Ein Konflikt sollte kein Kampf, sondern eine Entwurfsübung sein.

Die dritte Partei ist keine Zugabe oder Hilfe, sondern integraler Bestandteil des Entwerfens.

Ich möchte sehr deutlich hervorheben, daß mir nicht Kompromiß oder Übereinstimmung vorschwebt. Und auch nicht eine Verhandlung im üblichen Sinne dieses Wortes. Es geht weder um eine Schlichtung noch um einen Handel. *Es geht schlicht und einfach um einen Entwurf.*

Bei einer Konfliktsituation ist es durchaus normal, daß beide Parteien mit vollem Vertrauen in die Stärke ihrer Sache, ihrer Muskeln und ihres Durchhaltevermögens in den Kampf gehen. Dann aber kommt der Punkt, an dem deutlich wird, daß wahrscheinlich keine von ihnen einen leichten Sieg erringen wird. Jetzt wird die Sache zu einer Frage des Aushaltens – in der Hoffnung, daß die andere Seite aufgeben wird, oder auch, weil es keinen Ausweg gibt. Am Ende bietet die Erschöpfung den Rahmen für einen ausgehandelten, das Gesicht rettenden Kompromiß. Das alles hat ganz und gar nichts mit dem Entwurf eines optimalen Ergebnisses zu tun. Die Abschlußverhandlung ist vielmehr eher ein übertünchendes Rettungsmanöver als ein konstruktiver Entwurf.

DIE NOTWENDIGKEIT EINER DRITTEN PARTEI

Immer wieder habe ich im Verlauf meiner bisherigen Ausführungen auf Aspekte des Denkens hingewiesen, für die eine dritte Partei zuständig sein müßte. Dafür gibt es zwei Gruppen von Begründungen:

1. weil die Parteien aufgrund der Tradition, des Trainings und der Selbstgefälligkeit in der argumentierenden Art des Denkens feststecken; weil sie einfach nicht über die Fertigkeit und die Erfahrung in lateralem Denken und im Entwurfsidiom verfügen;

2. weil die an einem Konflikt beteiligten Parteien auch beim besten Willen bestimmte Denkoperationen nicht ausführen können, da diese nicht mit ihrer Stellung im Konflikt in Einklang zu bringen wären. Die Struktur der Situation verhindert dies.

Die zuerst genannten Gründe ergeben einen ganz praktischen Bedarf an einer dritten Partei. Die unter zweitens aufgeführten Argumente begründen eine logische Notwendigkeit.

Ich sollte auch anfügen, daß gute Absicht, verbunden mit einer Einsicht in die Entwurfsnotwendigkeiten, noch nicht die Art von Denken ersetzen kann, die erforderlich ist. Wenn man etwas von Skulpturen versteht, ist man noch kein Bildhauer. Denken ist nicht einfach mit Intelligenz gleichzusetzen. Denken ist die operative Fertigkeit, mit der Intelligenz Erfahrung verarbeitet.

Ich möchte nun die Art von Aufgaben darstellen, die die dritte Partei im Rahmen der Methode des dreieckigen Denkens übernehmen soll.

STIMMUNG UND EINSTELLUNG

Öl und Wasser verbinden sich nicht. Der Zusatz eines Emulgators erst ergibt eine Emulsion, in der das Wasser mit winzig kleinen Tröpfchen Öl vermischt ist. Das Ergebnis ist eine Mixtur für alle möglichen praktischen Verwendungszwecke. Es wäre die Aufgabe der dritten Partei, die Umgebung und die Stimmung so zu gestalten, daß sich die an dem Konflikt beteiligten Parteien in freundlicher Atmosphäre austauschen können. Die Erfahrung lehrt, daß die richtige Umgebung sehr viel zu der Art und Weise beitragen kann, in der Gespräche geführt werden. Wie ich in einem vorangegangenen Kapitel erwähnt habe, begrenzt eine überwiegend feindliche Stimmung die Zahl der verfügbaren Ideen. Man muß Feindseligkeit nicht mehr in emotionalem Sinne signalisieren, wenn sie bereits durch die bezogenen Positionen offensichtlich geworden ist. In der Praxis kann eine dritte Partei sehr viel dazu beitragen, eine feindselige Stimmung zu ändern, während die beteiligten Parteien da nur wenig machen können.

VOM KONFLIKT WEGSTEUERN

Es geschieht bei einer erkundenden Diskussion äußerst leicht, daß sie in das Stadium des Streitgespräches zurückfällt. Das ist dann wie bei einem Routinestreit zwischen Eheleuten. Der Streit mag sich an etwas Nichtigem entzündet haben, verwandelt sich aber im Nu in einen Austausch von Feindseligkeiten, wobei viel grundsätzlichere Dinge zur Sprache kommen.

Es ist Aufgabe der dritten Partei, solche Ansätze zum Konflikt zu erkennen und sofort zu zerstreuen.

»Zweck dieses Gesprächs ist es nicht zu zeigen, wer im Unrecht ist.«

Bei einiger Erfahrung kann eine geschickte dritte Partei alle Ansätze zu Konflikten ungehobelt und fehl am Platze erscheinen lassen.

EINZELSCHRITTE UND TAGESORDNUNG

Die dritte Partei legt die einzelnen Schritte der Erkundungs- und Entwurfsübungen fest. Nur ein Schritt wird jeweils getan – und dazu bedarf es großer Disziplin. Die ist wichtig, weil sonst der Versuch gemacht wird, alles auf einmal in der üblichen, argumentierenden Weise zu diskutieren.

Die Tagesordnung wird nicht im Verlauf von Konsultationen zwischen den beteiligten Parteien, sondern direkt von der dritten Partei festgelegt. Das geschieht deshalb, weil eine Tagesordnung oft so angelegt ist, daß sie einer bestimmten Beweisführung mehr entgegenkommt als einer anderen. Im Idealfall sollte eine Tagesordnung quer durch alle Beweisführungen laufen, statt sie nur zu reflektieren. Wenn die Parteien die Tagesordnung nicht mögen, ist das ihr Pech.

DENKRICHTUNGEN

Die dritte Partei ist Zirkusdirektor oder Orchesterdirigent. Es ist die Aufgabe der dritten Partei, an jedem Punkt die spezifischen Denkoperationen abzurufen. Statt eines punktuellen Denkens, bei dem die Diskussion schlicht von Punkt zu Punkt dahingleitet, ist hier eine Strukturierung gegeben. Bestimmte Denkoperationen müssen durchgeführt werden.

Ist die Richtung festgelegt, wird alles zu einer Frage der Erkundung, wie man in dieser Richtung vorankommen kann.

»Wie können wir erreichen, daß diese Handlungsweise an Attraktivität verliert?«

Die dritte Partei sollte nicht zögern und plädieren. Auch darf nie eine Klassenzimmeratmosphäre aufkommen. Alles gleicht viel eher dem Spiel auf einer »Denkklaviatur«. Eine Bitte ist stets präzise und bestimmt.

Wenn einer Bitte nicht nachgekommen wird, wird sie wiederholt. Jedes Versäumnis, ihr zu entsprechen, wird sichtbar gemacht.

KARTENANFERTIGUNG UND DENKEN-2

Die verschiedenen Werkzeuge für die Denkphase des Kartographierens können angefordert werden. Prioritäten können verlangt sein (FIP) oder Alternativen (APC). Es kann darum gebeten werden, über die Ansichten anderer Beteiligter nachzudenken (OPV). Die dritte Partei kann darum bitten, daß eine Idee in die Zukunft projiziert wird, um auf der Karte zu verzeichnen, was geschehen könnte (C & S). Es können Werte, Sorgen und Ängste skizziert werden.

Wie ich in dem Kapitel über das Anfertigen von Karten deutlich gemacht habe, wird jede Operation einzeln und als in sich begründet durchgeführt. Zu diesem Zeitpunkt wird kein Versuch unternommen, dieses bestimmte Teilstück der Karte in die Gesamtkarte einzufügen. Deshalb muß jedem Versuch widerstanden werden, ein kartographiertes Teilstück zur Grundlage einer Argumentation zu machen.

Die Regeln des Denken-2 müssen strikt eingehalten werden. Das mag zunächst künstlich erscheinen und abgelehnt werden. Aber bald wird man die Disziplin begrüßen, weil sie den Denker von der

Notwendigkeit befreit, stets das Gesamtbild im Kopf haben zu müssen. Jeder einzelnen Operation wird nur eine relativ kurze Zeit zugebilligt. Das bringt die Beteiligten allmählich dazu, sich direkt auf die jeweilige Operation zu konzentrieren, statt in eine allgemeine Diskussion zurückzudriften. Es ist erstaunlich, wieviel Denken in einer so kurzen Zeit wie drei Minuten geleistet werden kann – vorausgesetzt, es wird konzentriert gedacht.

BRENNPUNKT

Auf allgemeiner Ebene spielt der »Brennpunkt« bei der Festlegung der einzelnen Schritte und der Tagesordnung eine Rolle. In einem spezielleren Sinne ist es die Aufgabe der dritten Partei, auch zwischendurch Brennpunkte zu bezeichnen.

»Wir wollen uns mal kurz auf die Frage der Entschädigung konzentrieren.«

Die Bezeichnung eines Brennpunktes ist die eine Seite; die andere ist die, dafür zu sorgen, daß die Konzentration der Beteiligten auf diesen Brennpunkt nicht nachläßt. Es ist also auch Aufgabe der dritten Partei, die Denker immer wieder an den Brennpunkt des jeweiligen Augenblicks zu erinnern.

Es erfordert großes Geschick, den Brennpunkt zu bestimmen. Die Art, wie ein Problem definiert wird, kann einen großen Einfluß auf die Art ausüben, in der es gelöst wird. Die Art und Weise, wie ein Problem in Teilprobleme aufgespalten wird, kann die Denkaufgabe erleichtern und abgeklapperte Lösungen verhindern.

Es erfordert ebenfalls Geschick, die Aufmerksamkeit auf Dinge zu lenken, die in der Diskussion nur kurz angetippt, dann aber als wichtig erkannt werden. Wenn die Aufmerksamkeit nicht intensiv auf solche Dinge gerichtet ist, kann es geschehen, daß ihnen keine unmittelbare Beachtung zuteil wird und sie das Opfer von Vermutungen bleiben.

FESTGEFAHREN

Wenn sich eine Diskussion festgefahren hat, ist es die Aufgabe der dritten Partei, sie wieder in Gang zu bringen. Das kann dadurch erreicht werden, daß man die Aufmerksamkeit auf eine andere Sache lenkt oder die dritte Partei einige weitere Ideen einbringt.

Wenn keine neuen Ideen zum Vorschein kommen, kann es sich als nützlich erweisen, eine Technik der Stimulation wie etwa die des »beliebigen Wortes« des lateralen Denkens zu benutzen. Im allgemeinen eröffnet das neue Gedankengänge.

Es ist vollkommen in Ordnung, wenn die dritte Partei zugibt, daß das Denken an diesem bestimmten Punkte steckengeblieben ist. Der Versuch kann dann unternommen werden, herauszufinden, warum das passiert ist.

Eine andere Möglichkeit, mit einer festgefahrenen Diskussion fertig zu werden, ist die, eine Pause zu machen.

KREATIVITÄT UND LATERALES DENKEN

Hier haben wir eine Hauptaufgabe der dritten Partei. Dies deshalb, weil sie wahrscheinlich mehr Fachkenntnis auf diesem Gebiet hat als die anderen Denker. Und deshalb, weil die dritte Partei als einzige in der Lage ist, zu provozieren und zu sondieren. Bis sich das kreative Idiom ganz durchgesetzt hat, wird jede Provokation, die von einer der disputierenden Parteien kommt, von der anderen mit äußerstem Mißtrauen betrachtet werden. Ist das ein Signal? Spiegelt es innere Gedanken? Ist das eine raffinierte Art, einen Stellungspunkt zu erzielen?

In einem vorangegangenen Abschnitt habe ich die Wichtigkeit der Angabe neuer Denkrichtungen erwähnt.

»Können wir ein Abstimmungsverfahren schaffen, mit dem wir solche Kandidaten, die Uneinigkeit stiften, rausschmeißen können?«

Der dritten Partei steht es frei, Provokationen jeder Art zu äußern und die anderen Denker dann zu bitten, diese zum Ausgangspunkt ihres Denkens zu machen.

»PO: Die Geiseln haben von ihrer Gefangenschaft profitiert.«

Die dritte Partei ist weit besser in der Lage, einer spekulativen Idee nachzugehen oder vorsichtige Ideen zu bestärken. Dies nicht nur, weil die dritte Partei weniger zu verlieren hat, sondern weil sie freier ist, Ideen Raum zu geben. Die am Disput beteiligten Parteien dagegen würden es sehr schwer finden, wenn sie einem Vorschlag folgen sollten, der zunächst einen »negativen Kapitalfluß« für sie selbst aufzuweisen scheint.

ABBRUCH

Das ist eigentlich eine Art »negativer« Brennpunkt. Es ist wichtig, die Diskussion über eine Sache an einem bestimmten Punkt abzubrechen. Zum Beispiel kann ein konstruktiver Punkt erreicht worden sein. Wenn die Diskussion weitergeht, kann das Erreichte verwässert werden oder gar ganz verlorengehen. Ein Abbruch der Diskussion hält diesen Punkt gleichsam fest.

Es kommt vor, daß nur ein begrenzter Zeitraum für eine bestimmte Denkoperation zur Verfügung steht. In diesem Falle wird der Abbruch durch die Zeit bestimmt und sollte auch tatsächlich zu der vorher festgelegten Zeit erfolgen – selbst wenn die Diskussion gerade sehr lebhaft ist. Wenn in zeitlicher Hinsicht keine Disziplin herrscht, werden die Denker träge und meinen, sie befänden sich in einer Situation mit offenem Ende.

Man sollte niemals Angst davor haben, den Fluß von Ideen abzubrechen. Sie werden später wiederkehren. Es ist wichtig, daß die Denker es lernen, sich treffend und knapp zu fassen. Lange Reden sind völlig fehl am Platze, ebenso ausführliche Präambeln und Erklärungen zu dem, was folgen soll.

ENTWURFSAUFGABEN

Es ist die Aufgabe der dritten Partei, spezielle Entwurfsaufgaben zu stellen. Der Zweck des Entwurfs muß genau definiert werden. Der Akzeptanzrahmen für den Entwurf muß ebenfalls bestimmt werden.

Ich ziehe es vor, von einer Formulierung von Entwurfsaufgaben und einer Bestimmung von Aufmerksamkeitsfeldern statt von einem »Stellen der richtigen Fragen« zu sprechen. Und das deshalb, weil eine Frage impliziert, daß man eine Antwort hat – und der Hörer dazu neigen wird, irgendeine Antwort zu geben, die ihm in den Sinn kommt. Bei der »Entwurfsaufgabe« wird angenommen, daß es noch keine befriedigende Antwort gibt und daß einiges Denken geleistet werden muß. Das ist der wichtige Unterschied zwischen Dialog und Entwurf. Der Dialog sucht das ans Licht zu bringen, was da ist. Der Entwurf sucht das zu erschaffen, was noch nirgendwo vorhanden ist.

IDEEN IM VERBORGENEN

Es kann vorkommen, daß eine der an einem Disput beteiligten Parteien eine Idee hat, die sie gerne vorlegen möchte. Das aber kann nicht in aller Offenheit geschehen, weil die Idee einen irreführenden Eindruck erwecken könnte. Sie mag auch nur der Sondierung dienen. Was immer die Gründe sein mögen, die Idee kann sozusagen nicht auf den Tisch geworfen werden.

In solchen Fällen wird die Idee an die dritte Partei weitergegeben (bei einer Diskussion oder während einer Pause), und die dritte Partei trägt dann diese Idee vor, als stamme sie von ihr. Das ist ein klassisches Beispiel für die logische Notwendigkeit einer dritten Partei.

DAS ERNTEN UND FESTHALTEN VON IDEEN

Ich habe schon oft an kreativen Sitzungen teilgenommen, die durchaus interessant erschienen. Die Berichte über solche Sitzungen aber sind häufig unsäglich fade. Das liegt nicht nur daran, daß es sehr viel mehr Spaß macht, eine Idee anzuhören, als sie schwarz auf weiß nachzulesen. Es liegt auch daran, daß die Leute einfach nicht sehr gut sind, was die Niederschrift von Ideen anbelangt. Jeder ist so mit den Verdiensten seiner eigenen Ideen beschäftigt, daß die Ideen anderer nicht ordentlich festgehalten werden.

Es ist eine wichtige Aufgabe der dritten Partei, Ideen zu registrieren – selbst wenn es nur der Abglanz einer Idee ist, den kein anderer sonst bemerkt hat. Es ist Aufgabe der dritten Partei, alle im Verlauf einer dem lateralen Denken gewidmeten Sitzung hervorgebrachten kreativen Ideen zu »ernten«. Diese Ideen können dann etwas weiterentwickelt werden, um den Vorteil zu ergründen, der mit ihnen verbunden sein könnte. Hier hat die dritte Partei dann eine »verbessernde« Aufgabe. Es ist nicht nötig, einfach nur ein passiver und neutraler Berichterstatter zu sein – vorausgesetzt, der Beitrag dient einer Verbesserung der Idee.

Es ist äußerst schwer, etwas zu bemerken, das nicht auf der Linie unseres Denkens liegt. Deshalb sollte die dritte Partei eine Reihe von Ideen zu der zur Diskussion stehenden Frage haben. Auf diese Weise wird sie in der Lage sein, weit mehr Ideen beizusteuern, als die Disputanten, deren Wahrnehmungsrepertoire durch die Position, die sie beziehen müssen, begrenzt ist.

ÜBERSICHT

Die dritte Partei kann eine unvoreingenommene Übersicht gewinnen. Sie kann die Situation in größeren Zusammenhängen sehen. Sie kann die einzelnen Bäume erkennen, aber auch den Wald sehen. Die dritte Partei kann sowohl auf die Situation selbst niederblicken als auch auf das, was hinsichtlich der Situation gedacht wird.

Obwohl die dritte Partei kein Urteil fällen wird, ist sie in der überlegenen Position eines Richters, der von erhöhtem Sitz aus auf das niederblickt, was im Gerichtssaal vor sich geht.

Die dritte Partei steht jederzeit auf der gleichen Stufe wie die Disputanten – und zugleich über ihnen. Das Bild des Dreiecks verweist auf die Gleichwertigkeit aller drei Winkel – von denen jedoch einer über den anderen steht.

Die Übersicht kann in einen gelegentlichen oder sogar in einen fortlaufenden Bericht eingehen. Es sollte jedoch unmißverständlich klar sein, daß die dritte Partei nicht dazu da ist, Notizen zu machen oder Protokoll zu führen.

VERBINDUNGEN

Aufgrund ihrer losgelösten und erhöhten Stellung ist die dritte Partei am besten in der Lage, die ganze Karte zu überblicken. Das bedeutet, daß sie Verbindungen herstellen kann – sie kann zeigen, wie eine Sache mit einer anderen verbunden ist. Die dritte Partei kann auch deutlich machen, daß zwei Dinge, so verschieden sie auch erscheinen mögen, in Wirklichkeit sehr viel gemeinsam haben können. Die dritte Partei kann weiterhin zeigen, wie unter bestimmten Umständen unterschiedliche Ziele miteinander versöhnt werden können. Die dritte Partei kann Brücken bauen. Sie kann Verbindungsglieder einfügen, die eine plötzliche Veränderung der Wahrnehmung bewirken.

Nachbarn können sich der Tatsache gar nicht bewußt sein, daß sie sehr nahe beieinander wohnen, weil sie ihre Wohnungen auf verschiedenen Wegen erreichen. Jemand, der über eine Karte der Gegend verfügt, sieht sofort, wie nahe sie sich sind. Ähnlich kann in

einer Konfliktsituation jede Seite eine bestimmte Position auf völlig
unterschiedlichen Wegen erreichen. Die endgültigen Positionen
jedoch können sehr dicht beieinander liegen.

Sehr oft sind die Disputanten so sehr von der »Intention« ihrer
Position getrieben, daß sie die Ähnlichkeit zwischen dieser und der
ihres Gegners gar nicht bemerken. Wie die Dominanz einer bevorzugten Hypothese uns unfähig macht, ihre Evidenz in »unschuldi-
ger« Weise zu erkennen, macht uns auch die Dominanz einer
Konfliktposition unfähig zu sehen, wo wir uns befinden.

BESTANDSAUFNAHME

Eine Bestandsaufnahme breitet die gegebenen, die vorherrschenden,
die blockierenden, die sich verändernden und die entstehenden
Ideen sowie die noch benötigten Ideen vor allen Beteiligten aus. Das
ergibt eine Art funktionaler Karte auf gedanklicher Ebene. Zweck
dieser Übersicht ist es, den jeweiligen Stand des Konflikts sichtbar
zu machen. Die dritte Partei in ihrer Übersichtsposition ist weit
besser in der Lage als die beiden Disputanten, diese Bestandsaufnahme vorzulegen. Das ist keine leichte Aufgabe, denn wir können
ja auch Ideen benutzen, ohne sie je definieren zu können. Oftmals
geschieht es auch, daß uns eine Gedankenoperation zu verschiedenen Ideen verhilft.

Eine solche Bestandsaufnahme sollte jedenfalls so umfassend wie
möglich sein und eine Fülle von Ideen zusammenbringen. Diese
müssen dann aber nach funktionalen Gesichtspunkten geordnet
werden (Möglichkeiten der Überwachung, Möglichkeiten der Ausübung von Druck usw.).

Manchmal bringt eine solche Bestandsaufnahme den Parteien
augenblicklich zu Bewußtsein, wie eng ihr Denken gewesen ist.

ZUSÄTZLICHE ALTERNATIVEN

Eine der wichtigsten Aufgaben der dritten Partei ist es, zu den
bereits vorhandenen zusätzliche Alternativen zu liefern. Die dritte
Partei kann ihre eigene Kreativität einsetzen, um solche weiteren
Alternativen zu entwerfen, sie kann dieses Denken aber auch an ein
Hilfsteam delegieren (wie das bei der SITO der Fall sein könnte).

Der dritten Partei kann in diesem wie auch in anderen Fällen eine direkte Denkaufgabe zukommen. Es ist nicht nur Sache der dritten Partei, das Denken der anderen zu organisieren und soviel wie möglich aus diesem Denken herauszuholen. Die dritte Partei kann sehr wohl als Hauptquelle von Alternativen, Vorschlägen, kreativen Ideen und Provokationen fungieren. Aus diesem Grunde schon sollte die dritte Partei über einige kreative Fertigkeit verfügen.

Außer alternativen Ideen gibt es noch alternative Richtungen. Das habe ich schon erwähnt. Diese alternativen Richtungen sind weniger als Ideen. Wir könnten sie »vorgeschlagene Lösungsrichtungen« (kurz VLR) nennen.

Bei der Entwicklung von Alternativen geht es nicht darum, einfach nur noch mehr Alternativen vorzuschlagen und darauf zu hoffen, daß eine von ihnen schon funktionieren wird. Es geht viel eher darum, ein reichhaltigeres Wahrnehmungsfeld zu schaffen, so daß der kreative Prozeß effektiver werden kann. Das wird selbst dann der Fall sein, wenn sich keine der Alternativen als unmittelbar brauchbar erweist.

ANNAHME UND MODIFIKATION VON IDEEN

Der zweite Teil des Entwurfsprozesses ist die Annahme des Entwurfs durch den »Klienten«. Die dritte Partei kann ein entworfenes Ergebnis hernehmen und bei beiden beteiligten Parteien getrennt prüfen, ob sie es akzeptieren. Das kann nur eine dritte Partei tun. Eine beteiligte Partei könnte solch ein entworfenes Ergebnis niemals in neutraler Weise vorlegen, denn alles Vorgelegte würde als Verkörperung ihrer eigenen Wünsche angesehen werden.

Wenn notwendig, kann das entworfene Ergebnis von der dritten Partei modifiziert werden, um die Chancen seiner Annahme zu vergrößern. Es gab mehrere Entwürfe des Abkommens von Camp David, die Begin und Sadat getrennt vorgelegt wurden.

Die dritte Partei muß auch abschätzen, ob es den Versuch wert ist, den vorliegenden Entwurf eines Ergebnisses zu modifizieren, damit er akzeptiert werden kann, oder ob es besser ist, ihn aufzugeben und sich einem neuen Entwurf zuzuwenden. Sicherlich sollte nie der Eindruck aufkommen, ein vorliegender Entwurf könne immer abgeändert werden, bevor es zu einer endgültigen Fassung komme. Das ist keineswegs so. Wir haben ja gesehen, daß bei

musterbildenden Systemen eine falsche Spur nicht zu etwas
Brauchbarem führt.

ANDERE FUNKTIONEN DER DRITTEN PARTEI

Außer den Denkfunktionen gibt es noch viele andere Aufgaben
für eine dritte Partei, die nicht unmittelbar das Denken betreffen.
Zum Beispiel kann ein Konflikt an die SITO verwiesen werden,
damit sich die Lage entspannt oder eine Unterbrechung erzielt
wird. Eine Partei, die weiß, daß sie unterliegen wird, könnte es
vorziehen, vor der SITO zu unterliegen — statt im Angesichte
ihres Gegners.

DAS AKZEPTIEREN DER DRITTEN PARTEI

Es ist möglich, daß die an einem Konflikt beteiligten Parteien die
dritte Partei und ihre Rolle nicht akzeptieren. Wenn eine Partei
davon ausgeht, daß der Einsatz von Gewalt oder die Berechtigung ihrer Sache zu einem totalen Sieg führen muß, dann wird sie
jede Beteiligung einer dritten Partei ablehnen, weil das den
»Gewinn« schmälern könnte. Schließlich muß jeder Entwurf hinter einem totalen Sieg zurückbleiben.

Die beteiligten Parteien neigen auch zu der Auffassung, daß der
Konflikt allein ihre Angelegenheit sei. Das ist aber keineswegs
immer so. Die Prügelei in einer Bar ist genauso eine Angelegenheit des Barkeepers und der anderen Besucher wie eine der Streit-
hähne. Tatsächlich wären viele Konflikte wohl weit weniger reizvoll, wenn erwartet werden müßte, daß ganz automatisch andere
daran beteiligt werden.

Es gibt eine ganze Reihe von Argumenten, warum eine dritte
Partei abgelehnt werden könnte:
- Die dritte Partei geht das alles nichts an.
- Die dritte Partei kann nicht genug über die Sache wissen.
- Die dritte Partei hat für die Situation weder das richtige
  Gespür noch das richtige Idiom.
- Die dritte Partei kann verantwortungslos sein.
- Für die dritte Partei steht nichts auf dem Spiel, sie muß
  nicht mit dem Ergebnis leben.
- Die dritte Partei spielt nur herum.

- Die dritte Partei ist ein akademischer Theoretiker, der die wirkliche Welt nicht kennt.
- Aus diesen oder jenen Gründen glaubt man, daß die dritte Partei die andere Partei favorisiert.
- Es ist nicht wahrscheinlich, daß die dritte Partei etwas anderes zustande bringt, als sowieso zustande gekommen wäre.
- Die Zeit einer dritten Partei mag kommen, aber noch nicht jetzt und nicht, bevor sich jede Hoffnung auf einen totalen Sieg zerschlagen hat.
- Die dritte Partei sollte nur ein vermittelnder Unterhändler sein, der nicht irgendwelche eigenen Ideen beizusteuern trachtet.
- Keine der beiden beteiligten Parteien wird die vertraulichen Informationen preisgeben, auf denen ihre jeweilige Position tatsächlich beruht (militärisch), weshalb eine Entwurfsübung von vorneherein vergeblich sein muß.

Alle diese Einwände stammen aus der Zufriedenheit mit der argumentierenden Art des Denkens und der Ansicht, daß eine dritte Partei da nur stören könne. Wenn aber erst einmal die Unzulänglichkeit der Argumentationsmethode durchschaut und allgemein bekannt ist, dann wird man den Wunsch, einen Konflikt in alter Manier anzugehen, als fahrlässig und aggressiv ansehen.

UNTERNEHMERISCHER STIL
Die dritte Partei sollte effektiv und unternehmerisch sein, sie sollte Können und Gespür zeigen. Die dritte Partei hat keine neutral-administrative Rolle, wie sie auch eine Bürokratie übernehmen könnte. Gefordert sind die Fähigkeiten eines guten Rechtsanwalts, auch wenn der Stil des Denkens ein ganz anderer ist. Vielleicht sollte es noch eher die Befähigung eines Architekten sein, Kreativität und Praktikabilität zu einem Entwurf zu verbinden, der allgemein akzeptiert werden muß.

Teil IV
Der Konflikt

15. Konfliktmodelle

Jeder kreative Designer verfügt über ein Repertoire an Standardentwürfen. Er würde aber kaum erwarten, für seine Arbeit ein Honorar zu bekommen, wenn er lediglich einen solchen Standardentwurf empföhle. Und doch ist ein großer Teil der Merkmale eines neuen Entwurfs von bereits vorhandenen Entwürfen inspiriert. In diesem Kapitel möchte ich einige Konfliktmodelle beschreiben, wobei keine Vollständigkeit beansprucht wird. Die Auswahl der Modelle folgt dem Wunsch, verschiedene Aspekte des Konflikts zu veranschaulichen.

WETTKAMPF DER LEICHTATHLETEN
Die Betonung liegt hier auf formalisierten Bedingungen, die festgelegt werden, damit es zu einem Wettbewerb der Fähigkeiten kommen kann. Die Athleten treten in einen indirekten Wettstreit miteinander. Jeder gibt sein Bestes. Es gibt (im großen und ganzen) keinen Versuch, Einfluß auf die Anstrengungen der anderen zu nehmen. Jederzeit ist das Wissen vorhanden, wie die Dinge stehen. Der Preis ist vor allem symbolischer Natur. Es gibt eine ganze Reihe von Grundsätzen, von denen vielleicht die wichtigsten der parallele Einsatz der Kräfte und die Nichteinmischung sind. Die Formalisierung der Bedingungen und die Disqualifikation bei Verstoß gegen die Regeln sind wesentliche, gleichsam den Hintergrund bildende Prinzipien.

FUSSBALL
Formalisierung der Bedingungen und festgelegte Methode, den
Erfolg zu messen. Das Schießen von Toren ist im Sinne des »Punk-
tezählens« der entscheidende Gedanke. In vielen Konfliktsituationen ist ein solches Punktezählen auf die eine oder andere Weise die
einzige Möglichkeit für beide Seiten, Anspruch auf den Sieg zu
erheben. Was wäre ein Fußballspiel, wenn man die Torpfosten
wegnähme? Was wäre der Terrorismus, wenn es keine Erwähnung
seiner »Erfolge« in den Medien gäbe? Beim Fußball gibt es zahllose
Regeln. Sie sind geschaffen worden, damit nicht eine Seite einen
unfairen Vorteil erringt. Im Unterschied zur Leichtathletik führt
eine Regelwidrigkeit nicht zu sofortiger Disqualifikation, sondern
zu einem Strafstoß. Die Entscheidung des Schiedsrichters erfolgt
sofort und ist endgültig. Schlüsselgedanken sind also hier die Punktezählung und die sofortige, mäßige Bestrafung von Fehlverhalten.

GESCHÄFTLICHER WETTBEWERB
Ein offener Markt mit verschiedenen konkurrierenden Herstellern.
Mittel des Wettbewerbs sind Preis, Qualität, Werbung und Ver-
trieb. Die erfolgreicheren Wettbewerber haben noch mehr Erfolg.
Die weniger erfolgreichen müssen sich ändern oder untergehen. Es
gibt eine gewisse Markentreue, aber die ist nichts gegen die in der
Politik. Ein Verbraucher wird sich bei seiner Kaufentscheidung von
dem leiten lassen, was angeboten wird. Die Motivation entsteht aus
Verlockung. Angst ist auf der Seite des Verbrauchers nicht vorhanden. Von Zeit zu Zeit versuchen Hersteller, ihre Märkte dadurch zu
schützen, daß sie die Importe blockieren. Effizienz, Effektivität
und Produktdesign sind Schlüsselfaktoren des Wettbewerbs. Viel-
fältigste kleine und auch wiederholte Entscheidungen bestimmen
sein Ergebnis. Es wird angenommen, daß der Verbraucher weiß,
was er will, und den Wert eines Produktes abschätzen kann.
Grundgedanke ist hier, daß der Wettbewerb oder Konflikt letztlich
vom Verbraucher nach Maßgabe von Verbrauchervorteilen entschieden wird. Nichtsdestoweniger wird der Wettbewerb auch
durch die Effektivität entschieden, mit der ein Unternehmen etwas
Kaufwürdiges an den Verbraucher bringt.

AUKTION

Ein direkter Wettbewerb über die Kosten. Jede Seite entscheidet, welchen Wert ein Gegenstand hat – und zahlt den ihr angemessen erscheinenden Preis. Dieser Preis wird allein durch die Einschätzung der anderen Seite bestimmt. Wie hoch soll man gehen? Bei welchem Preis wird die Sache zu teuer? Ein Schlüsselfaktor ist hier, daß der Bieter jederzeit ganz einfach aussteigen kann. Wenn er das tut, verursacht er keinerlei Kosten. Wir könnten die Streiks in der Industrie als eine Art Auktion ansehen. Beide Seiten sind bereit, den steigenden Preis an Schmerz und Unannehmlichkeiten (Lohn- und Produktionseinbußen) zu zahlen. Es geht erst dann nicht mehr weiter, wenn einer der Bieter seine Grenzen erreicht und aussteigt. Dumm dabei ist, daß der unterlegene Bieter immer noch einen hohen Preis zahlen muß. Der Grundgedanke des Auktionsmodells ist das *Angebot* von Preisen, so daß jede Partei den Wert des Objektes festlegt, den es für sie hat.

HANDELN AUF DEM MARKT

Man könnte argumentieren, daß der Handel auf dem Markt lediglich eine Art Auktion ist, bei der beide Parteien jeweils am entgegengesetzten Ende der Preisskala anfangen. Aber es gibt doch wichtige Unterschiede. Der Handel auf dem Markt ist eher ein Handeln mit Werten. Man könnte zwei Stücke statt nur einem kaufen. Dies Stück wird noch kostenlos dazugegeben. Für den Verkäufer am Marktstand ist es von Wert, wenn man *jetzt* kauft und nicht erst später. Er rühmt den Wert dessen, was er anbietet. Jede Seite versucht, die Werte der anderen Seite zu erkunden und auszubeuten. Der Gedanke eines variablen Wertes (etwas ist für eine Partei mehr wert als für eine andere) macht es möglich, Wert zu geben, ohne Wert zu verlieren. Das wäre das ideale Modell für Tarifverhandlungen. Wenn allerdings ein kaufwilliger Mensch die Porzellantasse in die Höhe hebt und droht, sie fallen zu lassen, wenn er sie nicht zu dem von ihm gewünschten Preis bekomme, dann wäre das etwas anderes.

DIE AUFTEILUNG DES KUCHENS

Das ist ein überaus erfolgreiches Konfliktlösungsmodell aus dem Bereich der Kinderstube. Zwei Kinder streiten sich wegen der Aufteilung eines Kuchens. Die herkömmliche Lösung ist einfach: »Du schneidest auf, und ich wähle aus.« Das bedeutet, daß der, der den Kuchen aufschneidet, darum bemüht sein wird, so fair wie möglich zu sein, weil ihm jede Unfairneß nur eigenen Nachteil bringen würde. Unter Erwachsenen kommen wir dem bei Konfliktlösungen am nächsten, wenn die eine Partei alternative Vorschläge macht und die andere einen davon auswählt. Das entspricht dem Obigen nicht ganz, weil alle Vorschläge so ausfallen können, daß sie für den, der sie unterbreitet, vorteilhaft sind. Grundgedanke des Kuchenmodells ist die Trennung von Vorgabe und Wahl auf eine Weise, daß eine unfaire Vorgabe den straft, der sie verantwortet.

ARMDRÜCKEN

Man stelle sich eine Bar voller Machos vor. Zwei kräftige Kerle pflanzen sich zum Kampf auf, um klarzustellen, wer hier der stärkste Hirsch am Platze ist. Sie kämpfen. Es gibt zerbrochene Stühle, Tische, Flaschen und auch Nasen. Eine wüste Sache. Und es müßte bei jeder Herausforderung des jeweils gerade dominierenden Burschen wieder so ablaufen. Nun vergleiche man das mit der Schlichtheit und Eleganz des Armdrückens. Die beiden Widersacher setzen sich an einen Tisch und versuchen, den Arm des anderen nach unten zu drücken. In wenigen Minuten ist alles vorbei. Es gibt einen eindeutigen Sieger und einen eindeutigen Verlierer. Alles geschieht so ruhig, daß dabei nicht einmal ein Tropfen Bier verschüttet wird. Die Verwandlung einer wüsten Auseinandersetzung in ein kurzes, alles entscheidendes Kräftemessen ist bemerkenswert. Natürlich muß es Grundprinzip sein, daß man dem Sieger beim Armdrücken zutraut, daß er auch eine Schlacht mit allem oben geschilderten Drum und Dran gewinnen würde. Das ist wichtig, denn es geht um einen echten »beispielhaften« Test der Stärke. Es wäre nicht das gleiche, wenn man die männliche Überlegenheit durch ein Kartenspiel oder ein Spiel Darts entschiede, denn da fehlte ja der tatsächliche Einsatz der vollen Körperkraft.

DIE GERICHTE

Die traditionelle Methode der Konfliktlösung. Ein formalisierter Rahmen ist da, und es kommt zum Wettstreit zwischen den Rechtsvertretern der beiden Seiten. Anders als beim Leichtathletikwettkampf liegt hier der Ausgang nicht auf der Hand, sondern wird von einem Richter oder von Geschworenen entschieden. Die Entscheidung wird gefällt, indem die vorgelegten Tatsachen und Ansprüche an einem vorhandenen »Gesetzeskodex« gemessen werden. Die Gesellschaft verfügt dann über die Mittel, das Urteil des Gerichts durchzusetzen. Die Kerngedanken sind deshalb hier: ein Bezugskodex; eine Möglichkeit, den Konflikt an diesen Kodex zu verweisen; ein Mittel, das jeweils erzielte Ergebnis durchzusetzen.

SCHIEDSGERICHT

Ein Verfahren, bei dem sich beide Parteien entscheiden, sich einer von außen kommenden Einschätzung der Verdienste ihrer jeweiligen Sache zu beugen. Im Prinzip wird hier der Konflikt an eine dritte Partei verwiesen. Die Parteien sind zu dem Ergebnis gekommen, daß die Kosten einer Verlängerung des Konflikts wahrscheinlich sehr viel höher sein werden als jeder Verlust aufgrund der Unvollkommenheiten einer schiedsrichterlichen Entscheidung. Beide sind auch davon überzeugt, daß kein totaler Sieg mehr möglich ist. Der Grundgedanke ist, daß der Wert einer Verlängerung des Konflikts gegen den seiner Lösung – und sei sie auch unvollkommen – eingetauscht wird.

»GREENMAIL« ODER INDIREKTE ERPRESSUNG

Das ist ein Begriff, den man in der Wall Street für eine bestimmte Art von indirekter Erpressung benutzt. Ein Unternehmen kauft die Aktien eines anderen auf, um dann ein Übernahmeangebot zu machen. Aus verschiedensten Gründen wird nichts aus der Übernahme. Der Bieter hält aber immer noch die aufgekauften Aktien, womit die Möglichkeit gegeben ist, daß er der betroffenen Firma einigen Ärger bereiten könnte. Deshalb beschließt das Management, die Aktien für teures Geld von dem Aufkäufer zurückzuerwerben. Das bedeutet, daß jemand einfach dadurch einen Haufen Geld verdienen kann, daß er einem anderen Unternehmen die

Übernahme androht und sich dann abfinden läßt. Kern der Sache
ist, daß der Angreifer nicht mit leeren Händen abzieht. In gewissem
Sinne wird der Angreifer gekauft. Das ist immer ein sehr schwieriger Punkt bei der Konfliktlösung. Sollte der Angreifer auf irgendeine Weise belohnt, sollte er mit leeren Händen weggeschickt oder
sollte er für den Angriff schwer bestraft werden? Die herkömmliche
Auffassung ist, daß jede Art von Belohnung des Angreifers nur zum
Angriff ermutigt. Ein Angreifer wird es einfach »versuchen« – er
weiß ja, daß am Ende etwas dabei herausspringt. Die andere
Ansicht ist, daß ein Angreifer, der sich in einer starken Position
befindet, höchstwahrscheinlich nicht einfach aufgibt und ohne
Gewinn nach Hause geht. Das heißt, daß der Angreifer abgewehrt
werden muß, was viel Geld kosten kann. Der »gesunde Menschen-
verstand« spricht sich so klar gegen die Befriedigung der Forderungen von Erpressern aus, daß die Sache nicht immer auf alle Möglichkeiten hin untersucht wird. Natürlich sollte man deutlich zwischen
absichtlicher Aggression (wie im Falle Hitlers und seiner Expansion
in Europa) und Konflikten, die entstehen (wie im Falle der Falklandinseln), unterscheiden.

INTERESSENGRUPPEN
Kennzeichen einer Interessengruppe ist, daß sie keinen augenblicklichen Erfolg erwartet. Es geht ihr darum, Aufmerksamkeit, Prä-
senz und öffentliches Bewußtsein zu schaffen. Wie der Hersteller,
der ein Produkt verkauft, wirkt auch die Interessengruppe durch
Entscheidungen anderer – Medien, Wähler und Politiker. Ziel der
Interessengruppe ist es, das öffentliche Interesse für eine Sache
wachzuhalten (und am Anfang die Aufmerksamkeit auf diese Sache
zu lenken). Das geschieht gewöhnlich dadurch, daß sie Anlässe
schafft, an denen die Medien nicht vorbei können. Sobald etwas zu
einer öffentlichen Angelegenheit geworden ist, muß jeder Politiker
abschätzen, ob es ihm mehr Vorteile bringt, die Sache zu ignorieren, sie zu unterstützen oder gegen sie Stellung zu beziehen. So
wirken solche Gruppen durch das bestehende System der Medien
und der Demokratie. Es sollte auch gesagt sein, daß jenseits der
politischen Aktion die Aufmerksamkeit, die etwa Protestbewegun-
gen erregen, über eine lange Zeit hinweg wach bleiben und bedeu-

tende Veränderungen in der Einstellung zu verschiedenen Fragen (Umwelt, Rechte der Frauen, Sicherheit von Produkten usw.) bewirken kann. Am Ende sind es schließlich dann kulturelle Veränderungen. Grundgedanke hier ist der »ständige Druck«.

SYSTEMZUSAMMENBRUCH

Es könnte argumentiert werden, daß viele der hier erwähnten Konfliktmodelle an ein vorhandenes System gebunden sind (wie etwa das Gericht oder den Fußballplatz) und viele Konflikte gerade aus dem *Zusammenbruch* von Systemen entstehen.

Darauf gibt es zwei Antworten. Die eine Antwort ist, daß wir mehr und bessere Systeme entwerfen müssen, damit beim Zusammenbruch eines Systems ein anderes da ist, das weiter funktioniert. Wenn beispielsweise zwei an einem Konflikt beteiligte Parteien den direkten Kontakt zueinander abbrechen, dann sollte es ihnen dennoch möglich sein, miteinander über eine Organisation wie die SITO oder das Rote Kreuz zu kommunizieren.

Die zweite Antwort wäre, daß die Parteien immer noch in einem weiteren System operieren können, selbst wenn ein bestimmtes System zusammengebrochen ist. Zum Beispiel können in lokale Kämpfe verwickelte Staaten immer noch den Vereinten Nationen, dem Commonwealth oder anderen Bündnissystemen angehören. Am Ende ist da noch das automatische System, das beide streitenden Parteien umfaßt. Das ist kein formales System, aber eines, das seine eigene Logik und Dynamik hat.

KONFLIKT UND WETTBEWERB

Viele der in diesem Kapitel vorgestellten Modelle werden eher als Modelle des Wettbewerbs denn als solche des Konflikts erscheinen. Tatsächlich kann man jeden Konflikt als einen Wettbewerb ansehen. Es besteht der Wunsch, ein bestimmtes Ziel zu erreichen, und die andere Partei möchte zu einem anderen gelangen. Der Konflikt ist nur *eine Möglichkeit*, diesen Wettbewerb durchzuführen. Das ist dann so, als wenn ein Läufer seinem Gegner ein Bein stellte, um das Rennen zu gewinnen. Der vom Konflikt bestimmte Wettbewerb ist einfach und stark. Wenn man seinen Feind besiegt, kann man kriegen, was man will (Frauen, Land oder Güter). Diese alles erfassende Wettbewerbsart mit Namen Konflikt führt dazu, daß der eigentliche Zweck des Wettbewerbs häufig in Vergessenheit gerät. Ein Konflikt, der zunächst wirklich nur ein Mittel zum Zweck war, wird in sich zum Zweck. Tatsächlich kann die Verfolgung eines Konflikts um seiner selbst willen das zerstören, was man ursprünglich hatte erreichen wollen. Wenn man, um ein paar Ölquellen zu übernehmen, diese zerstören muß, dann ist die ganze Übung sinnlos.

Es ist immer wichtig, daran zu denken, daß ein Konflikt nie ein Zweck in sich ist. Er ist entweder eine Methode des Wettbewerbs um etwas – oder eine Methode, dem Zusammenstoß von Interessen zu entgehen.

Deshalb ist es bei jeder Entwurfsübung (und davon handelt dieses Buch) gut, sich zu fragen, ob die zugrundeliegenden Wettbewerbserfordernisse auch auf andere Weise als durch den Konflikt erfüllt werden können.

16. Konfliktfaktoren

Ein Designer arbeitet mit den Materialien und den Begriffen seines jeweiligen Arbeitsgebietes. Ein Bootsbauer arbeitet mit Fiberglas, Holz und Metall sowie den Idiomen des Schiffsbaus. Ein Grafikdesigner arbeitet mit Farben, Papieren, Druckverfahren und den Idiomen der Kommunikation. Um die Anwendung des Entwurfsprozesses auf die Konfliktlösung verstehen zu können, müssen wir uns einige der grundlegenden hier in Frage kommenden Idiome etwas genauer ansehen.

Eine Abhandlung über Ursprünge, Ursachen und Entwicklungen von Konzeptionen würde wohl einigen Platz beanspruchen. Sie würde sich zudem auf ein analytisches Verfahren konzentrieren: Laßt uns die Ursachen aufdecken und dann versuchen, sie zu beseitigen. Welches sind die Einzelbestandteile, die wir zusammenbringen müssen, um eine Lösung zu entwerfen? Eine Aufzählung aller dieser Bestandteile wäre aber wohl auch eine langwierige Aufgabe und entspricht nicht dem Zweck dieses Buches. Mein Ziel ist es vielmehr, einige der Konfliktfaktoren zu behandeln, die von Bedeutung für einen Designer von Lösungen wären.

Der Vereinfachung halber habe ich diese Faktoren in vier Gruppen unterteilt, die zufälligerweise alle mit »F« anfangen:

- Furcht
- Fäuste
- Fairneß
- Finanzen

Es gibt bei diesen Faktoren viele Überschneidungen, aber sie sind trotzdem als »Ordnungskriterien« durchaus brauchbar.

17. Furcht

Die Furcht betrifft immer die Zukunft. Sie bezieht sich stets auf etwas, das geschehen könnte. Es mag die Angst sein, verurteilt zu werden, die Furcht vor vergeltender Gewalt oder die Angst vor dem hohen Preis eines Konflikts. Eine Überschneidung von »Furcht« und »Fäusten«, das heißt Macht, sowie den anderen Faktoren ist also unvermeidlich gegeben.

Vom Standpunkt des Entwerfens aus gesehen, ist Furcht ein mächtiger und subtiler Bestandteil, da sie dauerhaft wirksam bleiben kann. Die Angst vor einem tödlichen Stromschlag ist da, solange elektrische Kabel vorhanden sind. Furcht kann auch eine große Bedeutung als Verstärker haben. Wenn in einer Stadt in jedem Monat eine alte Dame überfallen wird, dann haben alle alten Damen der Stadt Angst, bei Dunkelheit ihr Haus zu verlassen, auch wenn die Chancen sehr gering sind, überfallen zu werden. In Nordirland hat in fast all den Jahren der Unruhen die Zahl der Verkehrstoten die Zahl der Opfer von Gewaltakten überstiegen.

Bei der Verbrechensbekämpfung ist die Angst vor — auch schwerer — Bestrafung nicht ausreichend, wenn jeder Kriminelle glaubt, er persönlich werde niemals erwischt. Zur Angst vor Strafe muß die Furcht vor dem Erwischtwerden kommen. Deshalb ist ein Informantensystem zumeist so wirkungsvoll — es erhöht die Angst, gefaßt zu werden.

Als Entwurfsbestandteil hat die Furcht einige große Schwächen. Die erste ist die, daß sie bei jemandem, der dumm ist oder der ein nicht sehr entwickeltes Vorstellungsvermögen hat, um sich auszumalen, was passieren könnte, überhaupt nicht wirken kann. Und sie

wirkt auch nicht bei jenen, die verwegen sind oder die des Adrena-
linstoßes wegen ein gefährliches Leben führen.

Eine andere Schwäche ist die, daß die eine Angst eine andere
vertreiben kann. Der furchtsame junge Mann mag in die Armee
eintreten, weil er befürchtet, daß man ihn sonst für einen Feigling
hält – oder weil er Angst hat, wegen Wehrdienstverweigerung
belangt zu werden. Er geht in den Kampf aus Angst, seine Kamera-
den im Stich zu lassen, aus Furcht vor dem Unteroffizier oder aus
Angst vor der Strafe, die auf Ungehorsam steht. Beim Falklandkrieg
hatte Präsident Galtieri Angst davor, daß Argentinien im Falle eines
Rückzuges von den Inseln gedemütigt wäre und er dies mit seiner
Regierung und mit seinem Leben zu bezahlen haben würde. Das
Beste, was ihm einfiel, war auf der Stelle stehenzubleiben und auf
irgendeine Art von Sieg zu warten.

Ein Unterhändler der PLO wurde nur deshalb von Vertretern des
harten Kurses ermordet, weil er zu Verhandlungen bereit gewesen
war. Furcht verhindert oft Verhandlungen, weil der Verhandlungs-
willige Angst vor Strafe oder zumindest vor dem Verlust der
Unterstützung durch seine Anhänger hat.

Es gibt die Furcht vor der Niederlage und vor Erniedrigung. Da
gibt es die große Angst davor, als Verlierer angesehen zu werden.
Man könnte sagen, daß die britische Flotte nur deshalb zu den
Falklandinseln entsandt wurde, weil man eine Demütigung fürch-
tete. Die Bewahrung des Bildes, das man von sich selbst hat, ist auf
nationaler wie persönlicher Ebene sehr wichtig und die Furcht vor
dem Verlust dieses Selbstverständnisses eine starke Antriebskraft.
So stachelte beispielsweise Enoch Powell Frau Thatcher im Unter-
haus mit genau diesem Argument auf: Wie konnte ausgerechnet sie
die Beleidigung durch Argentinien hinnehmen! Je ausgeprägter das
Selbstverständnis ist, desto anfälliger ist es auch für Manipulationen
dieser Art.

DER ERSTE KLEINE ANFANG

Ich habe an anderer Stelle davon gesprochen, wie ein trivialer Anlaß
zu einem ernsthaften Konflikt ausufern kann. Der Gedanke ist hier,
daß es nur eines kleinen Keils bedarf, um einen Felsbrocken schließlich in zwei glatte Teile zerspringen zu lassen. Deshalb muß man

sich einem trivialen Anlaß widersetzen – wegen all der Dinge, zu denen er führen könnte. Natürlich ist das einigermaßen gerechtfertigt. Schließlich hat die frühe Beschwichtigungspolitik gegenüber Hitler zu all dem geführt, was dann folgte. Das Fatale ist nur, daß man diesen Gedanken auf *alles* anwenden kann. Da die Furcht nur durch die Vorstellungskraft des Menschen, der sich im Zustand der Furcht befindet, begrenzt wird, kann überhaupt jedes Vorkommnis als unheilträchtig angesehen werden. Danach liegt es dann in der Überzeugungskraft jenes Menschen, anderen klarzumachen, wie viel auf dem Spiele steht. Das alles hat auch etwas mit dem Image zu tun. In den Tagen der Kanonenboote, als schon die Belästigung eines britischen Staatsbürgers irgendwo im Ausland kriegerische Auseinandersetzungen auslöste, ging es sowohl um die Wahrung des Images als auch um die Folgen, die man sich einhandelte, wenn so etwas gang und gäbe würde.

VERGELTUNG

Häufig provoziert ein nur kleiner Vorfall massive Vergeltungsmaßnahmen. Das ist oftmals ein ganz unglaublicher Vorgang; denn das Einleiten der Maßnahmen erfordert gewichtige Entscheidungen, die zu dieser Zeit kaum durch den geringfügigen Anlaß gerechtfertigt zu sein scheinen. Sind aber erst mal ein oder zwei Vorfälle unbeschadet überstanden worden, dann muß die Furcht vor Vergeltung schwinden. Und es wäre wirklich zu spät, noch irgendwelche Maßnahmen zu ergreifen; denn diese könnten nur noch der Bestrafung, nicht aber mehr der Abschreckung dienen. Aus diesem Grund gewinnt der von Israel praktizierte begrenzte Vergeltungsschlag an Bedeutung. Einem Überfall durch Terroristen folgt ein Luftangriff auf einen PLO-Stützpunkt.

Diese Vergeltung nach der Devise »Wie du mir, so ich dir« könnte zum Kennzeichen moderner Konflikte werden. Als die britische Regierung den nigerianischen Hochkommissar des Landes verwies, weil er von dem Versuch unterrichtet gewesen war, einen Exilnigerianer aus London zu entführen, antwortete die nigerianische Regierung mit einer begrenzten Vergeltungsmaßnahme. Die Geiselnahme in der amerikanischen Botschaft in Teheran war eine Art Vergeltung dafür, daß die Vereinigten Staaten dem Schah Zuflucht gewährt hatten.

Der sowjetische Boykott der Olympischen Spiele von Los Angeles war eine direkte Vergeltung für den amerikanischen Boykott der Spiele in Moskau.

Der Nachteil dieses »Wie du mir, so ich dir« liegt darin, daß es die mögliche Berechtigung der ersten, auslösenden Aktion völlig ignoriert. Außerdem steht dieses Verfahren jedem Staat offen, wie klein er auch sei. In gewissem Sinne produziert dieses Verfahren auf der ganzen Welt eine ungeheure Zahl von Geiseln.

Der Vorteil dieser Art von Vergeltung liegt darin, daß sie zeitlich und dem Umfang nach begrenzt ist. Sie ist ein Akt, der in sich abgeschlossen ist und der nicht zu einem ernsteren Konflikt führen muß. Ein weiterer Vorteil ist, daß die Vergeltungsmethode dazu beitragen kann, Fehlverhalten zu verhindern, weil ihm eine sichtbare und konkrete Antwort zuteil wird.

ABSCHRECKUNG

Das ist ein sehr weites Feld und deckt alles ab − von der atomaren Abschreckung bis zur Furcht vor der Verurteilung durch die Vollversammlung der Vereinten Nationen. In gewissem Sinne funktioniert die atomare Abschreckung nur aufgrund einiger Zweifel an der geistigen Gesundheit der Gegenseite. Angenommen, die Sowjets überfielen plötzlich Österreich. Nach der zugebilligten Zeit einer konventionellen NATO-Verteidigung müßte die Entscheidung fallen, mit Atomwaffen weiterzumachen. Würde die Welt wirklich einen ausgewachsenen Krieg auslösen wollen − nur um Österreich zu retten? Die vernünftige Antwort könnte »Nein« lauten. Weil sich die Sowjets aber nicht voll darauf verlassen können, daß diese vernünftige Antwort auch gegeben wird, könnten sie von ihrem Vorhaben abgeschreckt werden. Auf der anderen Seite könnte, machten sich die Sowjets wirklich über die Möglichkeit eines atomaren Erstschlages durch eine in Europa stationierte Rakete Sorgen, diese Furcht leicht überwunden werden, indem man die Entscheidung über einen Einsatz atomarer Waffen in die Hände des jeweiligen Stationierungslandes legte. Wäre es vorstellbar, daß die Niederlande oder Italien einen Angriff auf die UdSSR mit atomarem Erstschlag starteten?

Wenn die Abschreckung funktionieren soll, muß stets ein Gleichgewicht zwischen Gewinn und Verlust herrschen. Wo nicht viel zu gewinnen ist, wird die Abschreckung immer gut funktionieren. Warum um eines kleinen Gewinns willen ein großes Risiko auf sich nehmen? Deshalb zog Chruschtschow seine Raketen aus Kuba wieder ab. Deshalb kann die Abschreckung in Europa funktionieren. Ist ein Edelstein von bescheidenem Wert von einem elektrischen Zaun umgeben, mag er sicher sein. Wenn ein sehr wertvoller Stein auf diese Weise geschützt wird, könnte dieser Schutz versagen.

Daraus folgt, daß die Abschreckung gut funktioniert, wenn die Gewinne, die ein Sieg verspricht, nur gering sind. Deshalb sollten wir vielleicht unser Denken auf Methoden richten, die die Okkupation eines anderen Landes schwer und wertlos machen. Zum Beispiel könnten wir Waffensysteme, die nur Menschen schädigen, so billig herstellen, daß man in einem Land Millionen davon installieren könnte. Jeder Bewohner würde einen kleinen Stab bei sich tragen, der Gammastrahlen aussendet, von denen eine winzig kleine Dosis auf unwillkommene Besucher übertragen würde. Würde dieser Besucher nun Hunderte von Malen getroffen, müßte er sterben. Das wäre eine Art demokratischer Gewalt, da es eine Akkumulation von »Todesstimmen« erfordern würde. Dieser Vorschlag ist nur eine metaphorische Veranschaulichung der Art und Weise, wie eine Okkupation erschwert werden könnte. Die Schweizer benutzen diese Vorstellung bei ihrem sehr intensiven Training — jede Invasion der Schweiz würde, gemessen an den zu gewinnenden Vorteilen, sehr kostspielig werden.

FURCHT VOR EINER NIEDERLAGE

Furcht vor Niederlage kann zunächst einmal Parteien davon abhalten, sich auf einen Konflikt einzulassen. Ist ein Konflikt bereits im Gange, trägt die Angst vor einer Niederlage — paradoxerweise — dazu bei, den Konflikt in Gang zu halten. Das ist deshalb so, weil jeder Ausgang des Konflikts für die eine oder andere Seite zur »Niederlage« wird. Und diese Partei möchte den Augenblick der Niederlage gern hinausschieben. Außerdem möchte sie deshalb lieber weitermachen, weil sie hofft, daß sich vielleicht doch noch irgend etwas ergibt, das ihr die Niederlage erspart. Unsere Fähigkeit, ein »Ende« zu entwerfen, das keine Niederlage ist, ist deshalb von so entscheidender Bedeutung. Das fällt uns aber schwer, weil beide an dem Konflikt beteiligten Seiten davon überzeugt sind, daß die andere im Unrecht ist – und Unrecht muß mit einer Niederlage geahndet werden. Einen lohnenden Ausgang für eine Konfliktpartei zu entwerfen widerspricht ganz eindeutig unserer Auffassung des Konflikts als eines Kampfes bis zum bitteren Ende. Wie ich schon an anderer Stelle in diesem Buch gesagt habe, müssen wir gerade hier eine Fülle von entwerfenden Anstrengungen unternehmen. Eine Beendigung ist eine Beendigung und keine Niederlage.

18. Fäuste

Statt »Fäuste« lese man hier »Macht«. Wenn es Macht nicht gäbe, könnte es dann noch Konflikte geben? Es gibt Interessengegensätze und Konflikte selbst noch in Kinderzimmern, wo kein offensichtlicher Einsatz von Macht gegeben ist. Es gibt alle möglichen Arten von Machtausübung, von physischer Gewalt mal ganz abgesehen. Im Kinderzimmer mag es sich um moralischen oder emotionalen Druck, um einen Entzug von Zusammenspiel oder Anerkennung, um alle möglichen anderen Formen von sanfter Gewalt handeln. Die Verweigerung der Kooperation wie im Indien Ghandis oder die Verweigerung der Arbeitsleistung bei einem Streik sind gute Beispiele für »überredende« Druckausübung. Da kommt es zu Systemschmerzen ebenso wie zu persönlichen Schmerzen. Wenn ein System zusammenbricht, dann ist das für die, die zuvor von dem System profitiert haben, unangenehm und schmerzhaft.

Macht wird eingesetzt, um Konflikte anzufangen, voranzutreiben und zu beenden. Durch die Jahrhunderte sind militärische Macht und physische Gewalt die Hauptstützen der Argumentation gewesen. Macht kommt aus dem Gewehrlauf, wie Mao zu sagen pflegte. Argumente, die eine starke physische Unterstützung fanden, haben sich zumeist durchgesetzt – jedenfalls für den Augenblick.

Einige Kulturen haben höchst wirkungsvolle Kampfmethoden entwickelt, um überlegenen Kräften mit Geschicklichkeit beizukommen. Disziplinen wie Judo und Aikido nutzen gern die Kraft des Angreifers, um ihn damit zu besiegen. Gegen die Kraft von Gruppen haben wir niemals auch nur entfernt Vergleichbares entwickelt. Am nächsten kommen wir dem vielleicht noch durch

Körperschaften wie die Vereinten Nationen, wo die Klagen eines kleinen, bedrängten Landes einem Angreifer die Verurteilung durch alle anderen Staaten eintragen können.

Es ist sicherlich zutreffend, daß die Technologie das gesamte Verhalten der militärischen Macht verändert. Raketen stehen gegen Raketen — und alle Tapferkeit der Welt wird dieses Gleichgewicht nicht ändern. Die Muskelkraft verliert an Bedeutung. Ein überlegenes Raketensystem wird ein unterlegenes um viele Längen überflügeln. Flugzeuge mit überlegenen Raketen werden solche mit weniger guten abschießen — auf den Verlust vieler unterlegener Flugzeuge wird der Verlust nur eines überlegenen kommen. Ein Infanterist mit einer kleinen, von der Schulter abgeschossenen Rakete kann einen großen Panzer erledigen. Das bedeutet, daß riesige Heere nicht mehr den Vorteil haben, den sie immer hatten. Es bedeutet außerdem, daß eine kleine Gruppe von Männern im Gebrauch hochentwickelter Waffen ausgebildet werden kann, die aus einem anderen Land importiert wurden. Das alles läßt einen fast glauben, der Tag werde kommen, an dem ein technischer Leistungsvergleich zwischen Waffensystemen den physischen Krieg ersetzt. Man wird die Waffensysteme miteinander vergleichen und danach entscheiden, welches Land im Augenblick führend ist.

Die Waffen in Wirklichkeit auszuprobieren wird Verschwendung sein, teuer und sinnlos. Wenn solche Momente wie etwa die Überraschung aus dem System eliminiert werden können, wird ein realer Kampf so gut wie witzlos — ausgenommen, es ginge um einen Test der organisatorischen Fähigkeiten beider Seiten. Wenn eine Rakete automatisch den Abschuß einer Antiraketen-Rakete auslöst, ist die ganze Übung vergeblich — daher das Konzept der »Star Wars« von Präsident Reagan.

GROSSMACHT

Große Bomben und die Fähigkeit, sie ans Ziel zu bringen, symbolisieren große Macht. Ökonomische Ressourcen und technische Fertigkeiten bringen die Waffen hervor. Kleinere Länder können diese Dinge nicht selber herstellen, wohl aber kaufen. Gäbe es keinen Waffenhandel, dann geriete man mit lokalen Kriegen in Schwierigkeiten. Argentinien war am Ende nicht in der Lage, mit den

britischen Raketen mitzuhalten, obwohl die von Argentinien einge-
setzten, in Frankreich produzierten Exocet-Raketen technisch sehr
gut waren. Große Macht liegt letztlich in den Händen mächtiger
Staaten, und deren Bereitschaft, ihre Waffensysteme zu verkaufen
oder verfügbar zu machen, bestimmt die lokalen Konflikte. Ein
gewisses Maß an Kontrolle wird bereits von den Großmächten
ausgeübt, weil sie keine der komplizierteren Waffensysteme an
kleinere Staaten verkaufen. Bei der Lieferung konventioneller
Kriegsspielzeuge aber gibt es keine Grenzen, denn da argumentiert
man, daß sie schlicht von anderen geliefert würden (womit die
Gewinne aus dem Waffengeschäft verloren wären), böte man sie
selbst nicht an.

STÖRENDE MACHT

Es ist einfacher, einen Zementblock auf die Eisenbahnschienen zu
legen und dadurch einen Zug zum Entgleisen zu bringen, als eine
Lokomotive zu fertigen und ein Schienennetz aufzubauen. Die
Macht, zu unterbrechen und zu zerstören, wird immer größer sein
als die Macht, dies zu verhindern. So sind Guerilla- und Terrori-
stenbewegungen bei Aktionen solcher Art im Vorteil. Die Schlüsselfrage ist die, ob mit solchen Aktionen etwas erreicht werden
kann. Eine Guerilla-Bewegung, die sich ausweitet, bis ein Bürger-
krieg entsteht, mag damit erreichen, was durch einen gewöhnlichen
Krieg hätte erreicht werden können: die Übernahme der Macht im
Lande. Sieht man von dieser Möglichkeit ab, kann eine Guerilla-
Bewegung nur dazu dienen, die Aufmerksamkeit für eine Sache
wachzuhalten, eine Regierung zu destabilisieren oder ihren
Gefolgsleuten das Gefühl einer Mission zu vermitteln. Nur äußerst
selten kann es vorkommen, daß sich eine Guerilla-Bewegung selbst
in eine Verhandlungsposition bringt, denn dann würden sich ja
einzelne Mitglieder zu erkennen geben und dadurch verwundbar
werden. Theoretisch könnte eine Guerilla-Gruppe mit der Regierung über bestimmte Rechte verhandeln und »Ruhe geben«, wenn
diese Rechte eingeräumt würden. Falls erforderlich, ließe sich die
Bewegung jederzeit reaktivieren. Der Haken ist, daß die Gruppe in
der Zeit der Ruhe ihren Schwung verlieren würde. Im wesentlichen
würde sie zu einer Interessengruppe werden.

VERWEIGERUNGSMACHT

Wo immer es ein funktionierendes System gibt, hat jeder Teilnehmer an diesem System die Macht, es durch Verweigerung der
Mitarbeit zu stoppen. Ich habe diese Art von Macht schon am
Beginn dieses Kapitels erwähnt. Bei der Sicherheitskonferenz in
Madrid verhinderte Malta acht Wochen lang einen Abschluß, weil
es sich weigerte, den Beschlüssen zuzustimmen, solange nicht eine
eigene Sicherheitskonferenz für die Mittelmeerländer vorgesehen
sei. Die Regeln erforderten volle Übereinstimmung, weshalb die
Abschlußdokumente nicht verabschiedet werden konnten. Die Vereinigten Staaten zogen sich aus der UNESCO zurück – und
entzogen ihr damit ein Viertel ihres Etats. Die Sowjets verließen die
Genfer Raketenabrüstungsgespräche. Verhandlungsführer verwei-
gern Zusammenkünfte oder verlassen sie. In gewisser Hinsicht hat
diese Art Macht etwas Absurdes, weil sie so unkonstruktiv und so
leicht auszuüben ist. Sie kann zu einer Art Erpressung werden –
wie im Falle der Etatverhandlungen zwischen Großbritannien und
der Europäischen Gemeinschaft. Frau Thatcher weigerte sich, neue
Vorschläge zur Finanzierung der Gemeinschaft zu ratifizieren –
und deshalb weigerte sich die EG, die schon beschlossenen Bei-
tragsrückzahlungen an Großbritannien freizugeben.

Wirtschaftssanktionen sind ein weiteres Beispiel für eine Verweigerungsmacht.

Obwohl diese Art von Macht in mancher Beziehung eine Absurdität ist, ist sie zugleich doch sehr wertvoll. Und das deshalb, weil
sie die internationale Interdependenz unterstreicht. Dank dieser
Abhängigkeit könnte es schließlich möglich werden, Konflikte ohne
einen Krieg zu lösen. Das System muß jedoch mit ungeheuer viel
Fingerspitzengefühl gehandhabt werden. Wenn diese Art von
Macht bei jeder Gelegenheit eingesetzt wird, dann wird sie sinnlos
und bedroht das ganze System. Wenn sie bei jeder Gelegenheit
gleich mit voller Kraft eingesetzt wird, dann wird sie ebenfalls
sinnlos, weil dann jede Uneinigkeit sogleich in äußerstem Maße
verschärft wird (wie im Falle der Antwort Carters auf den sowjetischen Einmarsch in Afghanistan). Diese Macht muß einer sehr viel
feinfühligeren Kontrolle unterliegen, beispielsweise vermittels einer
Anpassung von Zinssätzen. Wenn eine unabhängige Körperschaft

entschiede, daß dieses oder jenes Land im Unrecht sei, dann würden die Zinsen auf allen diesem Land gewährten internationalen Krediten um ein paar Prozentpunkte angehoben.

Das ist ein Fragenkomplex, der einiges sorgfältiges Nachdenken erfordert. Gemeinhin haben Sanktionen ihre Wirkung verfehlt, weil man etwas braucht, was nur das betreffende Land bieten kann (etwa die strategischen Minerale aus Simbabwe und Südafrika), oder weil es einzelne Länder als wirtschaftlich vorteilhaft angesehen haben, die Sanktionen zu umgehen. All das ist immer unzureichend überwacht worden, und es hat nie wirkungsvolle Sanktionen gegen die Sanktionsbrecher gegeben. Die traditionellen gerichtlichen Institutionen sind viel zu langsam und zu befangen.

Die Macht der Geiselnahme

In rohester Form zeigt sich diese Macht in der Geiselnahme und der Entführung. Im Sinne des Systems handelt es sich um die Lokalisierung von Macht in konzentrierter Weise, wo sie andernfalls ohne jede Wirkung wäre. Was in Wirklichkeit als Geisel genommen wird, ist die Einstellung oder Haltung der angegriffenen Partei. Das kann die Liebe einer Familie zu ihrem entführten Kind sein. Es kann die Fürsorge eines Staates für seine unschuldigen Bürger sein.

Ähnlich können auch das Selbstverständnis und die Ideale eines Staates insofern als Geisel genommen werden, als sich das Verhalten dieses Staates nach ihnen ausrichten muß. So ist das Verhalten der Regierung der Vereinigten Staaten durch die Erwägung dessen eingeschränkt, was vertretbar ist. Die Unterstützung einer Diktatur fällt schwer, besonders wenn der Nachweis von Verstößen gegen die Menschenrechte oder des Einsatzes von Todesschwadronen erbracht ist. So hat ein Gegner die Macht, das Verhalten einer Partei auf das zu begrenzen, was mit dem Selbstverständnis dieser Partei vereinbar ist. In gewissem Sinne ist diese Partei eine Geisel ihrer eigenen Überzeugungen.

Chancen und Belohnungen

Es ist interessant, daß wir immer da, wo es um Konflikte geht, in Begriffen wie Macht und Machteinschränkung denken. Das Bild des Kampfes ist fest etabliert. Es kommt nur sehr selten vor, daß in

Begriffen wie Belohnung, Chance, Vorteil und Anreiz gedacht wird. Und doch sind das sehr wirkungsvolle Mittel, das menschliche Verhalten in eine bestimmte Richtung zu dirigieren. Auf den Konflikt angewandt, werden sie jedoch sofort mit dem Etikett »Bestechung« versehen. Der emotionale Gehalt dieses Wortes schließt sogleich alle Überlegungen im obigen Sinne aus. Das ist ein klassisches Beispiel dafür, wie die Sprache das Denken beeinflußt. Überhaupt jeder auf »Chancen« beruhende Entwurf würde die Anschuldigung auf sich ziehen, Bestechung zu sein. Parallel dazu würde jede Partei, die eine solche auf Chancen basierende Beendigung eines Konfliktes akzeptierte, des *Ausverkaufs* beschuldigt. Die Leute erwarten und wollen den Kampf — jeder andere Entwurf ist eine Enttäuschung. Allenfalls ist das Verhandeln über einen Kompromiß zu einem sehr späten Zeitpunkt noch akzeptabel.

Ich habe einmal den Gedanken vorgetragen, daß es einen wirtschaftlichen Sinn ergäbe, wenn man Häftlingen bei ihrer Entlassung aus dem Gefängnis eine Rente zahlte. Mein Gedanke dabei war, daß die Häftlinge dann einen Lebensunterhalt hätten und nicht rückfällig werden müßten. Und daß sie in diesem Falle etwas zu verlieren hätten, wenn sie zum Verbrechen zurückkehrten. Da achtzig Prozent der in Gefängnissen einsitzenden Häftlinge schon einmal dort gewesen sind und es zudem eine Menge kostet, jemanden im Gefängnis zu halten, ist diese Idee nicht ganz sinnlos. Aber sie widerspricht unserer Auffassung von Strafe. Jemanden dafür zu belohnen, daß er ein Krimineller ist, ist ein absurder Widerspruch. Ähnlich ist die — irgendwie geartete — Belohnung einer Konfliktpartei ein moralischer Widerspruch.

MORALISCHER DRUCK
Dies ist im Hinblick auf Konfliktsituationen eine der praktischsten und wirkungsvollsten Arten von Machtausübung. Das reicht von der Verurteilung durch eine Resolution der Vereinten Nationen bis zum überredenden Druck von Freunden. Diese Art ist in dem folgenden Kapitel über »Fairneß« beschrieben, in dem ich mich mit dem Gedanken des Fehlverhaltens und des Verstoßes gegen Regeln befassen möchte.

19. Fairneß

»Das ist nicht fair.« Schon in frühestem Alter haben Kinder einen
ausgeprägten Sinn für das, was nicht fair ist. Wenn Hans zwei
Kekse bekommt und Peter nur einen, dann weiß Peter, daß das
nicht fair ist. Kinder begreifen auch schnell, daß Fairneß ein nützli-
ches Mittel ist, Erwachsene zu Hilfe zu rufen. Aus irgendeinem
Grunde erweisen sich die Erwachsenen als Wächter über die Fairneß. Ein Kind kann das sittliche Empfinden von Erwachsenen leicht
anzapfen.

Ein Sinn für das, was fair (und gerecht und richtig) ist, ist für die
Zivilisation von zentraler Bedeutung. Wir neigen zu der Ansicht,
daß die moralischen Hemmschwellen ziemlich niedrig sind und die
menschliche Natur nicht eben stark durch das sittliche Empfinden
gezügelt wird. Ich bin mir nicht sicher, ob das stimmt. Gewiß gibt
es zahllose Beispiele dafür, daß einzelne Menschen oder ganze
Nationen nicht die geringste moralische Zurückhaltung gezeigt
haben. Aber wir sollten dabei nicht vergessen, daß sich die Menschen und Nationen *meistens* moralisch verhalten. Mächtige Staaten
könnten sich ohne Schwierigkeiten sehr viel räuberischer aufführen,
als sie es tun. Nichts kann sie daran hindern – nur ihr Sinn für
Moral und ihre Angst vor der moralischen Entrüstung der übrigen
Welt im Falle ihres schlechten Betragens.

Wo Menschen oder Nationen gegen die Moral verstoßen,
geschieht dies häufig deshalb, weil sie ihren eigenen Moralvorstel-
lungen folgen, die für sie einen höheren Wert beanspruchen. Die
Exzesse des Hitler-Regimes sind weitgehend auf die Vorstellung
einer Superrasse und die moralische Handlungsfreiheit zurückzu-

führen, die sich mit ihr verband. Ein bei einigen totalitären Regimen herrschendes, abweichendes Verständnis der Menschenrechte ist das Ergebnis ihrer Achtung vor der Moral der staatlichen Wohlfahrt, die »höher« steht als die Wohlfahrt des einzelnen. Die katholische Inquisition handelte manchmal ganz schön barbarisch – dies aber um des für die Gesellschaft, die Kirche und den Häretiker selbst moralisch Besten willen. Zweifellos folgt auch das Khomeini-Regime im Iran der höherstehenden Ethik des islamischen Fundamentalismus.

Ich führe dies alles hier auf, weil ich glaube, daß die Menschen in Wirklichkeit und im ganzen gesehen doch eher moralische Wesen sind und Konflikte nicht aus einem Mangel an Tugendhaftigkeit entstehen, sondern aus unterschiedlichen moralischen Grundsätzen oder einer unterschiedlichen Sicht der Dinge.

DIE BERECHTIGUNG DES ANLIEGENS

Die an einem Konflikt beteiligten Parteien machen sich in dem Glauben an die Berechtigung ihres Anliegens auf den Weg – oder kommen allmählich zu diesem Glauben. Die Argentinier glauben, daß die Malvinen rechtmäßiger Teil Argentiniens sind, weil sie einmal zum spanischen Argentinien gehörten und nach der Befreiung beim unabhängigen Argentinien hätten verbleiben müssen. Statt dessen landeten sie nach einer Folge von Besitzerwechseln in den Händen der Briten. An den Anfang des 19. Jahrhunderts zurückzugehen, um einen historischen Anspruch zu begründen, ist tatsächlich ziemlich schwach, denn das würde die Weltkarte erheblich verändern – beispielsweise müßten große Teile der Vereinigten Staaten (vor allem von Texas) an die Mexikaner zurückfallen. Theoretisch wäre jede Eroberung angreifbar, eben weil sie eine Eroberung ist. Seltsamerweise ist der viel einleuchtendere Grund – daß die Inseln nämlich geographisch und praktisch Teil Argentiniens sind und ihre Zugehörigkeit zu Großbritannien nur ein koloniales Relikt ist – nicht verwertbar, weil die Staaten eine geographische Ordnung noch niemals als Begründung für ein legitimes Recht auf Oberhoheit akzeptiert haben. Alle Ansprüche der Republik Irland auf den Norden basieren auf der Geschichte und auf geographischer Ordnung.

Es gibt andere Fälle, wo es sehr viel angemessener ist, sich etwa auf die ethnische Zugehörigkeit von Bevölkerungen zu stützen. Man wählt halt die Begründung für sein Anliegen jeweils nach eigenem Bedarf.

Wie ich in einem vorangegangenen Kapitel schon erwähnt habe, gibt es eine reichhaltige Auswahl an Vielzweck-»Gerechtigkeits«-Wörtern, die so zusammengefügt werden können, daß sie für viele Situationen ein berechtigtes Anliegen liefern. Zu diesen Wörtern gehören »Rechte«, »Gleichrangigkeit«, »Unterdrückung«, »Ausbeutung«, »demokratisch«, »Freiheit«, »Diktatur«, »Bedrängung« usw. Das heißt nicht, daß es sich dabei um falsche Flaggen handelt und daß die Anliegen, die unter diesen Flaggen segeln, grundsätzlich keine Berechtigung haben. Es bedeutet schlicht und einfach nur, daß es relativ leicht ist, etwas mit der Forderung nach Gerechtigkeit zu begründen.

DAS GESETZ
Die Zivilisation hat Gesetzbücher zusammengestellt, um die moralische Wertung leichter zu machen. Statt jeden einzelnen Fall nach seinen jeweiligen moralischen Verdiensten beurteilen zu müssen, wird er an das Gesetz verwiesen (das ein kodifiziertes oder ein an Präzedenzfällen orientiertes Recht sein kann). Zugleich macht dieses System den einzelnen Menschen das Leben leichter, weil sie wissen, wo sie stehen. Selbst wenn das Gesetz nicht sehr explizit oder zusammenhängend ist, dient es einem nützlichen Zweck, denn es gibt den Richtern und den Geschworenen einen Bezugspunkt für ihr Urteil an die Hand. Man sagt, daß in Hongkong die Kriminalität allgemein und die Korruption bei der Polizei auf einen Bruchteil des heutigen Ausmaßes reduziert werden könnten – wenn nur das Glücksspiel nicht mehr als Verbrechen gälte. So gesehen kann das Gesetz Verbrecher machen. Wo ein Gesetz allgemein akzeptierten Verhaltensnormen widerspricht, verliert es leicht seine moralische Grundlage. In gewissem Umfange ist das da der Fall, wo die Besteuerung exzessiv zu sein scheint.

KONVENTIONEN

Die Genfer Konvention ist eine bemerkenswert erfolgreiche Einrichtung. Die Behandlung von Kriegsgefangenen und das allgemeine Verhalten im Krieg (unter humanitären Gesichtspunkten)
wären wohl nicht leicht mit dem normalen Gesetz zu regeln. Es
würde zu endlosen Auseinandersetzungen und Rechtfertigungen
führen, wollte man jeden Fall einzeln nach seinen eigenen Verdiensten bewerten und aburteilen. Die abgewogene Aufstellung eines
neutralen Kodex formalisiert jedoch die Situation sofort. Was
erlaubt ist und was nicht, ist hinreichend detailliert festgelegt. Jeder,
der gegen den Kodex verstößt, weiß, daß er das tut. Es wird für die
schuldige Partei zu einer Sache der persönlichen Schuld, internationaler Verurteilung oder des Gesichtsverlustes.

Wahrscheinlich brauchen wir noch viel mehr solche Regelwerke
– vielleicht auch einen Kodex für das Verhalten von Terroristen.

Die Verfassungen der Staaten sind in Wirklichkeit eher Konventionen dieser Art als Gesetzbücher. Der Vorteil einer Konvention
liegt darin, daß durch sie Verhaltensregeln aufgestellt werden können, wohingegen ein Gesetz nur andeuten kann, was nicht getan
werden darf.

Akzeptable Standards für menschliches Verhalten und menschliche Rechte werden als so universal gültig angesehen, daß jeder
Verstoß gegen sie einen Angriff verdient. Das gibt dem einen Land
das Recht, sich in das einzumischen, was sonst innere Angelegenheit eines anderen Landes wäre.

INTERNATIONALE FOREN

Organisationen wie die Vereinten Nationen sind geschaffen worden, damit es ein Forum gibt, auf dem Staaten gleichsam sichtbar
ein Urteil über andere Staaten fällen können. Das hat zwei Auswirkungen. Die erste ist ein allen sichtbares Etikett, auf dem das
Vergehen verzeichnet ist – hier wäre an die Verabschiedung einer
Resolution durch die Vereinten Nationen zu denken, die dann der
Öffentlichkeit zugänglich gemacht wird. Die zweite Auswirkung ist
die Aburteilung durch die »Peer-Group«, das heißt durch die
Bezugsgruppe der Gleichrangigen.

Die Ausübung von Druck seitens der Peer-Group funktioniert

aber nur, wenn die Peers tatsächlich neutral und unabhängig sind (wie Gerichte). Wenn die Peers jedoch Bündnisse und Machtblöcke bilden, dann gibt es keine echte Jury mehr, sondern nur noch ein parlamentarisches Verfahren nach dem Motto »Was immer wir tun, ist richtig — was die andere Seite macht, ist falsch.« Obwohl die Vereinten Nationen als eine Peer-Group unabhängiger Staaten gedacht waren, erweist sich heute, daß sie dazu neigen, sich wie Bündnisgruppierungen zu verhalten. Das bedeutet, daß nur noch sehr schwere Vergehen verurteilt werden können und auch da als schwerste Strafe nur noch die »Stimmenthaltung« der eigenen Freunde zur Verfügung steht.

Nichtsdestoweniger ist die Verurteilung durch eine internationale Körperschaft von beträchtlichem moralischem Wert. In praktischer Hinsicht mag sie ignoriert werden, aber sie kann nicht ungeschehen gemacht werden. Es kann dagegen Stellung genommen werden, aber eine Stellungnahme kann sie nicht aufheben. Die Israelis entwickelten die Angewohnheit, ihre Aktionen durchzuführen, bevor eine Resolution der Vereinten Nationen zustande kam — und sie dann, wenn die Resolution verabschiedet war, einzustellen.

DRUCK VON DER PEER-GROUP

Bei Teenagern ist das die wirkungsvollste Form des Drucks. Ein Teenager raucht oder nimmt Drogen, wenn seine Bezugsgruppe das tut. Ein Teenager schlägt alte Damen, wenn das zu den erklärten Absichten seiner Peer-Group gehört. So ein Druck seitens einer Peer-Group hat auch eine große Wirkung auf Nationen und ihre Führer. Die Wirkung ist sogar noch größer, wenn der Druck inoffiziell und beständig ausgeübt wird. Niemand möchte gern isoliert sein. Jeder muß an seinem eigenen Urteil zu zweifeln anfangen, wenn alle anderen zu einer unterschiedlichen Ansicht gelangt sind.

Manchmal neigen Freunde zu der Meinung, sie müßten sich um der Loyalität willen auch dann noch gegenseitig unterstützen, wenn Uneinigkeit zwischen ihnen besteht. Wenn man Loyalität erwartet, muß man sie auch selbst zeigen. Das bedeutet, daß es weniger wahrscheinlich ist, daß Freunde auf öffentlicher Bühne uneins sein werden. Deshalb könnte ein inoffizieller Weg, durch die Peer-

Group Druck auszuüben, von Wert sein. Das wäre eine der möglichen Aufgaben der SITO.

Gelegentlich kommt es vor, daß die Handlungsweise eines Verbündeten in offiziellen Verlautbarungen mit Entrüstung verurteilt wird (so verurteilte Frau Thatcher die von Ronald Reagan veranlaßte Invasion Grenadas), während eine private Botschaft diese Handlungsweise gutheißt. Das ist ein weiteres Beispiel für die Kommunikation auf zwei Ebenen, die ich an anderer Stelle schon erwähnt habe.

ÖFFENTLICHE MEINUNG

Wo es freie und aktive Medien gibt, da ist die öffentliche Meinung ein bestimmender Faktor bei moralischen Verfehlungen. Es ist schwer, die Wirkung der öffentlichen Meinung in Ländern mit zentral gelenkten Presseorganen und Medien einzuschätzen. Ist die mündliche Kommunikation wirksam? Gibt es ausreichende Möglichkeiten, sich andere Informationsquellen zu erschließen?

In anderen Ländern scheint die öffentliche Meinung von großem Einfluß zu sein, auch wenn sie nicht direkt Veränderungen herbeiführen kann. Es könnte einfach so sein, daß Nationen viel daran gelegen ist, daß man sie mag. Es mag sein, daß eine Ideologie der Bestätigung durch andere bedarf. Es ist ja charakteristisch für Ideologien, daß sie ständig andere von ihrer Botschaft überzeugen müssen, damit sie selbst von ihr überzeugt bleiben.

Der Druck der öffentlichen Meinung wäre glaubhafter, wenn er gedämpfter wäre. Wenn jede Aktion schreiende Schlagzeilen und lautstärkste Verurteilungen nach sich zieht, dann wird das alles bald zum Klischee. Statt Wert als moralische Verurteilung zu haben, wird sie auf die Trivialität von Parteienslogans reduziert: Alles, was diese Seite tut, ist schlecht.

20. Finanzen

Statt »Finanzen« lese man »Kosten«. Aber Finanzen fangen mit F
an und vervollständigen die vier Faktoren: Furcht, Fäuste, Fairneß
und Finanzen.

Der Falklandkrieg kostete wahrscheinlich etwa zwei Milliarden
Pfund Sterling. Die Kosten des Unterhalts einer beachtlichen Streit-
macht auf der Insel werden mit etwa 600 Millionen Pfund pro Jahr
beziffert. Zur Zeit des Krieges lebten 1800 Menschen auf der Insel.
Die Kosten des Krieges plus die Stationierungskosten für ein Jahr
ergeben so fast 1,5 Millionen Pfund pro Einwohner. Eine Entschädigung in dieser Höhe könnte wohl die Mehrheit der Einwohner
dazu bringen, sich woanders häuslich niederzulassen. Natürlich
kann man so nicht denken – und dies aus zwei Gründen. Zum
einen sind moralische Grundsätze niemals verkäuflich und können
nicht in Geldwert berechnet werden. Zum anderen kann man die im
nachhinein entstehenden Kosten nicht von vornherein kalkulieren
– und selbst wenn man das könnte, wäre kein Parlament bereit, für
nichtmilitärische Zwecke die Riesensummen freizugeben, die es für
militärische Zwecke nur zu gern bewilligt.

Man schätzt, daß der Bergarbeiterstreik von 1984 in Großbritannien etwa 70 Millionen Pfund pro Woche (10 Millionen Pfund pro
Tag) gekostet hat. Darin enthalten sind Produktionsausfall, Extrakosten bei der Stromerzeugung, Extrakosten bei der Stahlproduk-
tion, Steuerausfall usw. Es kommt der Punkt, wo die Kosten die
Summe übersteigen müssen, die für die Aufrechterhaltung des
Betriebes unwirtschaftlicher Bergwerke gefordert wurde (der Anlaß
des Streiks). Doch Prinzipien sind nicht verkäuflich, und was auf

dem Spiele steht, ist die Rentabilität der gesamten britischen Industrie. Es wird behauptet, daß ein Nachgeben gegenüber den Bergarbeitern zu einer Einzementierung unwirtschaftlicher Subventionen zur Erhaltung von Arbeitsplätzen und zu einem endgültigen Verlust der Wettbewerbsfähigkeit auf dem Weltmarkt geführt hätte.

Der Preis der meisten Konflikte übersteigt sehr schnell jenen Punkt, bis zu dem der Konflikt für beide Seiten noch sinnvoll ist. Die Kosten sollten aber der *bestimmende Faktor* bei der Frage sein, ob ein Konflikt sich lohnt. In der Praxis kommt dieser Gesichtspunkt allerdings nur höchst selten ins Spiel, weil die Auffassung vorherrscht, daß Geld und Rechte zwei getrennte Bereiche seien. Bei einigen Anlässen, wie beispielsweise Tarifverhandlungen, meint man, daß eine Anhebung der Lohnskala langfristige Vorteile hat, selbst wenn die »lokale Logik« (die Aufrechnung von Gewinn und Verlust) dagegen spricht.

Vielleicht sollte es eine Art »Amt für die Schätzung von Konfliktkosten« geben, das eine Aufstellung dieser Kosten anfertigen würde, die man dann beiden Parteien vorlegen könnte. Und vielleicht könnte nach Beendigung des Konflikts eine Bilanz erstellt werden, um die tatsächlich entstandenen Kosten offenzulegen. Eine gewisse Kultivierung des Kostenbewußtseins könnte möglicherweise zu einer Verringerung der Attraktivität von Konflikten als Mittel, einen Streit zu entscheiden, beitragen.

Wenn die Gesamtkosten eines Konflikts von Anfang an klar erkennbar wären, könnte ein Punkt kommen, an dem beide Parteien den Wunsch haben, den Konflikt vermittels eines entworfenen Ergebnisses zu beenden. Unglücklicherweise könnte sich hier eine paradoxe Situation ergeben. Wenn die Kosten erst einmal explodiert sind, kann eine Partei auf Gedeih und Verderb weitermachen, da diese Kosten dann schon zu hoch sind, um durch eine Einigung auf dem Verhandlungswege noch aufgefangen werden zu können. Präsident Galtieri befand sich in diesem Dilemma. Es besteht deshalb um so mehr Grund, Belohnungen in entworfene Ergebnisse einzubauen, selbst wenn es dafür keine moralische Rechtfertigung gibt.

Abgesehen von den tatsächlichen Kosten der Bewaffnung und auch abgesehen von den Einbußen beim Handel, ergeben sich oftmals ja auch noch »Inflationskosten«, denn die Kriegswirtschaft heizt häufig die Inflation an (siehe Israel und die Vereinigten Staaten nach dem Vietnamkrieg).

Unnötig zu sagen, daß sich die Kosten nicht nur in Geld ausdrükken. Sie umfassen auch Menschenleben, menschliches Leiden, den Entzug von Fachkräften, die Vernachlässigung der Landwirtschaft, das Absinken des Einsatzwillens, Schäden am Image, das man in der Welt hat, usw.

Es ist ganz klar, daß die Kosten nicht zählen, wenn man sein Leben (oder seine Freiheit) verteidigen muß. Das ist jedoch nur ein Aspekt des Konflikts, und es wäre absurd anzunehmen, daß sich bei allen Konflikten beide Parteien in diesem Sinne verteidigen. Nein, in allen anderen Fällen sollten die Kosten sehr viel stärker zählen, als sie es tun. Unglücklicherweise fällt es schwer zu glauben, daß das Geld, wäre es nicht für den Konflikt ausgegeben worden, für andere, sichtbar gute Zwecke eingesetzt worden wäre. Vielleicht sollte jedes Land einen »Konfliktfonds« einrichten, der am Ende eines jeden Jahres für wohltätige Zwecke verwandt werden müßte, soweit er nicht durch Konflikterfordernisse in Anspruch genommen worden ist.

Wenn der Tag käme, an dem Menschen und Nationen klar würde, daß niemand sich Konflikte leisten kann, dann würde das, was wir heute noch auf so ungeschlachte Art lösen, in einer viel subtileren Weise gehandhabt werden.

21. Einstellungen zum Konflikt

Das Unglück ist, daß die an einem Konflikt beteiligten Parteien nicht einmal sich selbst ihre wahre Einstellung zum Konflikt einzugestehen wagen. Sie würden ihre Zuversicht, ihre Entschlossenheit und ihre Fähigkeit verlieren, ihre Anhänger bei der Stange zu halten, wenn sie zugeben müßten, daß ein Sieg unwahrscheinlich ist. Es hat mich schon immer fasziniert, wie Friedrich der Große stets wieder Boden und Menschen an seine Feinde verlor und doch als der Sieger aus der Schlacht hervorging. Das war alles eine Sache der Einstellung. Der preußische König pflegte überzeugt zu sein, daß er gesiegt hatte. Bald glaubten das auch seine Armee und der Feind – selbst wenn der Punktestand etwas ganz anderes aussagte. Es ist deshalb für beide Seiten bei einem Konflikt ganz vernünftig, Attitüden einer völlig unrealistischen Zuversicht beizubehalten. Am Roulettetisch kann bei der nächsten Drehung des Rades alles geschehen. Die Tatsache, daß alles geschehen kann, bedeutet aber nicht, daß es wahrscheinlich auch geschehen wird. Wenn jedoch die einzige Alternative zur Hoffnung die Niederlage ist, dann bleibt man besser bei der Hoffnung. Um so mehr besteht Veranlassung, Ergebnisse zu entwerfen, die nicht als Niederlage aufgefaßt werden.

DAS ANZETTELN EINES KONFLIKTS
Man muß von der Annahme ausgehen, daß in den meisten Fällen Konflikte entstehen, weil beide Seiten den Konflikt wollen. Im Augenblick können wir die einschüchternde Aggression ausklammern. Wie im Falle des Ersten Weltkrieges herrscht oft das Gefühl, es sollte zu einem Konflikt kommen. Der Vorwand oder die unmittelbaren Gründe sind weniger wichtig.

Wie im Königreich der Tiere ist es der Zweck dieser Art von
Konflikt, die »allgemeine Herrschaft« über die andere Partei zu
gewinnen. Der junge Löwe muß den alten Löwen herausfordern.
Der Seelöwe muß dem anderen Seelöwen, der da seinen Strandha-
rem bedroht, zeigen, wer der Herr ist. In einem Rudel von Wölfen
oder Affen muß das Leittier fortwährend zeigen, daß es noch der
Anführer ist. Wir neigen also dazu, den Konflikt als ein Mittel
anzusehen, Herrschaft zu begründen. Diese Herrschaft wird dann
bewirken, daß unser Wille geschieht. Zumindest wird sie den
Gegner ducken und gefügiger machen. Statt jeden Fall wieder neu
verhandeln zu müssen, stellt man klar, daß man der Chef ist — und
fortan ist jeder Fall mit Rechtmäßigkeit und guten Gründen ausge-
stattet. Es spricht viel für dieses Verfahren, und es gab eine Zeit, da
funktionierte es ausgezeichnet (man denke an die imperialen Tage
Roms oder Britanniens). Wir wollen hier gar nicht darauf herum-
hacken, sondern lediglich deutlich machen, daß es angesichts der
modernen Waffen keine angemessene Methode mehr ist.

Eine Gewerkschaft sucht Streit mit dem Management, um zu
zeigen, wessen Wille sich durchsetzen wird. Eine Regierung läßt es
zu einer entscheidenden Kraftprobe mit der Bergarbeitergewerk-
schaft kommen, um alle anderen Gewerkschaften in Schach zu
halten.

Das ist natürlich ein Verständnis von Konflikt, wie es den
Machos eigen ist. Die Sache zählt nicht, wohl aber die Herrschaft
des Siegers über den Verlierer.

FREUDE AM KONFLIKT

Ich habe an anderer Stelle in diesem Buch erwähnt, daß die Verlängerung eines Konflikts im Interesse der einen Partei (oder auch
beider) liegen kann. Es kann darum gehen, die Aufmerksamkeit von
anderen Dingen abzulenken. Es kann darum gehen, sich einen
äußeren Feind zu schaffen, um innere Einheit zu erreichen. Es kann
darum gehen, die Bedeutung auszukosten, die einem ein Konflikt
verleiht. Es kann sein, daß das reaktive Denken des Konflikts für
Politiker reizvoller ist als das initiierende Denken, das in Friedens-
zeiten gefordert ist. Es kann sein, daß die Presse alle so angefeuert
hat, daß der Konflikt zu einer Art Sportveranstaltung mit laufender

Punktezählung geworden ist. Wir müssen uns die wahrgenomme-
nen Werte einer Konfliktfortführung genau ansehen.

KONFLIKTPUNKT

Das ist das Bemühen beider Seiten, die Uneinigkeit um einen Punkt
von grundsätzlicher Bedeutung zu kristallisieren. Wie eine erfolgreiche Werbekampagne einen Slogan braucht, so muß ein erfolgrei-
cher Konflikt ein einfaches Zentralthema haben. Wenn die tatsächliche Streitfrage kompliziert ist, dann wird ein einfacheres Thema
daraus abgeleitet. Solche Slogans wie »Freiheit für das Individuum«
können für gewöhnlich jedem Konflikt angeheftet werden. Die
andere Seite bedroht dann durch das, was sie verficht, die Freiheit
des Individuums. Das ergibt sich logischerweise so, denn wenn eine
Seite etwas haben will und die andere Seite gegensätzliche Wünsche
hat, dann sucht letztere, sich den Wünschen der ersteren in den Weg
zu stellen – sie behindert die Freiheit der Wahl.

Wichtig in diesem Zusammenhang ist, daß wir bei dem Versuch,
Konflikte zu lösen, oft direkt zum Zentralpunkt gehen, weil wir ihn
für den Kern des ganzen Problems halten. Das ist ein Fehler. Der
zentrale Punkt ist meistens überhaupt nicht der wirkliche Grund
des Konflikts, sondern nur ein mitteilbarer Slogan.

Wenn die Dinge nicht auf diesen zentralen Punkt gebracht worden wären, dann wäre der ganze Konflikt wahrscheinlich gar nicht
entstanden, weil man sich nämlich über jeden einzelnen Punkt der
Uneinigkeit in Gesprächen verständigt hätte.

Man trifft auch auf die Auffassung – abgeleitet von der vor-
antibiotischen Behandlung von Geschwüren –, daß man die Dinge
zum Aufbrechen kommen lassen müsse. Wenn sie aufgebrochen
sind, kann man etwas tun. Ein Konflikt reinigt die Luft und klärt
die Dinge.

Wie schon erwähnt, vermeidet das entwerfende Verfahren der
Konfliktlösung am Anfang den zentralen Konfliktpunkt und
kommt erst am Ende zu ihm.

WIR KÖNNEN KRIEGEN, WAS WIR WOLLEN

Das sind die ersten Tage, die Tage der Zuversicht. Es sieht alles
danach aus, als ob das Ergebnis positiv sein werde. Jeder, der mit

einigen Erfolgsaussichten an einem Rennen teilnimmt, glaubt beim
Start des Rennens an die Möglichkeit des Sieges. Wenn wir bessere
Mittel zur Einschätzung der wahrscheinlichen Ergebnisse hätten als
den Blankoscheck der Hoffnung und des Wunschdenkens, dann
würden wohl weniger Konflikte angefangen werden. Vielleicht
sollte es eine fachkundige Gruppe von Leuten geben, deren Aufgabe
es wäre, wahrscheinliche Konfliktausgänge zu taxieren (und die
Kosten, wie schon erwähnt).

Mit falscher Zuversicht und der Euphorie der Rechtschaffenheit
ist immer schwer fertig zu werden. Schüchternheit und Vorsicht
sind nur schwache Wörter. Wir benötigen ein viel stärkeres Bild,
um den Unterschied zwischen vernünftigem Verhalten und der
Kinderei der meisten Konflikte sichtbar zu machen. Vielleicht
sollten wir üben, bis zum Rand von Konflikten zu gehen, von
denen wir wissen, daß wir sie nicht haben werden – um uns vom
Wert der Konfliktvermeidung zu überzeugen.

RÜCKZUG, ABER NICHT MIT LEEREN HÄNDEN
Es kommt der Punkt, an dem eine Konfliktpartei weiß, daß ein Sieg
im ursprünglich erstrebten Sinn nicht mehr möglich ist (aus
Kostengründen beispielsweise). An diesem Punkt würde sich die
Partei gern zurückziehen – ehrenvoll und mit irgend etwas in den
Händen, das sie als Ausgleich für ihre Mühen und Kosten vorwei-
sen kann. An diesem Punkt wird das Bemühen um einen Entwurf
wesentlich. Wir brauchen bloß »kosmetische« und wirkliche Vor-
teile zu entwerfen. Der Rückzug aus dem Konflikt muß eine echte
Möglichkeit sein, nicht eine bloße Flucht vor der Katastrophe.

DER ZWANG WEITERZUMACHEN
Wir können gezwungen sein weiterzumachen: weil unser gebräuch-
liches Konzept nur Sieg und Niederlage kennt; weil wir glauben,
daß die andere Seite im Unrecht ist und dafür bestraft werden muß;
weil die dialektische Betrachtungsweise bedeutet, daß man nur recht
haben kann, wenn die andere Seite unrecht hat. Aus allen diesen
Gründen zögern wir, die andere Seite vom Haken zu lassen. Sie ist
in die Knie gezwungen, geben wir ihr den Rest. Die riesigen
Reparationszahlungen, die die Alliierten nach dem Ersten Weltkrieg

von Deutschland forderten, waren unbezahlbar, lösten eine ungeheure Inflation aus und waren direkt für Hitler und den Zweiten Weltkrieg verantwortlich. Die sehr viel aufgeklärtere Haltung gegenüber Deutschland und Japan nach dem Zweiten Weltkrieg machte aus diesen zwei Feinden verläßliche Verbündete.

Die religiösen Ideen der Schuld und Sünde und Strafe sind bei der Konfliktlösung fehl am Platz. Wir müssen zeigen, daß ein Konflikt einfach kein praktischer und wirkungsvoller Weg ist, etwas zu erreichen. Unseligerweise ist er in vielen Fällen der einzige Weg, weil wir keine besseren Wege geschaffen haben.

Der totale Sieg ergibt nur deshalb einen logischen Sinn, weil der Sieg als das »Endziel« des Konflikts angesehen wird. Einen anderen Grund gibt es nicht dafür, daß der Sieg wichtig ist. Demütigung trägt nichts dazu bei, die Beziehungen zwischen beiden Seiten zu verbessern, sie steuert auch keinen praktischen Wert bei.

AUSGÄNGE OHNE SIEG

Es ist sehr wohl möglich, daß eine Partei ohne die Absicht in einen Konflikt geht, den Sieg zu erzwingen. Es kann eine ganze Reihe anderer Zielsetzungen geben. Was zum Beispiel erstrebt werden kann, ist ein Kompromiß oder ein dauerhaftes Auf-Distanz-Gehen. Es kann auch sein, daß die Angelegenheit durch irgendeinen Entwurf geklärt werden muß.

Der Konflikt kann dann das einzig praktikable Mittel sein, das System zu mobilisieren und dahin zu bringen, daß etwas geschieht. Handlung ist gefordert, nicht Sieg. Es ist schade, daß die Argentinier dies nicht als ihre Intention signalisierten, als sie die Falklandinseln besetzten.

Es kann da auch noch eine absichtliche »Schleichstrategie« geben. Dabei ist das Ziel des Konflikts nicht, den Endsieg zu erringen, sondern Dinge in kleinen Schritten voranzubringen. Kampagnen für die Rechte der Schwarzen oder der Frauen gehören hierher.

ABWARTEN

Die Schlüsselfrage ist, ob eine Partei die Situation unter Kontrolle hat oder ob sie sich nur von Augenblick zu Augenblick weiterhangelt. Die Schwungkraft der Ereignisse kann die Dinge bis zu einem

Zustand treiben, wo eine Partei (oder auch beide) so sehr in die Situation verwickelt ist, daß sie nicht mehr tun kann als überleben. Sie unternimmt, was der Augenblick fordert, und hofft, daß sich die Dinge schließlich von selbst erledigen werden.

Das ergibt eine völlig absurde Situation, denn der Konflikt ist zu einer Art Monstrum à la Frankenstein geworden, wobei die Parteien nur noch seine Begierden befriedigen.

Eine interaktive Situation gewinnt sehr leicht ein Eigenleben. Und das deshalb, weil sie nicht der Kontrolle *einer* Partei unterliegt. Die Reaktionen der einen Partei liegen außerhalb der Kontrolle der anderen.

Um so mehr haben die Parteien Grund, durch eine Organisation wie die SITO Kontakt miteinander aufzunehmen und gemeinsam die Situation wieder unter ihre Kontrolle zu bringen. Es spielt keine Rolle, wie gültig das »antagonistische« Idiom am Anfang des Konflikts gewesen sein mag — wenn es einmal außer Kontrolle geraten ist, wird ein kooperatives Entwurfsverfahren wesentlich. Wenn der Boxring Feuer fängt, tun sich beide Boxer zusammen, um die Flammen zu löschen.

Teil V
Institutionen für die
Konfliktlösung

22. Warum vorhandene Institutionen nicht ausreichen

»Ich möchte, daß Sie mir den bestmöglichen Rennwagen nach neuestem Wissens- und Forschungsstand konstruieren – Bodenhaftung und all das. Aber der Wagen muß auch dazu geeignet sein, daß meine Frau damit zum Einkaufen fahren kann. Sie wissen schon, leicht zu parken, leicht zu handhaben, bequemes Ein- und Aussteigen, automatisches Getriebe.«

»Sie wollen also ein multifunktionales Auto, das sich ebenso für einen Grand Prix wie für das Einkaufen am Sonnabend eignet?«

»Nein, ich will kein multifunktionales Auto. So ein Wagen wäre für alle Aufgaben gleich gut geeignet und deshalb für alle Aufgaben unzureichend.«

»Ich werde einen Rennwagen bauen, und dann wird sich Ihre Frau daran gewöhnen müssen, damit zum Einkaufen zu fahren – sie wird's nicht mögen.«

»Sie sind entlassen. Es muß möglich sein, das Auto zu bauen, wenn ich hier sitzen und ganz genau sagen kann, was ich haben möchte. Ich werde einen anderen Konstrukteur beauftragen.«

Das Grundprinzip ist klar. Wenn etwas für einen Zweck gebaut wird, dann kann es einfach für einen anderen Zweck nicht viel taugen. Das liegt weder an der Konstruktion noch am Erbauer.

Aber noch ein weiteres Prinzip ist zu erkennen. Zu sagen, daß etwas »multifunktional« sei, *macht es noch nicht* multifunktional. Es mag unmöglich sein, eine multifunktionale Konstruktion zu schaffen, auch wenn man sie genau spezifizieren kann.

In diesem Kapitel möchte ich die vorhandenen Einrichtungen für die Lösung von Konflikten betrachten. Im besten Falle sind sie

unzureichend, im schlechtesten entschieden gefährlich, ja, sie kön-
nen den Konflikt eher noch anheizen. Ihrem Aufbau und ihrer
Terminologie nach sind sie Ausdruck unserer unbeholfenen, pri-
mitiven und antiquierten Behandlung von Konflikten. Nach meiner
Auffassung gibt es keine Hoffnung mehr, daß diese Institutionen
ihre Funktion und Leistung ändern. Sie sind in der Logik ihrer
Struktur, in der Logik ihrer Geschichte und in der Logik der
Menschen, die sie lenken, eingeschlossen. Zudem sind sie in der
Logik der Erwartung eingesperrt, das heißt in der Notwendigkeit,
weiterhin so zu funktionieren, wie es von ihnen erwartet wird. Im
nächsten Kapitel will ich dann eine neue Institution vorschlagen —
die SITO.

UNZULÄNGLICHKEIT

Wir können uns Konstruktionen ansehen und sie einer bestimmten
Aufgabe nicht gewachsen finden. Es kann sein, daß sie nie für diese
Aufgabe gedacht waren. Es kann sein, daß man ihnen diese Aufgabe
überträgt, weil es einfach keine andere Möglichkeit gibt, sie zu
erledigen. Ich mußte einmal ein Frackhemd mit einer in Alumi-
niumfolie gewickelten Bratpfanne bügeln — weil kein Bügeleisen
zur Hand war. Es kann sein, daß die Konstruktion zeitweise
angemessen war, daß aber ihre Anlage unvermeidlich zu einer
Veränderung ihres Wesens führte und sie so unzulänglich werden
ließ (wie das bei den Vereinten Nationen der Fall ist). Es kann sein,
daß sich das Wesen der Aufgabe selbst verändert hat. Es kann sein,
daß Konfliktlösung heute etwas ganz anderes ist als noch vor
dreißig Jahren.

Irrtümlich glauben wir oft, es gäbe eine »multifunktionale Intelligenz«, das heißt, daß eine intelligente Person zu allem befähigt sei.
Und ferner, daß eine Gruppe intelligenter Leute, in einer Institution
zusammengebracht, ihre Aktivitäten in jede beliebige Richtung
lenken könne. Das ist ein großer Irrtum. Denn es gibt die lokale
Logik und logische Blasen. Die Art und Weise, wie eine Organisation aufgebaut ist, wird ihre multifunktionale Einsetzbarkeit stark
beschränken. Die Konstruktion einer Organisation ist so real wie
die Konstruktion eines Autos.

Wenn die einzelnen Einrichtungen, über die wir verfügen, unzu-

länglich sind, dann heißt das, daß die Konfliktlösung nicht sehr
befriedigend geleistet wird. In einem so vitalen Bereich aber dürfen wir Unzulänglichkeit nicht dulden, noch sollten wir uns
damit abfinden. Die Konfliktlösung ist wahrscheinlich der wichtigste Bereich, wenn es um die Zukunft der Menschheit und um
das Fortbestehen der Welt geht. Reicht es aus, der Menschheit
und der Welt in unzureichender Weise gedient zu haben?

SELBSTGEFÄLLIGKEIT
Die große Gefahr, die die Unzulänglichkeit mit sich bringt, ist
die Selbstgefälligkeit. Wenn wir über eine Einrichtung verfügen,
die ihrer Aufgabe nur schlecht gerecht wird, können wir damit
zufrieden sein, weil wir *uns nicht vorzustellen vermögen, wie die
Sache besser gemacht werden könnte.* Dieser Mangel an Vision
und Verstehen des menschlichen Denkens ist ein schweres Handi-
cap. Der Mann, der weder Ehrgeiz hat noch sich selbst in einem
besseren Job sehen kann, muß einfach mit seiner augenblicklichen
Arbeit zufrieden sein. Es gibt keine Blindheit, die schlimmer
wäre als der Mangel an Vision. Wenn wir wirklich mit unseren
vorhandenen Institutionen zufrieden sind, dann muß es deshalb
sein, weil wir sie für hervorragend halten – oder weil wir uns
schlicht nichts Besseres vorstellen können. Der ganze Zweck dieses Buches ist es, darauf hinzuweisen, daß es etwas Besseres
geben kann – sowohl hinsichtlich der Vorstellungskraft als auch
hinsichtlich einer Organisation, die speziell für die Konfliktlösung
vorgesehen ist.

Wenn ich von Selbstgefälligkeit spreche, dann rede ich nicht
bloß von der natürlichen Neigung einer Organisation, sich selbst
gegen den Vorwurf der Unzulänglichkeit zu verteidigen. Ich
würde sogar erwarten, daß mir Mitglieder der Organisationen,
die ich hier erwähnen werde, entgegenhalten, daß sie vollkommen
in der Lage seien, die in diesem Buch beschriebenen Aufgaben zu
erfüllen. Das ist zu erwarten. Was gefährlicher ist, ist der Glaube
auf seiten anderer, eine unangemessene Einrichtung sei angemessen. Das blockiert die Suche nach einer besseren Konstruktion
vollkommen. Der Automobilbau hinkt weit hinter dem her, was
möglich ist (bei Material, Wirtschaftlichkeit, Sicherheit, Bedie-

nung usw.), weil jeder stets mit der Tauglichkeit der vorhandenen Konstruktionen zufrieden war.

GEFAHR

Hier meine ich nicht die Gefahren der Unterlassung. Die schiere Unzulänglichkeit einer Institution kann die Gefahr der Unterlassung heraufbeschwören: Dinge werden einfach nicht getan, weil die Institution sie nicht tun kann. Ich meine hier eher Gefahren der Zulassung. Es ist möglich, daß das Rennauto, mit dem man zum Einkaufen fährt, nicht gut einzuparken ist – das ist eine Gefahr der Unterlassung. Die wahnsinnige Beschleunigung des Wagens aber kann zu schweren Unfällen führen – das ist eine Gefahr der Zulassung. Viele der uns zur Verfügung stehenden Einrichtungen, die mit der Konfliktlösung befaßt sind, versagen nicht nur bei der Erfüllung ihrer Aufgabe, sondern sie verschärfen die Lage noch und machen die Dinge nur noch viel schlimmer. Zum Beispiel wird die Dialektik der Demokratie automatisch auf das Konfliktdenken übertragen. Es mag uns nicht sonderlich beunruhigen, wenn das von uns entworfene Rennauto nicht jedes Rennen gewinnt. Aber es sollte uns stutzig machen, wenn unsere zum Einkaufen fahrende Frau mit diesem Wagen auf der Hauptstraße ihre Mitbürger ummäht.

INSTITUTIONELLE LOGIK

Ich möchte absolut klarstellen, daß meine Kritik an bestehenden Institutionen nicht davon ausgeht, daß diese etwa von inkompetenten Leuten betrieben würden und ein Wandel in der Einstellung und Leistung das Problem schon lösen könnte. Ich führe auch nicht darüber Klage, daß das angewandte Denkmuster auf der unangemessenen und unbrauchbaren Argumentationsmethode basiert. Wenn das alles wäre, dann ließe es sich wohl durch ein straffes Training in Ordnung bringen. Die Klage ist viel grundsätzlicherer Natur. Wie ein einzelner Mensch seine eigene logische Blase hat, so hat auch eine Institution ihre eigene Logik. Diese ergibt sich aus Zweck, Aufbau und Funktion der jeweiligen Einrichtung. Da gibt es die Logik des Rennwagens und die Logik der Einkaufstour – ganz abgesehen von den Fähigkeiten des Fahrers.

Wenn die amerikanische Regierung ein Haushaltsdefizit hat (aufgrund der Verteidigungsausgaben und weil die meisten Ausgaben der öffentlichen Hand von der Gesetzgebung begrenzt werden), dann kann es der Logik der Bundesbank entsprechen, die Zinsen zu erhöhen. Das aber hat für die Schuldnerländer in der Dritten Welt in zweifacher Hinsicht schmerzliche Folgen. Die deflationistischen Auswirkungen hoher Zinsen verlangsamen die wirtschaftliche Erholung, da sie die Chancen dieser Länder verschlechtern, durch Exporte und steigende Verbraucherpreise Geld zu verdienen. Die höheren Zinsen, die die Schuldnerländer für die aufgenommenen Kredite zahlen müssen, hemmen ihre Investitionstätigkeit. Und doch handeln die amerikanische Bundesbank und die Regierung nach einer lokalen Logik, bei der die amerikanische Wirtschaft und die nächsten Wahlen an erster Stelle stehen. Natürlich ist davon auch der Rest der Welt abhängig, denn nur eine gesunde amerikanische Wirtschaft kann eine weltweite wirtschaftliche Erholung bewirken. So schafft die Strukturierung der Situation ihre eigene Logik. Es muß wieder und wieder betont werden, daß ein Teil der Schwierigkeiten unserer Welt durch die unzureichenden geistigen Fertigkeiten des Menschen (und durch seine Besessenheit von überholten Denkmustern) entsteht, ein anderer Teil durch das Gefangensein in Strukturen, die der Mensch selbst entworfen hat und deren Sklave er heute ist. Es gibt nur eine durch Unwissenheit und eine durch Selbstgefälligkeit verursachte Schuld.

DIE VEREINTEN NATIONEN

Ich werde auf sie zuerst eingehen, weil sie allem Anschein nach die Organisation sind, die geschaffen wurde, um jene Funktionen zu erfüllen, für welche hier die SITO vorgeschlagen wird.

Die Idee eines gemeinsamen Forums aller Nationen ist natürlich und hervorragend. Wenn wir uns das Versagen und die Mängel der Vereinten Nationen ansehen, sollten wir dabei nicht ihre überaus beachtlichen Erfolge und die Tatsache übersehen, daß die Dinge noch sehr viel schlimmer aussehen könnten, wenn es sie nicht gäbe. Ich bin mir der Vorzüge dieser Organisation sehr wohl bewußt, und dies ist der Hintergrund, vor dem meine Anmerkungen zu sehen sind.

Da es keine denkbare alleinverantwortliche Weltautorität gibt, muß jede Organisation dieser Art ihre Autorität aus einem Verbund von Mitgliedstaaten herleiten. Wenn solch ein Verbund alle Staaten dieser Erde umfaßt, dann ist die Autorität eine vollkommene. Sie entspricht dann der traditionellen Amtsgewalt des Rathauses oder jeder demokratischen Einrichtung. Die Mitglieder versehen die Organisation mit Autorität.

Hinsichtlich der Konfliktlösung heißt das, daß es einen Ort gibt, an dem man über Konflikte und mögliche Konflikte debattieren kann. Es gibt institutionelle Kanäle durch Zusammenkünfte und durch Kommunikation. Die Dinge können ebenso bei privaten Treffen wie öffentlich diskutiert werden.

Sollte die Notwendigkeit bestehen, das Fehlverhalten eines bestimmten Staates verurteilen zu müssen, verabschieden die Vereinten Nationen eine Resolution, die die Einstellung einer bestimmten Aktion (bzw. deren Durchführung) empfiehlt. Die Wirksamkeit dieses Urteils beruht auf dem Druck der Peer-Group und gelegentlich auch auf Wirtschaftssanktionen (mit Überwachungsaufgaben für Truppen der Vereinten Nationen). Im wesentlichen handelt es sich um eine Verurteilung durch die Druck ausübende Peer-Group.

In vielen Ländern bildet das Geschworenen-System die Grundlage des gesamten Rechtssystems. Eine Gruppe von Menschen, die kein direktes Interesse an dem vor Gericht verhandelten Fall haben, hört sich die Darlegung dieses Falles an und äußert dann eine Meinung darüber, ob sich die Dinge in einer bestimmten Weise zutrugen oder nicht. Der Richter spricht schließlich Recht.

Das Geschworenen-System kann nur funktionieren, wenn die Peers nicht in den Fall verwickelt sind. Bei bestimmten Verfahren dauert die Auswahl der Geschworenen sehr lange, weil sie nicht nur an dem Fall unbeteiligt sein müssen, sondern auch keinerlei vorgefaßte Meinungen oder Vorurteile haben dürfen (die durch Zeitungslektüre, Zugehörigkeit zu einer Volksgruppe usw. entstehen können). Ein Geschworener nach dem anderen kann (in den Vereinigten Staaten) abgelehnt werden, weil die Verteidigung behauptet, er sei nicht unbefangen genug.

In den frühen Tagen der Vereinten Nationen mag dieser Gedanke einer Gruppe von unbefangenen Staaten noch Gültigkeit gehabt haben. Sobald aber Staaten tatsächlich oder de facto Allianzen bilden, ist der Gedanke der Jury unbrauchbar – es gibt sie nicht mehr. Und in den Vereinten Nationen gibt es nun schon lange östliche und westliche Machtblöcke, die den ideologischen Konflikt der Supermächte widerspiegeln. Dann gibt es da die Nord-Süd-Spaltung mit den entsprechenden Bündnissen, wobei die Länder der Dritten Welt und die Entwicklungsländer gegen das stimmen, was sie als Eigeninteresse der Industriestaaten ansehen. Dann gibt es spezielle Bündnisse wie die NATO. Der Falklandkonflikt lieferte ein klassisches Beispiel dafür, daß Staaten (und hier waren es zwei) in gegensätzlichen Allianzen gefangen sein können.

Als NATO-Verbündeter Großbritanniens und weil sie den Glauben an die Notwendigkeit, nackte Aggression zu verhindern, teilen, sahen sich die Vereinigten Staaten genötigt, ihren Partner zu unterstützen. Weil aber Argentinien zur amerikanischen Hemisphäre gehört, weil die Vereinigten Staaten sehr bedacht auf ihr Image in Lateinamerika sind und weil einige Leute in der amerikanischen Administration an die Berechtigung der argentinischen Sache glaubten (nicht an die Methoden der Durchführung), fühlten sich die Vereinigten Staaten zugleich verpflichtet, für Argentinien Partei zu ergreifen. Für Italien ergab sich ein solcher Konflikt insofern, als es einerseits europäischer Verbündeter und NATO-Mitglied war, andererseits aber auch Sympathien für die Argentinier hatte, von denen schließlich etwa 35 Prozent ursprünglich italienischer Herkunft sind.

Die Problematik dieser Aufspaltungen zeigt sehr mächtige Abstimmungsbündnisse. Bei allen Israel betreffenden Fragen wird mit Sicherheit die islamische Welt gegen, werden die Vereinigten Staaten (wegen der starken jüdischen Lobby und der amerikanischen Verpflichtungen) für Israel votieren. Das sind mehr oder weniger dauerhafte Trennungslinien, das heißt, sie sind nicht von der jeweiligen Lage abhängig, wie das bei blockfreien Staaten der Fall sein könnte. Tatsächlich ergibt wiederum die Blockfreiheit selbst eine Abstimmungsgruppe – nämlich da, wo die blockfreien Staaten als Block gegen die Interessen der größeren Mächte stimmen. Alles ist zu einer großen Quadrille geraten, bei der sich

nach den Klängen der Musik immer wieder neue Gruppen for-
mieren.

Kurz gesagt sind die Vereinten Nationen zu einer Art Parlament
oder Repräsentantenhaus geworden. Das hat durchaus seine Vorteile, das System des Geschworenengerichts zur Lösung von Konflikten ist damit aber aufgehoben.

Wie ich an anderer Stelle in diesem Kapitel noch darlegen werde,
hat ein Parlament da gewaltige Nachteile, wo es um die Konfliktlösung geht. Das parlamentarische Denkmuster ist höchst einfach.
Wofür unsere Partei eintritt, ist automatisch richtig. Wofür die
andere Partei eintritt, ist automatisch falsch (und Unsinn obendrein). Die Dinge können nicht mehr nach ihren eigenen Verdiensten entschieden werden, weil die Parteienloyalität Vorrang haben
muß. Wer sich bei einer Frage nicht zu seiner Partei bekennt (auch
gegen die eigene Überzeugung), kann sich in Zukunft nicht mehr
auf die Loyalität seiner Partei verlassen.

Es muß kaum gesagt werden, daß das vorherrschende Denk-
idiom, ist die Sprache erst einmal die des Parlaments, die unzurei-
chende und gefährliche Argumentationsmethode ist, die ich zu
Beginn dieses Buches verurteilt habe. Es gibt keine andere Möglichkeit, in einem Parlament zu agieren. Statt des konstruktiven Entwurfs gibt es Angriff und Verteidigung und die Zurschaustellung
von Rechthaberei. Daraus folgt, daß ein großer Teil der ganzen
Aufführung überhaupt nicht auf die Lösung von Konflikten ausgerichtet ist, sondern allein darauf, andere Staaten in der Versammlung oder draußen in der Welt zu beeindrucken. Das ganze wird zu
einer *Konfliktarena*. Von dem erforderlichen Konstruktions- oder
Entwurfsverfahren, für das ich in diesem Buch plädiere, ist nicht die
geringste Spur zu entdecken.

Man könnte sagen, daß die Vereinten Nationen aufhörten, dem
Gedanken des unabhängigen Geschworenengerichts zu entsprechen, um sich zu einem Parlament zu wandeln, als sie die Rolle der
Konfliktlösung abgaben und sich zu einer Art Konflikt*gärtnerei*
entwickelten, wo Konflikte als eine Möglichkeit gesät und ge-
hegt wurden, Bündnisse draußen in der Welt zu erweitern und zu
festigen.

Natürlich gibt es keinen Weg zurück.

Ich möchte hier noch einen weiteren Gesichtspunkt wenigstens kurz erwähnen. Wenn die Vereinten Nationen eine Resolution verabschieden, fällen sie in der betreffenden Angelegenheit ein Urteil. Als die Vereinten Nationen ihre Resolution zur Falklandfrage verabschiedeten, lief das auf eine Verurteilung des argentinischen Vorgehens hinaus. Wenn eine solche Resolution aber erst einmal verabschiedet ist, können die Vereinten Nationen niemals mehr unabhängig von ihrer eigenen Entschließung sein. Sie können nicht in einem Augenblick Richter und im nächsten Geschworene sein. Eine Resolution schließt sofort jede neutrale Entwurfs-Rolle der Vereinten Nationen aus. Die entwerfenden Aufgaben, die ich der SITO übertragen werde, könnten von den Vereinten Nationen gar nicht mehr erfüllt werden, nachdem irgendeine Form von Abstimmung stattgefunden hat.

Wir müssen also zu dem Schluß kommen, daß die Vereinten Nationen aufgrund ihrer Struktur auf Dauer nicht in der Lage sein werden, Konflikte im Wege des Entwurfsverfahrens zu lösen. In gewisser Weise ergibt sich das ganz unvermeidlich aus ihrer Konstruktion als repräsentative Körperschaft. Repräsentanten haben ihr Land zu vertreten. Täten sie das nicht, würden sie durch andere ersetzt werden, die das besser machen. Ein Repräsentant kann nicht unabhängig von den Interessen seines Landes handeln. Gelegentlich kann er – man denke an Jeane Kirkpatrick während der Falklandkrise – sich dazu veranlaßt sehen, eine abweichende Position zu vertreten, um seinem Land damit die Möglichkeit einzuräumen, gleichzeitig auf beiden Seiten des Zaunes zu stehen.

DER GENERALSEKRETÄR DER VEREINTEN NATIONEN

Bis zu einem gewissen Grade kann man die Funktion des Generalsekretärs der Vereinten Nationen von der der Organisation trennen. Der Generalsekretär ist nicht direkt Repräsentant, obwohl die periodisch stattfindende Wahl zur Besetzung dieses Postens eine gewisse Abhängigkeit des Gewählten von den Wählenden zeigt. Selbst wenn die jeweilige Person nach der Wahl unabhängig ist, kann die Wahl selbst doch bestimmte Interessen der Machtblöcke widerspiegeln.

Dem Generalsekretär fällt eine gewisse Vermittlerfunktion zu –

einfach weil er sichtbar da ist und weil er eine anerkannte Autoritätsrolle verkörpert. Er kann als Kommunikationskanal fungieren und bei der Einberufung von Sitzungen die Initiative ergreifen. Seine Rolle ist eher eine bescheidene Vermittlerrolle als eine direkte, entwerfende Rolle, wie sie mir vorschwebt. Allein die Tatsache, daß der Generalsekretär aufgerufen ist, sich für den Ausgleich der Interessen stark zu machen, verweist auf das bestehende Vakuum – und auf die Notwendigkeit der SITO.

Man denke auch daran, daß der Generalsekretär in sehr persönlicher Eigenschaft handeln muß, weil er gleichsam wie ein Knotenpunkt der Kommunikation behandelt wird. Er kann auf keine offiziellen Ressourcen der Vereinten Nationen zurückgreifen, weil dadurch sofort – und unweigerlich – Interessengruppen innerhalb der Organisation aktiviert würden. Das wäre bei der SITO nicht der Fall.

Das alles bedeutet, daß die Funktion des Generalsekretärs der Vereinten Nationen in beschränktem Maße nützlich, im ganzen aber zu schwach ist. Seine Rolle wird nicht durch eine funktionale Nützlichkeit bestimmt, sondern einfach dadurch, daß er einen Kommunikationskanal bietet, wo kein anderer existiert. Das erweist die Notwendigkeit von etwas, das sehr viel effektiver ist als der gute Wille eines einzelnen.

DAS ROTE KREUZ

Als neutrale, unabhängige und hochgeachtete Organisation ist das Rote Kreuz in einer sehr guten Position, um bei der Konfliktlösung eine bedeutende Rolle zu spielen.

Gelegentlich wird das Rote Kreuz mit solchen Dingen befaßt, wie etwa mit dem Austausch israelischer und palästinensischer Gefangener. Das Rote Kreuz überwacht die Einhaltung der Genfer Konvention. Das Rote Kreuz tut sich bei materiellen und humanitären Hilfsmaßnahmen aller Art hervor. Es ist eine bemerkenswerte und sehr wirkungsvolle Organisation.

Das Rote Kreuz setzt sich aus zwei Teilen zusammen. Da gibt es die einzelnen Organisationen des Roten Kreuzes in verschiedenen Ländern. Diese Einzelorganisationen sind in der Liga des Roten Kreuzes zusammengeschlossen, deren Aufgabe es ist, die Aktivitäten der unabhängigen nationalen Organisationen zu koordinieren. Der andere Teil ist das gänzlich schweizerische Internationale Komitee des Roten Kreuzes (IKRK) mit Sitz in Genf. In Kriegszeiten und bei Konflikten kann dieses Komitee grenzüberschreitend tätig werden.

Das IKRK ist eine Körperschaft, die nicht repräsentativ angelegt ist — und die deshalb nicht unter all den Nachteilen leidet, die ich bei der Erörterung der Vereinten Nationen aufgeführt habe. Der Sitz in der Schweiz ist ebenfalls von Vorteil, weil dieses Land eine lange Tradition der Neutralität hat und vielen internationalen Organisationen als Heimstatt dient (in wirtschaftlicher Hinsicht ist die Schweiz allerdings nicht neutral, sondern fest im Lager der Industrienationen und auch dem der kapitalistischen Wirtschaften verankert — im Gegensatz zu den Ländern der Dritten Welt).

Es wäre eigentlich nur zu natürlich, wenn man annähme, daß das Rote Kreuz sein Betätigungsfeld doch direkt auf einen intellektuellen Humanitarismus ausweiten könnte — mit anderen Worten: auf die Konfliktlösung durch Einsatz eines humanen Denkens.

Erwägungen dieser Art veranlaßten einen sowjetischen Teilnehmer an der IKRK-Konferenz 1984 in Moskau zu dem Vorschlag, das Rote Kreuz solle eine kleine Expertengruppe einsetzen, die sich mit meiner Arbeit und mit dem Plan der SITO befassen solle. Auf Initiative des norwegischen Roten Kreuzes kam es im Juli 1984 in Oslo zu einer solchen Konferenz. Bei dieser Gelegenheit machte Jacques Moreillon vom IKRK deutlich, daß dem Roten Kreuz der Ruf sehr am Herzen liege, den es sich in mehr als 120 Jahren auf dem Gebiet der humanitären Arbeit erworben habe. Er äußerte die Ansicht, daß jeder Eintritt in die »geistige« Arena der Konfliktlösung diesen Ruf insofern gefährden könnte, als eine an einem Konflikt beteiligte Partei dann möglicherweise den Eindruck gewinnen würde, das Rote Kreuz habe seine Neutralität aufgegeben und eine Stellung bezogen, die die andere Seite favorisiere.

Ich respektiere diese Befürchtung und halte sie für begründet. So ein Risiko wäre tatsächlich immer gegeben, wenn die Organisation wirkungsvoll in die Arena der Konfliktlösung steigen würde. Die Berechtigung solcher Befürchtungen macht jedoch auch sehr deutlich, daß das Rote Kreuz nicht in der Lage ist, das Entwurfsverfah-

ren auf die Konfliktlösung anzuwenden. Um so mehr Veranlassung
besteht, eine neue und besondere Organisation wie die SITO zu
schaffen.

Das Rote Kreuz wird ohne jeden Zweifel auch weiterhin seine
Rolle als »Dienstleistungsorganisation« spielen und sich all der
Hilfsersuchen annehmen, die von Ländern an die Organisation
herangetragen werden und die solche Dinge wie den Austausch von
Gefangenen und andere Angelegenheiten umfassen, welche mit der
primär humanitären Aufgabe des Roten Kreuzes eng verknüpft
sind.

In gewissem Sinne wird die SITO die Funktion eines »geistigen«
Roten Kreuzes erfüllen müssen.

Private Vermittlung
Lange Zeit sind die Quäker in sehr stiller und zurückhaltender
Weise an privaten Vermittlungsinitiativen beteiligt gewesen – so
zum Beispiel während des Bürgerkrieges in Biafra. Diese
»gedämpfte« Vermittlertätigkeit ist ihrem Wesen nach so etwas wie
ein »Schmiermittel« für die Verhandlungsmaschinerie. Wenn beispielsweise die Konfliktparteien nicht miteinander sprechen wollen,
übernimmt es der Repräsentant der Quäker-Organisation, als Vermittler Botschaften zu überbringen. Sein Ziel ist es dabei, das
Vertrauen beider Seiten zu gewinnen. Er ist bestrebt, auf einer
persönlichen und informellen Basis Fehlinterpretationen zu korrigieren sowie die Motive und die Position der anderen Seite zu
erläutern.

Ich zweifle nicht daran, daß das eine sehr wertvolle Funktion ist,
auch wenn sie eher *ad hoc* erfüllt wird. Einmal mehr unterstreicht
diese Art von Aktivität die Notwendigkeit einer offiziellen Organisation wie der SITO, die in dauerhaft neutraler und unabhängiger
Weise als dritte Partei bei der Konfliktlösung mitwirkt. Es wäre
möglich, daß die SITO die unschätzbaren Bemühungen jener unter-
stützt und koordiniert, die heute bei privaten Vermittlungsinitiativen engagiert sind. Es besteht jedenfalls ganz sicher Bedarf an einer
sehr viel stärkeren Unterstützung solcher Aktivitäten (ohne daß
dabei die persönliche Note verlorenginge).

Ich sollte jedoch auch darauf hinweisen, daß die SITO, auch

wenn sie gelegentliche Vermittler- und Pufferdienste leistet, nicht allein zu diesem Zweck da sein wird. Die SITO wird nicht einfach nur darum bemüht sein, in einem Konflikt zu vermitteln. Gemäß der Idee des dreieckigen Denkens, wie ich sie in diesem Buch entwickelt habe, wird die SITO direkt an der Erarbeitung eines Konfliktergebnisses beteiligt sein. Das heißt, daß sie nicht als Botenjunge zwischen den Streitenden hin und her eilt, sondern daß sie das aus drei Seiten zusammengesetzte Team organisiert, dessen Aufgabe eben der Entwurf eines Konfliktergebnisses ist. Das ist wichtig und muß hervorgehoben werden. Nur einen Vermittlungsdienst zu bieten *reicht nicht aus*. Der hat sehr wohl seinen Wert, ist aber nicht genug. Denn er befreit ja die Kombattanten noch nicht aus dem Kampf, in den sie verstrickt sind. Die Konfliktlösung muß eine sehr viel aktivere Rolle spielen.

Ich habe hier die Privatinitiativen der Quäker als Beispiel für die immer wieder eingesetzte Privatdiplomatie aufgeführt. Natürlich gibt es noch viele andere Einzelpersonen, die jahrelang einen solchen Dienst geleistet haben. Sie haben Kontakte hergestellt und Glaubwürdigkeit aufgebaut. Wo es ihrer Mission zum Vorteil gereichte, könnte ich mir vorstellen, daß solche Menschen mit der SITO zusammenarbeiten, die als koordinierende Organisation in Aktion treten würde. Tatsächlich wäre der SITO zur Erfüllung ihrer Aufgaben daran gelegen, auf die Fähigkeiten und Erfahrungen dieser Menschen zurückgreifen zu können. Es wird eine der grundlegenden Voraussetzungen für die Arbeit der SITO sein, daß sie alle Ressourcen an konfliktlösenden Fähigkeiten anzapft, wo immer sich diese finden lassen.

REGIERUNGEN

Regierungen sind schlicht und einfach nicht für die Lösung internationaler Konflikte gedacht. Ihre Aufgabe ist es, ein bestimmtes Land zu regieren. Es besteht kein Grund zu der Annahme, daß die Erfordernisse dieser Aufgabe den Erfordernissen der internationalen Konfliktlösung ähnlich seien.

So reflektiert zum Beispiel der außerordentliche Mangel an Kontinuität im diplomatischen Dienst der Vereinigten Staaten das Regierungssystem dieses Landes. Ein Wechsel in der Präsidentschaft (möglicherweise alle vier Jahre) kann zu einem vollständigen Wechsel in der Administration führen. Dieses System hat viele Vorteile, denn es ermöglicht den Wandel, die Hoffnung und das Hinzuziehen neuer Talente (beim britischen oder kanadischen System kann das Land auf sehr lange Zeit mit müder werdenden Politikern festsitzen – ohne Hoffnung auf einen schnellen Wandel). International gesehen hat dieser Mangel an Kontinuität aber destabilisierende Auswirkungen. Selbst auf der Ebene der persönlichen Beziehungen, auf der das Vertrauen gründet, muß es bei einem solchen Mangel an Kontinuität zu Problemen kommen. Wie zuvor schon erwähnt, muß man das den Extremen an Kontinuität gegenüberstellen, die die Abteilungen des sowjetischen Außenministeriums kennzeichnen.

Präsident Nixon wurde von der übrigen Welt als so etwas wie ein außenpolitischer Held angesehen. Er machte dem Vietnamkrieg ein Ende und nahm die Beziehungen zur Volksrepublik China auf. Und doch sah man ihn im eigenen Lande als eine Art Ungeheuer.

Es ist ganz klar, daß die Erfordernisse des Regierens nicht mit den Erfordernissen der internationalen Konfliktlösung deckungsgleich sein müssen. Aus internen Gründen und weil die Medien die Dinge für die Öffentlichkeit vereinfachen müssen, scheinen Regierungen auf internationaler Ebene mit Emotionen zu operieren, die in einem Kinderzimmer nicht fehl am Platze wären. Man spricht von »Freunden« und »Feinden«, von »Tyrannen« und »üblen Ungeheuern«. Das wäre vollkommen absurd, geschähe es nicht um der Bedürfnisse der Presse und der Öffentlichkeit willen. Es sollte auch gesagt sein (und ich werde darauf noch detaillierter eingehen), daß diese Art von Sprache den üblichen Gepflogenheiten eines demokratischen Austausches entspricht. Innerhalb der Familie gebraucht, ist sie harmlos – aber außerhalb der Familie wird sie anstößig.

Ich habe mehrfach darauf hingewiesen, daß wir nicht immer davon ausgehen sollten, beide Parteien wünschten eine Lösung ihres Konflikts; eine Regierung mag sehr wohl auch Vorteile aus einer Fortführung zu ziehen wissen. Konflikte können dazu dienen, die Menschen von anderen Dingen abzulenken; sie können eine Möglichkeit sein, einen äußeren Feind zu schaffen, dem man dann die meisten Dinge in die Schuhe schieben kann; sie können eine Möglichkeit bieten, den Einsatzwillen zu stärken usw. Nur zu offensichtlich sind Regierungen keineswegs immer an der Lösung von Konflikten interessiert, selbst wenn sie solche Konflikte gar nicht verursacht haben.

Jede Regierung, die öffentlich die Rolle eines Konfliktlösers übernimmt, ist zum Scheitern verurteilt, denn echte Glaubwürdigkeit kann es nicht geben. Eine größere Macht wird man der Verfolgung ihrer eigenen Interessen oder derjenigen ihrer Schützlinge verdächtigen. Ein kleines Land wird man bezichtigen, daß es überheblich sei und die Interessen kleiner Länder verfolge. Automatisch sieht man alle Länder als einem Machtblock oder einer Interessengruppe zugehörig an − ideologisch, wirtschaftlich, geographisch oder militärisch. Sogar die Schweiz, die man als Musterexempel der Neutralität ansieht, gehört ganz offensichtlich sehr fest zu einem bestimmten wirtschaftlichen Lager und würde von den Ländern der Dritten Welt niemals als in wirtschaftlichen Fragen neutral angesehen werden. Tatsächlich ist die beträchtliche Beunruhigung angesichts der Tatsache, daß geheime Bankkonten in der Schweiz als Versteck für das Vermögen von Kriminellen und Diktatoren dienen, ein gutes Beispiel für den Zusammenprall von nationalen Interessen und einer weltweit gültigen Moral.

Wie keine Regierung in einer konfliktlösenden Rolle jemals glaubwürdig sein könnte, so könnte auch keine Gruppe von Regierungen dieser Rolle gerecht werden. Die Gründe, die eine solche Gruppe bewegten, blieben immer suspekt. Es ist ganz klar, daß jede Regierung dazu da ist, den Interessen ihres Landes zu dienen. Der beste Beitrag, den ein Land zur Konfliktlösung leisten kann, ist der, die Unzulänglichkeit bestehender Einrichtungen zuzugeben und deutlich und fest eine Institution wie die SITO zu unterstützen, die ihrer Anlage nach Dinge zu tun vermag, die keiner Regierung möglich wären (wobei es jeder Regierung nützt, wenn diese Dinge irgendwie getan werden).

Ich möchte mich nun mit den Auswirkungen befassen, die der jeweilige Regierungstyp auf die Konfliktlösung hat.

DEMOKRATIE UND KONFLIKTLÖSUNG

Demokratische Regierungen müssen gewählt werden. Politiker und Parteien können sich bestimmte Einstellungen zu eigen machen, wenn sie zu der Auffassung gelangen, daß ihnen diese Meinungen zum Gewinn von Stimmen verhelfen. Darin liegt eine lokale Logik. Obendrein gibt es die Blasenlogik einzelner Politiker, die um ihre Wahl oder um Einfluß innerhalb ihrer Partei kämpfen. Eine harte Position ist – was Wahlen anbetrifft – sehr viel sichtbarer als Kompromiß, Verhandlung und Konfliktlösung. Die Vorstellung, auf Stelzen zu gehen und einen Knüppel zu schwingen, gehört zu unserer Gefühlskultur. Stark zu sein und die Stärke nicht einzusetzen – das ist ein universales Ideal. Wenn man das erreicht, kann man nicht herumgestoßen werden. Man kann sich selbst verteidigen. Dieses Bild des sanften Riesen ist dabei keineswegs verkehrt. Aber man muß ihm entsprechen. Das bedeutet Verteidigungsausgaben. Es bedeutet, daß man stets starke Reden führt und immer wieder mal massiv handelt. Die Androhung von Härte ist sehr viel praktischer als ihre tatsächliche Ausübung. Es ist eine teure Sache, wenn man im Kampf beweisen muß, daß man hart ist. Deshalb ist es viel besser, wenn die anderen das gleich von den vorgeführten Stellungen und Gebärden ablesen können. Im Königreich der Tiere ist das alles wohlbekannt. Dominierende Tiere deuten durch Drohgebärden an, daß ein echter Kampf die Mühe nicht lohnt, weil eine Niederlage wahrscheinlich ist.

All dies ergibt einen logischen Sinn – sowohl an sich als auch mit Blick auf den Gewinn von Stimmen. Wenn sich eine Seite dieses vorteilbringenden Lärms enthält, wird die andere Seite sich dies zunutze machen.

Jede Demokratie hätte gern jene Kommunikation auf zwei Ebenen, die ich schon mehrfach erwähnt habe. Eine Ebene der Kommunikation für den heimischen Gebrauch und eine Ebene für internationale Angelegenheiten. Die Grundidee wird von den meisten Führern ganz intuitiv begriffen, erweist sich aber in der praktischen Ausführung als schwierig, da jeder scheinbare Mangel an Ernsthaftigkeit schnell offenkundig wird (besonders im Fernsehen). Man kann nicht jemanden einen Bastard schimpfen, wenn man das nicht auch wirklich zu meinen scheint.

Wenn wir vom Reden zum Handeln kommen, dann ist da der
Luxus von zwei Ebenen nicht möglich. Wenn man Truppen nach
Grenada entsendet, dann entsendet man Truppen nach Grenada.
Man kann niemanden bitten zu glauben, man habe keine Truppen
nach Grenada geschickt.

Es ist vollkommen richtig, daß die Demokratie aggressive Tendenzen unter Kontrolle zu halten vermag. Der amerikanische Rückzug aus Vietnam war das Ergebnis eines demokratisch zustande
gekommenen Meinungsumschwungs. Die Meinung richtete sich
wahrscheinlich nicht gegen eine Anwesenheit in Vietnam (obwohl
es so gesehen wurde), sondern gegen die Beteiligung an einem
Krieg, der keinen leichten Sieg verhieß – und der damit das Opfer
von Menschenleben sinnlos machte.

Im allgemeinen haben jedoch Demokratien da, wo ein Konflikt
erst einmal angefangen hat, eher die Neigung, die Reihen zu schließen. Alles andere scheint dem Verrat nahe zu kommen. Die Kriegs-
anstrengungen des eigenen Landes zu behindern ist Sabotage. Die
Truppen nicht zu unterstützen, die ihr Leben für das eigene Land
aufs Spiel setzen, ist eine Schande.

Ein Land mag die feste Führung und Entschlossenheit eines
Ronald Reagan oder einer Thatcher brauchen. Wie in einem der
vorangegangenen Kapitel bereits dargelegt, entspringen die Entscheidungen solcher Führer eher einem Sinn für stilistische Konsi-
stenz als dem Abwägen jeder einzelnen Situation – und das kann
international gesehen gefährlich sein. Was würde Frau Thatcher
tun, wenn es mit einem größeren Land ein Problem à la Falklandinseln gäbe – etwa mit Spanien und Gibraltar?

Es gibt überhaupt keinen Grund zu glauben, irgendeine demokratische Führung repräsentiere die weisesten und klügsten Köpfe
des Landes. Sie mag die besten Politiker repräsentieren, aber das ist
eine andere Sache. Viele intelligente Leute haben weder das
Geschick noch den Mut, noch das Bedürfnis nach Macht – alles
Eigenschaften, die von einem Politiker verlangt werden (in manchen
Fällen könnten wir auch noch den Idealismus hinzufügen). Selbst
bei Politikern ist das Geschick, gewählt zu werden, nicht unbedingt
gleich dem zu regieren. Wir haben also eine Situation, wo keineswegs die besten Köpfe bei der Beilegung der größeren Konflikte

mitwirken, wiewohl gerade diese Aufgabe die allerbesten Köpfe
erfordert, die zu finden sind. Eine Organisation wie die SITO wäre
in der Lage, diese Quellen anzuzapfen, wo immer sie sich auftun –
unabhängig von jeder Parteienfärbung.

Man könnte auch sagen, daß aufgrund des sich selbst organisierenden Wesens der Wahrnehmung kein überzeugter Parteianhänger
den besten Gebrauch von seiner Verstandeskraft machen kann, weil
die Welt im Sinne der jeweiligen Parteidoktrin wahrgenommen
werden muß – und ein guter Kopf wird da eine gute Rationalisie-
rungsarbeit leisten.

Ich habe viele Beschränkungen der Demokratie erwähnt, die sich
da zeigen, wo es um die internationale Konfliktlösung geht. Wir
kommen nun zu der grundlegendsten dieser Beschränkungen. Die
Denkweise der Demokratie ist – und wird es für die überschaubare
Zukunft auch bleiben – bestimmt durch die klassische Argumentationsmethode. Du hast recht, die andere Seite ist total im Irrtum.
Dieser Denkstil und das dazugehörende Geschrei begleiten die
Aufführung des Parteienkonflikts. Es ist höchst unrealistisch und
absurd anzunehmen, daß Leute, die tief in die Anwendung und die
Bewunderung dieses Denkmusters getaucht sind, es plötzlich beiseite werfen werden, um sich einer konstruktiven Konfliktlösung zu
verschreiben. Im besten Falle werden sie in der Lage sein, den
Verhandlungs- und Vermittlungsstil eines Rechtsanwalts zu erreichen. Das ist eine Art Kompromiß und Wertehandel. Ihm fehlt das
kreative und konstruktive Bemühen, das die Grundlage des Entwerfens bildet. Beim Entwurf kann man sich außerhalb des vorgegebenen Rahmens bewegen, anstatt innerhalb seiner zu analysieren und
zu argumentieren.

BÜROKRATEN

Jeder Bürokrat hat eine sehr klar definierte logische Blase. Maßstab
für seine Wahl ist die bestehende Kultur der jeweiligen Organisation. Bürokraten wollen das System gemäß den Regeln und festste-
henden Prozeduren steuern, weil das das Universum des Handelns
ist, und mit der Zeit können sie sich von Wächtern über die Regeln
zu Konstrukteuren neuer Regeln wandeln. Es besteht eine gewisse
Unwilligkeit bei Bürokraten, sichtbar in Erscheinung zu treten.

Erkennbare Fehler sind um jeden Preis zu vermeiden. Der einfachste Weg, das zu erreichen, ist der, sich an die Regeln zu halten und, wo immer möglich, den Schwarzen Peter jemand anderem zuzuschieben. Viele Probleme erledigen sich oder verlieren an Schärfe, wenn die Zeit als positive Waffe eingesetzt wird.

Der Lohn für Initiative und Unternehmertum wird von der Strafe für Versagen und Fehler so weit übertroffen, daß kein intelligenter Bürokrat seiner logischen Blase widersprechen und sich unternehmerisch verhalten wird. Selbst ein erfolgreiches Unternehmen schafft Feinde und gefährdet die Beförderung – weil eine Beförderung nur »vernünftigen Leuten« zuteil wird, die nicht das Risiko der Innovation eingehen.

All dies ist in gar keiner Weise ein Fehler oder Mangel der Bürokraten. Nach meiner Erfahrung sind sie höchst begabte Menschen. Sie sind intelligent genug, um das Spiel nach den Regeln zu spielen, die das Wesen der Bürokratie diktiert hat. Alles dreht sich ums Überleben – wie in der Politik.

Wenn wir uns also nach Institutionen oder Organisationen umschauen, die bei der Konfliktlösung eine Rolle spielen könnten, müssen wir prüfen, in welchem Umfang solche Organisationen von Bürokraten beherrscht werden. Haben sie das Sagen, dann wird fast mit Sicherheit jenes konstruktive Unternehmertum fehlen, das für eine Konfliktlösung erforderlich ist. Beim Aufbau jeder neuen Organisation – wie etwa der SITO – bedeutet dieser Mangel eine Gefahr, die vermieden werden muß.

Der Denkstil, den die *Verwaltung* erfordert, ist ganz einfach nicht der gleiche wie der, den *Unternehmertum und Entwurf* erfordern. Das kann man sehr gut an der Verwaltung großer philantropischer Stiftungen sehen, wo die notwendige Ausrichtung auf die Verwaltung die Funktion als soziales Unternehmen völlig aufheben kann, die die einzige Rechtfertigung für solche Stiftungen sein muß – nämlich Dingen den Weg zu bahnen, die sonst niemals in Gang gesetzt würden.

ZENTRALE REGIERUNGEN
Hier fasse ich alle jene Regierungsformen zusammen, bei denen Entscheidungen zentral gefällt werden. Es mag zwar demokratische

Wahlprozeduren geben, aber an ihnen ist nicht die Allgemeinheit
beteiligt, sondern nur Parteimitglieder. Das Spektrum reicht von
sozial verantwortungsvollen Administrationen, die das Beste für die
Bevölkerung zu leisten bestrebt sind, bis zu klassischen Diktaturen.
Der einzige Grund dafür, daß ich sie alle unter einem Stichwort
zusammenfasse, ist der, daß die Politiker keine Wahlversprechen
machen müssen, um gewählt zu werden, und daß eine gewisse
Sicherheit und Kontinuität der Macht gegeben ist.

Ganz offenkundig leiden solche Systeme nicht unter den Nachteilen, die Demokratien aufweisen. Es gibt eine größere Kontinuität.
Eine größere Anzahl befähigter Leute kann die Macht ausüben. Die
Abhängigkeit von der Argumentationsmethode ist geringer. Es
besteht keine Notwendigkeit, um die Gunst einer Wählerschaft zu
buhlen, die in bestimmten Fragen alles andere als einsichtig sein
kann. Man könnte sagen, daß solche Regierungen tatsächlich eher in
der Lage sind als Demokratien, internationale Konflikte zu lösen.
Da gibt es jedoch auch einige Mängel.

Bei Zentralgewalten werden interne Machtspiele sehr wichtig.
Innerhalb der Partei kann es zu Rangeleien um Positionen kommen.
Eine militärische Splittergruppe kann beispielsweise die Macht
übernehmen oder der einen oder anderen Gruppe ihre Unterstützung anbieten. Jede Machtgruppierung, die das Sagen hat, hat ihre
eigenen Prioritäten, ihre eigenen Perspektiven und ihre eigene Art,
Dinge zu handhaben. Es mußte eine Militärregierung sein, die das
Falklandunternehmen startete. Der Mangel an Meinungsverschie-
denheit kann es schwermachen, eine Situation in größerem Zusammenhang zu sehen oder alternative Ansichten zu ihr zu erhalten.
Gewöhnlich gibt es eine festgefügte Hierarchie der Werte und
deshalb eine geringere Wechselwirkung von Werten in verschiedenen Situationen.

In der Demokratie sind Fehler für eine Regierung oder ein
Individuum meistens tödlich. Deshalb werden Fehler vermieden.
Der Abschuß der koreanischen Verkehrsmaschine hätte gewaltige
Auswirkungen gehabt, hätte sich das etwa in den Vereinigten
Staaten zugetragen. In der Demokratie müssen die Politiker ständig
darauf achten, wie die Öffentlichkeit reagieren wird. Im allgemei-
nen kann das eine ernüchternde Wirkung haben und wilde Aben-

teuer aller Art verhindern. In manchen Fällen kann es zu martialischen Attitüden ermutigen. Solche Haltungen werden allerdings von charismatischen Diktaturen noch sehr viel stärker begünstigt.

Um der Fairneß willen sollte gesagt sein, daß eine Zentralregierung, würde sie sich ernsthaft mit der Konfliktlösung befassen, wahrscheinlich sehr viel effektiver sein könnte als eine Demokratie. Und das deshalb, weil jede zentrale Regierung mehr Macht zum Guten und mehr Macht zum Bösen hat. Es war ja der Zweck der Demokratie, hier die Mitte zu treffen, das heißt, auf ein wenig Gutes zu verzichten, um viel Böses zu vermeiden.

DER VATIKAN

Es gab einmal eine Zeit, da der Vatikan die Rolle der dritten Partei bei der Konfliktlösung spielen konnte. Das war, als die meisten der sich herumzankenden Nationen (in Europa) katholisch waren und deshalb die Autorität des Vatikans anerkannten. Man sah den Vatikan als neutral und über den lokalen, nationalen Interessen stehend an. Zu anderen Zeiten war der Vatikan unmittelbar an zeitgebundenen Machtspielen beteiligt. Er zog seinerzeit die Trennungslinie zwischen Spanien und Portugal und beendete damit die Kämpfe um neue Territorien. Deshalb stehen ja die Brasilianer mit ihrer portugiesischen Sprache in Südamerika alleine da, landeten sie doch damals auf dieser Seite der Grenze. Sogar heute noch versucht sich der Vatikan als Schlichter – man denke an den Streit zwischen Argentinien und Chile um den Beagle-Kanal.

Heutzutage erfreut sich der Vatikan immer noch einer Art übernationaler Achtung, aber die ideologische Spaltung der Welt läßt ihn fest zum westlichen Lager gehören. Hinzu kommt, daß die Vergrößerung der »bekannten« Welt heute auch so bedeutende Mitspieler einschließt wie China – und damit ein Viertel der Weltbevölkerung. Die natürliche Autorität des Vatikans reicht nicht automatisch so weit.

Es ist jedoch durchaus wert, zwei das historische Engagement des Vatikans betreffende Punkte zu vermerken. Der erste ist, daß der Vatikan immer auf höherer Ebene tätig war, das heißt als Partner bei der Konfliktlösung, nicht als Botenjunge. Das entspricht der Rolle der dritten Partei, für die ich in diesem Buch eintrete.

Der zweite Punkt ist, daß der Vatikan stets ein *besonderer Staat* und als solcher auch souverän war. Er war niemandem verpflichtet. Irgendwann einmal in der Zukunft könnten wir tatsächlich einen Mini-Staat schaffen – eine Art konzentrierten geistigen Hafens, dessen Bürger keinem Druck seitens einer Obrigkeit ausgesetzt wären. Das wäre ein idealer Standort für die von mir vorgeschlagene SITO.

Diese Idee ist nicht mehr unmöglich, sobald uns einmal die ungeheure Bedeutung des menschlichen Denkens und des Beitrages, den es für die Welt und ihre Zukunft wird leisten müssen, bewußt geworden ist. Es war wahrscheinlich ein tödlicher Fehler, die Vereinten Nationen in New York anzusiedeln.

ZUSAMMENFASSUNG

Ein Vakuum ist vorhanden. Es besteht eine Lücke. Es besteht eine Notwendigkeit. In diesem Kapitel habe ich zu zeigen versucht, daß wir einfach nicht über die Einrichtungen verfügen, die für die Konfliktlösung erforderlich sind. Daran sind nicht Böswilligkeit oder Inkompetenz schuld. Es ist einfach so, daß Einrichtungen, die für einen bestimmten Zweck geschaffen wurden, für andere Zwecke ungeeignet sein können.

Ich habe erläutert, warum die Vereinten Nationen bei dem Entwerfen von Konfliktlösungen nicht die Rolle der dritten Partei übernehmen können. Ihre auf Repräsentanz basierende Konstruktion und die deshalb vorhandenen verschiedenen Bündnisgruppen schließen das aus. Das Rote Kreuz ist zu jungfräulich auf seinen Ruf und sein eng verstandenes Aufgabengebiet bedacht. Einzelne Regierungen können die Rolle nicht übernehmen, weil ihnen die Unabhängigkeit fehlt und weil sie in erster Linie den Bürgern ihres Landes verpflichtet sind. Der Internationale Gerichtshof in Den Haag ist nur für genau definierte legale Fragen zuständig. Private Diplomatie wird immer eine Rolle zu spielen haben, aber sie ist zu schwach, und ihre Dienste sind zu sehr die eines Botenjungen, als daß ihre Rolle eine positiv entwerfende sein könnte. Der Vatikan kann dieser Aufgabe nicht mehr gerecht werden.

Deshalb brauchen wir eine neue Einrichtung, die das der Konfliktlösung dienende Konstruktions- oder Entwurfsverfahren in die

Praxis umsetzt. Das Verfahren des Entwerfens ist dem der Argumentation entgegengesetzt.

Wenn wir diese Notwendigkeit nicht erkennen und – was bestehende Einrichtungen betrifft – zu selbstgefällig sind, dann zeigen wir einen beachtlichen Mangel an Vision.

Im nächsten Kapitel werde ich die vorgeschlagene Organisation namens SITO erläutern.

Das ganze Buch führt letztlich zu diesem konkreten Vorschlag hin. Die Kritik an einem bestehenden Zustand und die Entwicklung einer konkreten Alternative entspringen der Einsicht, daß das Vertrauen in die Fähigkeit eines Systems, sich selbst zu verbessern, deplaziert ist.

23. Die SITO

Wenn unser traditionelles Argumentationsidiom unzulänglich ist für die Lösung von Konflikten und wenn die bestehenden Einrichtungen diesen Zweck ebenfalls nicht erfüllen, dann brauchen wir etwas Neues.

Das neue Denkmuster ist das Idiom des entworfenen Ergebnisses. Die neue Einrichtung, die diesem Modell zur Anwendung verhilft, ist die SITO. Die Betonung wird dabei auf dem kreativen Entwurf, nicht auf dem dialektischen Zusammenstoß liegen.

In diesem Kapitel werde ich Wesen und Funktion der SITO darlegen. Es kommt dabei nicht so sehr darauf an, bis ins letzte Detail zu gehen. Der Wert der SITO-Idee erwächst aus der *Richtung*, die sie andeutet. Was ich hier unterbreiten werde, sind Vorschläge zum Aufbau der Organisation und ihrer Funktion. Der Wert der SITO hängt aber nicht von diesen speziellen Vorschlägen ab. Es kann durchaus sein, daß die endgültige Form ganz anders aussieht. Alles ist noch im Stadium der Gestaltung. In diesem Stadium bedarf es der Beiträge jener Parteien, die sich einmal der SITO bei der Lösung von Konflikten bedienen würden. Wie könnte die SITO den größten Wert für sie haben? Wie könnte die SITO jene Fallstricke vermeiden, die – wie die Erfahrung lehrt – Konfliktlösungsinitiativen behindern?

Ein Anfang ist gemacht. Die SITO ist als Stiftung in Den Haag gegründet worden – mit einer anfänglichen Operationsbasis im Palazzo Marnisi in Malta (einem kleinen, neutralen und blockfreien Land).

SITO steht für *Supranational Independent Thinking Organisation*, das heißt: Übernationale Unabhängige Denk-Organisation.

ÜBERNATIONAL

Die SITO muß unbedingt außerhalb der Politik, der Ideologien und der Nationen existieren und arbeiten können – als eine Art geistige Rote-Kreuz-Organisation. Sie ist keine internationale Organisation, sondern eine übernationale. Sie wird keine repräsentative Körperschaft sein wie die Vereinten Nationen, und es wird keine Mitgliedsstaaten geben – weder in ihrer Leitung noch als stimmberechtigte Delegierte. Ich habe die Gründe dafür in einem der vorangegangenen Kapitel genauestens erläutert. Keine repräsentative Körperschaft kann je unabhängig von den Wünschen der ihr angehörenden Repräsentanten handeln, die wiederum ihrerseits nie unabhängig von den Interessen ihrer Länder sein können. Das würde den Zweck der SITO völlig zunichte machen, die ja speziell dazu gedacht ist, diese Beschränkung durch Abhängigkeit zu überwinden. Die Stellung der SITO ist übernational, und sie wird als übernationale Körperschaft handeln.

UNABHÄNGIG

Die SITO muß frei sein von allen Bindungen und Abhängigkeiten. Insbesondere darf sie von keinem beständigen Geldgeber abhängig sein. Wäre sie das, dann würden alle ihre Aktionen immer als von dieser Abhängigkeit beeinflußt interpretiert werden. Die Vereinigten Staaten haben sich aus der UNESCO zurückgezogen, was darauf verweist, daß man von dieser Organisation erwartet, daß sie ihre Mitgliedsstaaten zufriedenstellt – und daß ihr, wenn sie dies nicht tut, jedes Mitglied die finanzielle Unterstützung entziehen kann. Die SITO muß frei sein für das Erarbeiten von Konfliktlösungen – ohne den Anschein, bestimmten Parteien zu Gefallen sein zu müssen. Wenn das Denken der SITO nicht als unabhängig angesehen werden kann, dann ist es nicht mehr wert als das parteiliche Denken, von dem es heute schon genug gibt. Die SITO muß von Wählerstimmen und regelmäßigen Beitragszahlungen unabhängig sein. Einzelpersonen, die der SITO ihr Denken zur Verfügung stellen, werden dies als Einzelpersonen tun. Obgleich die SITO gern mit vorhandenen Organisationen wie den Vereinten Nationen oder dem Roten Kreuz zusammenarbeiten wird, wird sie jederzeit ihre Gedankenfreiheit behalten.

DENKEN

Der Hauptzweck der SITO ist die Bereitstellung einer Einrichtung,
die sich *direkt auf das Denken* konzentrieren wird. Das ist das
Besondere und Einzigartige an der Organisation. Es gibt Institutionen, die sich auf nationale Interessen konzentrieren. Es gibt solche,
die sich auf spezielle Gebiete wie etwa die Landwirtschaft oder die
Gesundheit konzentrieren. Der Zweck der SITO ist es, sich direkt
auf das Denken zu konzentrieren. Das Denken der SITO (unter
anderem) soll auf die Konfliktlösung gerichtet sein – wichtig dabei
aber ist, daß es immer um den Beitrag des Denkens zur Konfliktlösung gehen muß. Aus diesem Grunde kann die SITO nicht
einfach eine graue, mit Bürokraten besetzte administrative Organisation sein. Die Betonung auf *Denken* heißt, daß eine solche
Organisation nur von Leuten aufgebaut werden kann, die besondere Erfahrung auf diesem Gebiet haben.

ORGANISATION

Eine Organisation ist mehr als ein einzelner. Sie ist mächtiger und
effektiver. Sie verfügt über Kontinuität und die Möglichkeit, als
Verstärker zu wirken. Ich glaube nicht, daß die in diesem Buch
vorgetragenen Ideen zur Konfliktlösung nur wirkungsvoll angewandt werden können, wenn es dafür eine organisatorische Struktur gibt. Die SITO muß aus eigenem Recht existieren. Es kann nicht
darum gehen, einfach nur einen Berater hinzuzuziehen, egal wie
befähigt er sein mag. Ein Berater ist immer eine Art Bediensteter.
Die SITO muß ihre eigene Autorität haben und im Sinne der
Konzeption des dreieckigen Denkens als Partner auftreten. Die
SITO muß Anstöße geben, Spezialeinheiten aufstellen und Konferenzen organisieren können. Die SITO muß in der Lage sein,
Berichte zu erstellen und zu veröffentlichen. Ein Wert wird auch
darin liegen, daß sie als Dachorganisation vereinzelte diplomatische
Bemühungen koordinieren kann. Die Organisation muß eher
schlank und wirkungsvoll als bürokratisch und wolkenkratzerhaft
sein.

NAME UND LOGO

Die Bezeichnung SITO ist so beschaffen, daß sie in den meisten Sprachen leicht ausgesprochen werden kann (Englisch, Spanisch, Japanisch usw.). Die verwendeten Laute weisen bei verschiedenen Sprachen die geringsten Abweichungen auf.

DASEINSWERT

Der größte Wert der SITO ist der, daß es sie geben sollte. In einem früheren Kapitel habe ich angedeutet, daß eine Idee als Idee Gestalt annehmen muß. Ein allgemeiner, beschreibender Satz ist für kommunikative Zwecke vollkommen brauchbar, könnte aber nicht als Idee fungieren. Man nehme die folgende Beschreibung:
»Wir haben keine wirkungsvollen Methoden der Konfliktlösung entwickelt. Wir neigen dazu, uns auf die Argumentationsmethode zu verlassen, die eine Fortsetzung des Konflikts ist. Wir müssen die Richtung auf ein Verfahren des ›entworfenen Ergebnisses‹ nehmen, das aus erkundendem Kartographieren, gefolgt von einem kreativen Entwurf, besteht. Unsere gegenwärtigen Institutionen für die Konfliktlösung sind strukturell unzureichend, und wir brauchen neue Organisationen, um diesen anderen Ansatz in die Tat umzusetzen.«
Da hat man jedesmal viel zu bedenken und noch mehr zu reden. Der ganze Absatz kann jedoch in dem Begriff SITO-Konzept zusammengefaßt werden. Danach kann man sich auf diesen Begriff beziehen. Es wird möglich, über die SITO-Methode der Konfliktlösung zu sprechen. Es wird möglich, die Argumentationsmethode mit der SITO-Methode zu vergleichen (entworfenes Ergebnis, dreieckiges Denken).
Wenn eine Idee erst einmal als »Knoten« in der Wahrnehmung da ist, dann kann die Erfahrung anfangen, sich selbst um diese Idee herum zu organisieren. Das ist den ersten Häusern vergleichbar, die an einer wichtigen Straßenkreuzung aus dem Boden wachsen. Sind sie erst da, dann entwickeln sich ein kleines Dorf und schließlich eine Stadt. Am Ende steht dort eine bedeutende Stadt mit Vororten und einem Straßennetz, das sie mit anderen Städten verbindet.
So liefert die bloße Existenz der SITO-Idee einen Brenn- und Ausgangspunkt. Es wird möglich, in diese Richtung zu denken. Es

wird möglich, in Begriffen zu denken, die eine Alternative zu Argument und Streit bieten. Es wird möglich, an die Aufgabe einer dritten Partei, an dreieckiges Denken und an entworfene Ergebnisse zu denken. Ein neuer Wegweiser zeigt, daß die alte Straße *nicht die einzige* ist.

OPERATIONSEBENE

Ich habe in diesem Buch immer wieder deutlich gemacht, daß das auf die Konfliktlösung angewandte Verfahren des entworfenen Ergebnisses ein dreiteiliges Entwurfsteam erfordert. Das ist der Gedanke des dreieckigen Denkens. Die SITO fungiert als dritte Partei und übersieht das an der Konfliktlösung beteiligte Denken (wie bei der üblichen zeichnerischen Darstellung eines Dreiecks, wo sie durch den oben liegenden Winkel dargestellt wird). Ich habe klargestellt, daß das Element des Denkens das wichtigste Element der Konfliktlösung ist.

Ich habe auch dargelegt, daß mir nicht ein Vermitteln auf niederer Ebene oder die Funktionen von Botenjungen vorschweben (so wertvoll diese auch sein mögen). Ich denke auch nicht an die übliche Form der Verhandlung, die durch das Aushandeln gekennzeichnet ist. Ich habe versucht, sehr deutlich zu machen, daß das Entwurfsverfahren etwas ganz anderes ist. Wie bei jedem Entwurfsvorgang haben die Kunden das Recht, den endgültigen Entwurf abzulehnen, aber während des Entwerfens ist der Entwerfende nicht Diener seiner Kunden.

Dieser Punkt ist sehr wichtig, weil sich das auf den ganzen Erfolg des Entwurfsverfahrens auswirkt. Wenn ein Vermittler nur als jemand erscheint, der den Kämpfenden zu Diensten ist, dann wird es zu keinem wirklichen Versuch kommen, ein Ergebnis zu erarbeiten. Die Kämpfenden behalten die Kontrolle über ihr Denken. Wenn das Entwurfsidiom funktionieren soll, muß es die Kontrolle übernehmen – für den Augenblick jedenfalls. Ein Hausbesitzer, der einen Innenarchitekten herbeizitiert und ihm genau vorschreibt, was er zu tun habe, wird von diesem keinen echten Wert geliefert bekommen, sondern am Ende nur ein großes Durcheinander. Jeder wahre Designer würde einfach wieder gehen, weil unter diesen Umständen ein kreatives Entwerfen nicht möglich ist. Die Aufgabe des Kunden ist es, seine Wünsche zusammenzufassen und alle erforderlichen Hilfen zu geben. Schließlich kann er dann dem endgültigen Entwurf zustimmen.

Im Falle der SITO werden die Klienten Teil des dreieckigen Entwurfsteams sein, aber alle drei Parteien werden zusammenarbeiten.

Der Aufbau der SITO

Es wird ein kleines Zentralsekretariat geben, das sich um die Verwaltung, die Organisation, die Kommunikation und die Vorbereitung von Sitzungen kümmern wird. Dieses Sekretariat wird eine unterstützende Aufgabe haben, das heißt, es wird dazu beitragen, daß die ganze Organisation arbeiten kann.

Aus einem Kernteam von Denkern wird ein zentraler Rat gebildet werden. Voraussetzung für die Beteiligten ist, daß sie von dem Gedanken der SITO überzeugt, im Entwurfsverfahren geübt und auf dem Gebiet der Konfliktlösung erfahren sind. Einige Mitglieder dieses Kernteams werden aktiver beteiligt sein als andere.

Jedes Land wird schließlich ein Nationales Komitee haben, das die organisatorischen und ausführenden Funktionen der SITO in diesem Land übernimmt. Es wird auch Aufgabe der Nationalen Komitees sein, die geistigen Ressourcen des jeweiligen Landes aufzutun und die Verbindung mit ihnen zu halten.

Die SITO wird so ein Reservoir von Denkern aufbauen, die stets als Individuen operieren werden und die ihre Fähigkeit zur Anwendung des Entwurfsverfahrens auf die Konfliktlösung bewiesen haben. Bei jeder Gelegenheit können solche Einzelpersonen gleichsam als geistige Ressource angezapft werden. Das kann dadurch geschehen, daß sie direkt in ein Entwurfsteam berufen werden, aber auch dadurch, daß man ihren Beitrag zu genau definierten Denkaufgaben erbittet. Die Größe dieses Reservoirs kennt keine Grenze.

Die Beteiligung der Staaten

Die Unterstützung und das Engagement der Staaten ist von großer Bedeutung für das SITO-Konzept. Die Staaten müssen die Organisation als wertvolle Hilfe im Falle von Konflikten ansehen. Ich habe bereits Hinweise aus einigen Ländern bekommen, daß man dort dem Gedanken der SITO großen Wert beimißt. Wie schon erwähnt, wird es wesentlich sein, mit verschiedenen Staaten zusammen an der endgültigen Gestalt der SITO zu arbeiten. Ich hoffe auch, daß kleinere Länder und die Länder der Dritten Welt erkennen werden, daß die SITO eine unvergleichliche Möglichkeit für einen Beitrag bietet, der nicht von militärischer oder wirtschaftlicher Macht abhängig ist.

Die SITO wird keine repräsentative Versammlung sein. Nichtsdestoweniger wird jeder Staat gebeten werden, einen besonderen SITO-Delegierten zu ernennen, der in SITO-Angelegenheiten als Verbindungsmann und Anlaufstelle fungiert. Zudem würde jeder Staat einen Denker benennen, der aufgefordert werden könnte, die Auffassungen seines Landes bei der SITO zu vertreten.

Es ist zu erwarten, daß nationale Regierungen erkennen werden, wie wertvoll es ist, daß die SITO zwar als unabhängige Organisation arbeitet, mit der man aber eng kooperieren kann – wie das heute beim Roten Kreuz der Fall ist.

DER WERT DER AUSSENANSICHT

Die an einem Konflikt beteiligten Parteien können diesen Konflikt nicht von außen sehen. Ganz gleichgültig, wie intelligent sie sind oder wie sehr sie sich um Objektivität bemühen – es ist einfach unmöglich, zu gleicher Zeit im Konflikt und außerhalb zu sein.

Die SITO wird ideal in der Lage sein, eine Außenansicht des Konflikts zu liefern. Das ist ein Wert, der sich unmittelbar aus der Tatsache ergibt, daß sie eine unabhängige Institution ist. In der Praxis ist es nicht immer leicht, eine solche Außenansicht zu erhalten, weil Freunde nicht wirklich außerhalb der Situation stehen und Journalisten einen bestimmten Blickwinkel abdecken müssen. Wen bittet man also um eine Außenansicht? Dafür gibt es bisher noch keine offizielle Einrichtung. Die SITO wird eine solche sein.

DER PRAKTISCHE WERT

Ich möchte zuallererst auf den Wert zu sprechen kommen, den die SITO einfach dadurch hat, daß sie von den an einem Konflikt beteiligten Parteien *in Anspruch genommen werden kann.* Die bloße Existenz der SITO erlaubt es den Parteien, Dinge zu tun, die andernfalls nicht getan werden könnten. Ich möchte betonen, daß die SITO diese Funktion ganz unabhängig von ihrer eigentlichen *Entwurfs*funktion erfüllt. Und das hängt auch in gar keiner Weise vom Einsatz besonderer Denkfertigkeiten seitens der SITO ab. Ihr bloßes Vorhandensein genügt für die Erfüllung dieser Aufgabe.

Die SITO kann Kommunikationskanäle bieten, wo keine anderweitigen zur Verfügung stehen. Zum Beispiel hätten die Briten durch die SITO mit den Argentiniern reden können. Das ist eine Aufgabe, die der normalen Vermittlungsaufgabe ähnlich ist.

Die SITO kann einen *verdeckten* Weg bieten, Untersuchungen vorzunehmen oder Vorschläge und Anregungen zu unterbreiten (wie ich an anderer Stelle schon erwähnte). Eine an einem Konflikt beteiligte Partei kann den Wunsch haben, ein Vorschlag solle nicht direkt von ihr kommen. Der Vorschlag kann dann bei der SITO eingespeist werden, und sie legt ihn als den ihren vor.

Die SITO kann die Schirmherrschaft über Konferenzen und Zusammenkünfte übernehmen, falls keine Seite die andere als Gastgeber akzeptiert oder aus Angst vor Ablehnung nicht wagt, eine direkte Einladung auszusprechen.

Es kann einer an einem Konflikt beteiligten Partei auch klarwerden, daß sie in die Lage des Verlierers geraten ist. Statt der Gegenpartei zu unterliegen, mag sie es vorziehen (aus Gründen der Wahrung des Gesichts), eine Empfehlung der SITO anzunehmen.

Ganz allgemein können Initiativen durch die SITO leichter gesteuert werden als durch eine der in den Streit verwickelten Seiten.

Um eine Situation zu entschärfen, die bereits bis zu einem kritischen Punkt eskaliert ist, kann die Angelegenheit − gleichsam als »Abkühlungsmaßnahme« − an die SITO verwiesen werden.

Die SITO könnte gebeten werden, einen Konfliktbericht als Grundlage für Verhandlungen zu erstellen.

Die SITO könnte aufgefordert werden, für ein Vorschlagspaket die Stellungnahme einer dritten Partei zu formulieren.

Die Erfüllung dieser und ähnlicher Aufgaben kann als von praktischem Wert für die Konfliktparteien angesehen werden. Keine dieser Möglichkeiten hängt von einer speziellen denkerischen Begabung der SITO ab. Bei keiner tritt die SITO in ihrer eigentlichen

Rolle als Ergebnisplaner in Aktion. Dennoch stellen sie auch für die SITO einen wirklichen Wert dar — einen Wert, der sogar für jene auf der Hand liegen muß, die bezweifeln, daß das Entwurfsverfahren irgendwelche Vorteile gegenüber der traditionellen Argumentationsmethode bringt. Allein schon ihr praktischer Nutzen könnte die SITO rechtfertigen. Und wenn sie erst einmal existiert, könnte die SITO ihren weiter reichenden — und wichtigeren — Wert unter Beweis stellen.

ERKUNDEN UND KARTOGRAPHIEREN

Wir kommen nun zu dem eigentlichen Zweck der SITO — der Bereitstellung einer Art von Denken, das andernfalls in Konfliktsituationen nicht zum Einsatz käme. In einem früheren Kapitel habe ich den Erkundungs- oder Kartographierungs-Typ des Denkers beschrieben. Es macht sich gezielt eingesetzte Instrumente zur Lenkung der Aufmerksamkeit zunutze. Diese Werkzeuge oder Instrumente dienen dazu, das Denken aufzuschnüren, so daß es nicht mehr notwendig ist, die Streitposition zu halten, sondern zur Anfertigung einer Karte der Gesamtsituation kommen kann. Es wäre Aufgabe der SITO, diese Kartenanfertigung zu überwachen und durchzuführen, wobei sie mit den streitenden Parteien getrennt, aber auch gemeinsam arbeiten kann.

Normal wäre es, wenn eine Kartenanfertigung zu einer ausgereiften Entwurfsanstrengung führte. Die Anfertigung der Karte hat jedoch auch ihren eigenen Wert, und es wäre denkbar, nach Abschluß dieser Arbeit aufzuhören. Die streitenden Parteien hätten dann ein klares Bild von der Situation, von ihrer eigenen Position und von der der anderen Seite.

Das Anfertigen der Karte muß von einer dritten Partei überwacht werden, auch wenn das tatsächliche Denken von den Konfliktparteien zu leisten ist. Es ist durchaus möglich, die Karte ohne Mitwirkung anderer gleichsam aus dem Inneren einer bestimmten Konfliktposition heraus anzulegen, aber das ist sehr viel weniger effektiv, als wenn eine dritte Partei beteiligt ist.

KREATIVER ENTWURF

Das ist die Hauptaufgabe der SITO. An die Stelle der Argumentationsmethode tritt das Verfahren des Ergebnisentwurfs. Jeder Konflikt muß als Gelegenheit für einen Entwurf angesehen werden. Die richtige Anwendung des dreieckigen Denkens heißt, daß die SITO mit beiden Konfliktparteien in einem dreiteiligen Entwurfsteam arbeitet, um ein entworfenes Ergebnis hervorzubringen. Wie ich mehrfach erwähnte, wird die SITO in dem Entwurfsteam als gleichberechtigtes Mitglied mitarbeiten, gleichzeitig aber das Denken leiten, indem sie kreative Aufgaben stellt und die Tagesordnung festlegt.

Es sollte beachtet werden, daß es Zweck der Entwurfsbemühung ist, ein akzeptables Ergebnis vorzulegen, das für beide Parteien Sinn ergibt.

Ferner ist es Teil der Entwurfsbemühung, jederzeit eine Reihe von Alternativen zu entwickeln. Die Zahl der kreativen Alternativen, die entwickelt werden können, ist unbegrenzt, und es ist absurd anzunehmen, daß die an dem Konflikt beteiligten Parteien allein alle denkbaren Alternativen zutage fördern könnten. Der Wert einer Alternative besteht darin, daß sie die Wahrnehmungskarte bereichert. Selbst wenn sie nicht genutzt wird, kann sie doch Einfluß darauf haben, wie die Dinge betrachtet werden. Einmal gedacht, kann eine zusätzliche Wahlmöglichkeit nicht mehr *ungedacht* gemacht werden. Sie bleibt auf Dauer als Bestandteil der Karte verfügbar.

Was weniger genau definiert ist als Alternativen, habe ich als vorgeschlagene Lösungsrichtungen bezeichnet. Das sind also nicht mehr als Richtungen, die das Denken einschlagen könnte. Sie sind in gar keiner Weise vollständige Ideen. Wenn aber eine Richtung erst einmal angegeben ist, dann kann sich das Denken in dieser Richtung bewegen (wie bei den Gebrüdern Wright, die die Richtung »instabile Flugzeuge« einschlugen).

Eine wichtige Aufgabe der SITO ist es auch, die Ernte der kreativen Bemühungen einzubringen. Jede kreative Anstrengung führt zu einem nützlichen Ergebnis − wir müssen nur darin geübt sein, dieses Ergebnis auch zu erkennen. Es ist falsch zu glauben, daß ein kreatives Bemühen Zeitverschwendung ist, wenn es nicht zu dem letztgültigen Ergebnis geführt hat.

Auch wo ein entworfenes Ergebnis erzielt worden ist, kann dieses noch verbessert oder sogar ganz gegen ein besseres ausgetauscht werden. Das Entwerfen oder Konstruieren ist ein kontinuierlicher Prozeß. Dabei ist es nicht möglich, einfach nur dazusitzen und die letztgültige Idee zu erarbeiten. Aktion kann erforderlich werden. Wie bei der Produktion kann es sein, daß man den Entwurf »erstarren« lassen muß, damit er benutzt werden kann.

Es versteht sich von selbst, daß ein Entwurf nicht bloß eine abstrakte Utopie ist. Die Bedingungen für das Akzeptieren des Entwurfs, die Übergangsschritte, der »Grenzscheiden-Effekt«, die Prozedur der Verwirklichung − *dies alles sind Bestandteile* des Entwurfs. Das sind nicht Dinge, die erst später hinzukommen. Tatsächlich kann etwa die Konstruktion eines Übergangsschrittes der wichtigste Teil eines Entwurfs sein.

Was den kreativen Aspekt anbelangt, könnte die SITO in zweierlei Weise vorgehen. Die Hauptmöglichkeit ist die, daß sie direkt und gemeinsam mit den am Konflikt beteiligten Parteien das dreieckige Denken praktiziert. Die SITO kann aber auch ihr Denkreservoir anzapfen oder eine getrennte Einsatzgruppe von Denkern bilden, die alternative Verfahrensweisen für die Behandlung des Konflikts entwirft. Es könnte auch Gelegenheiten geben, wo die SITO diesen Weg wählt, auch wenn sie nicht direkt an einer Konfliktlösung beteiligt wurde.

PROBLEMLÖSUNG

Obgleich sich dieses Buch auf das Verfahren des kreativen Entwerfens von Konfliktlösungen konzentriert hat, gibt es doch auch noch andere Gebiete, die gleichfalls kreatives Denken sowie die neuen Ideen und Wahrnehmungen erfordern, die es mit sich bringt. Es könnte sich dabei um besondere Probleme oder auch einfach um Bereiche handeln, die zu Besorgnis Anlaß geben. Zu denken wäre etwa an Fragen wie die Arbeitslosigkeit oder die Verschuldung der Dritten Welt. Das wären Bereiche, wo die SITO in ihrer unabhängigen Denkerrolle einen positiven Beitrag leisten könnte, indem sie beispielsweise Konferenzen zur Bestandsaufnahme vorhandener Lösungskonzepte organisiert (wie ich später noch ausführen werde).

BESTANDSAUFNAHME

Es gibt Information, es gibt das Detail, und es gibt Ideen. Ideen sind Möglichkeiten, andere Ideen zu organisieren, um den praktischen Nutzen einer Beschreibung zu erzielen oder um Dinge in Gang zu bringen. Bei Versicherungen können wir die Idee der Risikostreuung entwickeln. Oder wir entwickeln die Idee der Mehrwertsteuer. Oder die der »Steuer« überhaupt. Einige Länder, wie beispielsweise Singapur, haben die Idee des obligatorischen Sparens entwickelt, bei der ein Teil des Geldes als Steuer, der andere als Sparsumme gilt.

Eine Bestandsaufnahme findet auf der Ebene der Ideen statt. Welches sind die uns in dieser Situation zur Verfügung stehenden Ideen? Welche Ideen verlieren an Kraft? Welches sind die beherrschenden Ideen? Welches sind die verändernden Ideen? Welche neuen Ideen sind im Entstehen begriffen? Welche Ideen blockieren den Fortschritt? Welcher Bedarf besteht an neuen Ideen (Gebiete, wo wir eine Idee brauchen, aber noch keine haben)? Eine Bestandsaufnahme stellt Fragen dieser Art an eine gegebene Situation.

Eine solche Bestandsaufnahme kann in Form eines Berichts vorgelegt werden. Es könnten aber auch Konferenzen stattfinden, bei denen Leute zusammenkommen, um die Ideenlage bei einem speziellen Gebiet zu prüfen. Der SITO könnte die Organisation solcher Konferenzen übertragen werden. Sie würde das dann in Partnerschaft mit der Institution machen, die als Experte für dieses Gebiet zuständig ist. Die SITO würde sich um den Denkrahmen und die Hervorhebung der Ideen kümmern, die Expertenorganisation um das Fachwissen.

SCHIRMHERRSCHAFT

Die SITO kann auch die Initiative ergreifen und Zusammenkünfte arrangieren, die dann unter ihrer Schirmherrschaft stattfinden können. Es können auch weitere Institutionen unter dem Dach der SITO geschaffen werden. Zu denken wäre hier an den schon erwähnten Amerikanisch-Sowjetischen Rat. Sobald die SITO in ihrer Konzentration auf das Denken uneingeschränkte Glaubwürdigkeit erlangt hat, kann sie sich diese in vielfältigster Weise nutzbar machen.

KONVENTIONEN

Die SITO kann zur Erarbeitung einer Art Genfer Konvention der Konflikterörterung eingesetzt werden. Dabei könnte eine von verschiedenen Staaten zu unterzeichnende Charta herauskommen. Die Erarbeitung dieser Charta wäre in sich Gegenstand einer Konferenz. Das Papier könnte die folgenden Punkte enthalten:

1. daß bei einem potentiellen Konflikt ein Signatarstaat möglichst frühzeitig eine Delegation entsenden würde, die unter der Schirmherrschaft der SITO mit einer Delegation der Gegenseite zusammenkäme;

2. daß beide Seiten selbst dann ihre Gespräche nicht abbrechen dürften, wenn der Konflikt oder Krieg seinen Höhepunkt erreicht hätte;

3. daß kein Verlassen oder Fernbleiben von Zusammenkünften erlaubt wäre;

4. daß die Hilfe der SITO bei der Erarbeitung eines Konfliktergebnisses auch dann in Anspruch genommen werden müßte, wenn nur eine Partei dies wünscht;

5. daß es eine periodisch erscheinende Veröffentlichung geben sollte, die Positionen und Positionsveränderungen aus der Sicht der SITO darstellen würde;

6. daß jede Partei ein Statement abgeben müßte, das ihre Werte, Grundsätze und Ängste aufführte;

7. daß es ein definitives Statement geben müßte, welches die noch auf dem Tisch befindlichen Angebote enthielte;

8. daß jederzeit eine auf neuesten Stand gebrachte Zusammenstellung von Alternativen verfügbar sein müßte;

9. daß bei SITO-Gesprächen keine beleidigende Sprache oder Terminologie zugelassen sein dürfte;

10. daß Einsprüche genau erläutert werden müßten, das heißt nicht einfach pauschal erhoben werden dürften.

Noch viele weitere Punkte wären denkbar. Der Zweck einer Konvention ist es, unproduktives Verhalten in eine offenkundige »Sünde« zu verwandeln, statt es von Fall zu Fall neu verurteilen zu müssen. Die Menschen wissen dann, was sie tun sollten und was nicht. Außerdem stabilisiert eine Konvention das System.

Es gibt vier grundsätzliche Möglichkeiten, wie die SITO arbeiten kann.

1. Der *volle Einsatz:* Die SITO bildet zusammen mit den am Konflikt beteiligten Parteien ein dreiteiliges Entwurfsteam, um ein Konfliktergebnis zu erarbeiten. Da käme das klassische dreieckige Denken zum Zuge. Die beteiligten Parteien würden sich an die SITO wenden, auf deren Territorium dann die Entwurfsübung stattfinden würde. Das ist wichtig, weil sich Ton und Sprache der Gespräche von der früheren Argumentationsmethode unterscheiden müßten. Solch eine Veränderung der Stimmung und des Kontextes käme nicht zustande, wenn die Disputanten in ihrer Sphäre verblieben. Es ist besser, wenn die Parteien zur SITO kommen und nicht umgekehrt. Denn in letzterem Falle würde die SITO als bloßer Vermittler fungieren, im ersteren könnte sie die Rolle des Chefdesigners übernehmen.

2. Der *parallele Einsatz*: Hier läuft das Engagement der SITO parallel zu allen sonstigen Maßnahmen, die zur Beilegung des Konflikts ergriffen werden. Der Einsatz der SITO begleitet diese anderen Bemühungen. In diesem Falle also übernimmt die SITO nicht völlig die Federführung. Beide Parteien werden Delegationen entstenden müssen, die mit der SITO zusammentreffen. Es könnte auch sein, daß die jeweiligen Delegationen ihre anderen Aktivitäten unterbrechen, um an einer SITO-Sitzung teilzunehmen und dann zu den direkten Verhandlungen zurückkehren.

3. Der *Einsatz zur Bestandsaufnahme:* Hier nimmt die SITO als Beobachter an Konfliktdiskussionen teil. Der Beobachter macht sich ein Bild von den Geschehnissen und liefert von Zeit zu Zeit einen Beitrag, der aus der Bestandsaufnahme und anderen Dingen wie Alternativen und vorgeschlagenen Lösungsrichtungen bestehen kann. Die Aufgabe der SITO wird es also sein, einen zusätzlichen Beitrag zu leisten.

4. Der *direkte Einsatz:* Die SITO kann auch von sich aus handeln. Sie kann Konferenzen zusammenrufen, Berichte veröffentlichen und Einsatzgruppen schaffen, die die Probleme und

Konflikte untersuchen. Die SITO muß nicht darauf warten, gebeten zu werden. Sie kann ihr Reservoir an Denkern zum Einsatz bringen, um Konfliktergebnisse zu entwerfen. Diese Ergebnisse werden veröffentlicht, wodurch Möglichkeiten sichtbar gemacht werden, auf die die an dem Konflikt beteiligten Parteien dann zurückgreifen können. Die Konfliktparteien können die möglichen Ergebnisse ebenso zur Kenntnis nehmen wie die Öffentlichkeit.

Es wird Gelegenheiten geben, bei denen die SITO höchst vertraulich handelt. Bei anderen Anlässen wiederum kann sie in aller Öffentlichkeit agieren. Das hängt alles von den Erfordernissen der Situation und von der Beteiligung der streitenden Parteien ab. Die Entscheidung darüber, ob öffentlich oder vertraulich vorgegangen wird, müßte natürlich gleich zu Beginn getroffen werden. Es versteht sich von selbst, daß vertrauliche Informationen niemals preisgegeben würden. Es gibt allerdings auch Gelegenheiten, bei denen eine Preisgabe für die beteiligten Parteien von Vorteil ist. Zum Beispiel kann ein mögliches Ergebnis durch eine gezielte Indiskretion bekannt gemacht werden, um den Boden zu bereiten. Geheimhaltung hat ihren Wert — die Öffentlichkeit aber auch.

SCHULUNG

Eine der Aufgaben der SITO könnte es auch sein, Unterrichtssysteme aufzubauen, um die mit Verhandlungen betrauten Personen in den in diesem Buch dargestellten Denkmethoden zu schulen. Das zu tun, wird immer gut sein. Doch wird eine solche interne Schulung niemals die Rolle der dritten Partei, wie sie die SITO spielt, überflüssig machen können.

Es wäre ungeheuer nützlich für alle, die am Konfliktdenken beteiligt sind, wenn sie das Verfahren des entworfenen Ergebnisses einigermaßen verstünden.

FINANZIERUNG

Das ist ein schwieriger Punkt, denn jeder, der fortlaufend Beiträge an die SITO zahlte, würde ihre Unabhängigkeit zunichte machen. Idealerweise müßte die Finanzierung nach Art einer Stiftung gesichert werden.

Die enormen Kosten, die Konflikte mit sich bringen, sollten als Meßlatte für die bescheidenen Mittel dienen, die die SITO braucht, um einsatzfähig zu sein. Die benötigten Gelder würden die Personal- und die Unterhaltskosten umfassen. Wie ich an anderer Stelle schon erwähnte, werden die Kosten des Bergarbeiterstreiks in Großbritannien auf 10 Millionen Pfund Sterling pro Tag, insgesamt auf 3,5 Milliarden Pfund geschätzt. Der Falklandkrieg kostete wahrscheinlich etwa 2 Milliarden Pfund (wenn nicht mehr), bei laufenden Kosten der Aufrechterhaltung des Status' der Insel von 600 Millionen Pfund pro Jahr. Ein einziges Kampfflugzeug vom Typ F-18 kostet etwa 22 Millionen Dollar. Ein einziger wirklich ernster Kriegstag würde mindestens 50 Millionen Dollar kosten. Vor diesem Hintergrund müssen wir abwägen, wieviel wir für die Vermeidung von Konflikten ausgeben wollen. Wenn jeder Staat nur 0,01 Prozent seines Verteidigungshaushalts für die Konfliktvermeidung bereitstellte, könnte das zu einer gewaltigen Einsparung führen.

DER STIL DER SITO

Es ist sehr wichtig, daß die SITO einen erkennbaren, klar definierten Stil hat. Dieser könnte die folgenden Elemente aufweisen:

Es müßte unbedingt eine rückhaltlose intellektuelle Aufrichtigkeit herrschen. Das müßte zu Unvoreingenommenheit und Objektivität führen. Die Dinge müßten in Beziehung zu sehr unterschiedlichen Wertsystemen gesehen werden.

Man würde sich aller Werturteile enthalten. Was die Vorhersage (Wird es funktionieren?) und die Tauglichkeit (Dient es seinem Zweck?) anbetrifft, gäbe es die bei jedem Entwurfsprozeß übliche Beurteilung.

Es sollte immer ein großes Angebot an Möglichkeiten geben. Selbst wenn einige weniger attraktiv als andere sind, sollten sie doch als Teil des Ideenreservoirs sichtbar sein.

Die Provokation durch neue Ideen, neue Perspektiven und neue Lösungsrichtungen müßte ständig gegeben sein.

Vorteilen, Werten und Möglichkeiten sollte große Beachtung geschenkt werden, ebenso den »Grenzscheiden-Effekten«, den Übergangsschritten und der Umsetzung von Ideen in die Praxis.

Es sollte Wert darauf gelegt werden, daß ein entworfenes Ergebnis akzeptiert werden kann.

Von jeder Situation muß eine klare und umfassende Karte angefertigt werden.

Allgemein sollte sich die Arbeit der SITO durch Klarheit und Genauigkeit auszeichnen. Es sollte kein Geschwafel und kein Herumprobieren geben. Die SITO muß das Denken ordnen und leiten, statt einfach nur mit ihm dahinzutreiben. Die SITO muß zu einer Entwurfsautorität werden.

GLAUBWÜRDIGKEIT

Die SITO muß erst einmal anfangen zu arbeiten, um ihren Wert unter Beweis zu stellen. Als Idee ist die SITO aus der Unzulänglichkeit unserer augenblicklichen Konfliktlösungssysteme hervorgegangen. Wir müssen schon sehr selbstzufrieden sein, wenn wir die Notwendigkeit einer Institution wie der SITO leugnen. Wir können natürlich die Auffassung des Verlierers teilen, daß unsere Konfliktlösungsmethoden besser sind, als sie es je waren, daß aber Konflikte wegen der menschlichen Natur einfach nicht vermeidbar seien. Diese Einstellung läßt die Tatsache außer acht, daß unsere augenblicklichen, der Konfliktlösung dienenden Institutionen (vom Denken mal ganz abgesehen) nicht gut genug geplant worden sind.

Wenn wir mit unseren Konfliktlösungsmethoden zufrieden sind, dann steht uns eine sehr schlechte Zukunft bevor.

Die SITO mag einige Zeit brauchen, bis sie Glaubwürdigkeit, Wert und Könnerschaft erworben hat. Ich bin jedoch davon überzeugt, daß wir diese Richtung einschlagen müssen. Und wenn nicht jetzt – wann dann?

Wichtig ist, daß das, was bei der SITO herauskommt, vollständig davon abhängig ist, was wir in diese Institution zu investieren gewillt sind. Wenn wir daran glauben, daß sie eine Hilfe sein kann, dann wird sie auch eine Hilfe sein. Es ist mit ihr eine Richtung angegeben, die zu ignorieren wir uns nicht leisten können.

Am Ende ist das Dilemma ein sehr einfaches: Wenn die an einem Konflikt beteiligten Parteien nicht in der besten Lage sind, selbst einen Ausweg zu finden – wie soll er dann gefunden werden? Die SITO gibt darauf eine Antwort.

Die Kosten von Konflikten können so enorm hoch sein, daß selbst schon eine kleine Verbesserung von Wert sein muß. Und wenn uns erst die Unzulänglichkeit unseres gewohnten Konfliktdenkens bewußt geworden ist, dann dürfen wir beträchtliche Verbesserungen erwarten.

Für die Zukunft der Welt kann es nichts Wichtigeres geben als die Konfliktlösung.

Epilog

Es wird zu hören sein, daß die Aggressivität der menschlichen Natur, die Arroganz des Glaubens und der Machttrieb immer zu Konflikten führen werden. Es wird auch zu hören sein, daß die einzige wirkliche Sicherheit in einer Verteidigung liegt, die stark genug ist, um einen Angreifer abzuschrecken. Nichts von dem, was ich in diesem Buch geschrieben habe, widerspricht diesen Ansichten. Aber das war auch nicht meine Absicht.

Ich habe behauptet, daß unser Konfliktdenken eine beschränkte Form des Denkens ist. Es verschärft nur die Konflikte und erschwert ihre Lösung, selbst wenn beide Seiten wirklich an einer solchen Lösung interessiert sind. Ich habe nahegelegt, daß wir von dem Verfahren Argumentation/Zusammenprall zum Entwurfsverfahren übergehen müssen. Wenn man sich daranmacht, ein Flugzeug zu konstruieren, muß man verschiedene Werte (Reichweite, Zuladung, Treibstoffverbrauch, Sicherheit, Lärm, Bestuhlung, Komfort), verschiedene Grundsätze (aeronautische und wirtschaftliche) und verschiedene Interessen (der Betreiber, Passagiere, Hersteller und Umweltschützer) berücksichtigen. Am Ende aber muß das Flugzeug *fliegen*. Beim Entwurfsverfahren zur Konfliktlösung ist das ähnlich. Da gibt es verschiedene Werte, verschiedene Grundsätze und verschiedene Interessen – aber das Ergebnis muß *fliegen*.

Wenn wir uns vornehmen, ein Ergebnis für einen Konflikt zu erarbeiten, müssen wir das angemessene Denken benutzen. Das Verfahren von Argumentation/Zusammenprall ist kein Entwurfsverfahren. Das muß ganz klar sein. Wir benutzen dieses Konfrontations-Denken aus Mangel an anderen Möglichkeiten und deshalb,

weil es die streitenden Parteien unmöglich finden, vom Konflikt-
zum Entwurfsidiom überzuwechseln (sie sind in ihren Positionen
gefangen).

Das Entwerfen *erfordert* einen wichtigen kreativen Beitrag. Es ist
nicht nur eine Frage der Auseinandersetzung mit zur Verfügung
stehenden Ideen und Wahrnehmungen, sondern es geht darum,
neue hervorzubringen. Es ist notwendig, Wahlmöglichkeiten zu
schaffen. Das Argumentieren kann das nur in sehr beschränktem
Umfang leisten.

Zweck der SITO ist es nicht, unmittelbar Lösungen zu liefern,
sondern ihr Zweck ist es, einen *Brennpunkt* für ebendiese entwerfende Art des Denkens und seine kreativen Erfordernisse zu bieten.
In der Praxis ließe sich die SITO in einer von drei Möglichkeiten
nutzen. Die SITO könnte »Ingredienz« eines jeden Konflikt-
lösungsprozesses werden, der bereits in Gang gekommen ist. Die
SITO würde bestrebt sein, neue Möglichkeiten und Wege zu eröffnen. Ist ein Gedanke erst einmal auf dem Tisch, kann er nicht mehr
ungedacht gemacht werden. Die zweite Möglichkeit ergäbe sich,
wenn ein Konflikt zur Erarbeitung eines Ergebnisses an die SITO
verwiesen würde. Beide streitenden Parteien würden dann dieses
entworfene Ergebnis bewerten. Die dritte Möglichkeit wäre die,
daß die SITO unabhängig handelte, Konferenzen zur Ideenbe-
standsaufnahme einberiefe und Berichte veröffentlichte.

Um ein Mißverständnis über die Aufgabe der SITO zu vermeiden, muß ich zwei Punkte immer wieder betonen. Der erste Punkt
ist, daß Verhandlung *nicht* das gleiche ist wie Entwurf. Verhandlung bedeutet einen Geben-und-Nehmen-Handel zwischen den
streitenden Parteien. Der Entwurf hat den ganzen Bereich als
Ausgangsbasis, das heißt, die zwei streitenden Parteien sind nur
Faktoren unter vielen anderen Faktoren. Der zweite Punkt ist, daß
die SITO nicht dazu da ist, als Vermittler, Unterhändler oder
Richter zu fungieren. Die spezielle Aufgabe der SITO ist der
kreative Entwurf – wobei die Betonung auf *kreativ* liegt.

Man wird sagen, daß die streitenden Parteien niemals auf die
SITO hören werden, weil sie über keine Machtbasis verfügt. Auf
diesen vernünftigen Einwand gibt es zwei Antworten. Zum einen ist
die SITO dazu da, *Wert* zur Verfügung zu stellen und nicht Macht.

Eine Vitamintablette hat keine Macht. Die SITO ist als Hilfe gedacht und als Ressource – um nach Bedarf genutzt zu werden. Zum anderen hätte die SITO stets die *Macht der Ideen* auf ihrer Seite. Wenn erst erkannt ist, daß eine Wahrnehmung Wert hat, dann geht auch Macht von diesem Wert aus (das zeigen etwa das Christentum und der Marxismus). Und schließlich ist da noch die Macht des Verweisens – wenn ein Konflikt an die SITO verwiesen wird, dann kann sie eine Entwurfsansicht äußern.

Es ist nicht Sinn der SITO, sofort Lösungen für alle Probleme dieser Welt zu liefern. Der Wert der SITO besteht darin, daß sie die Möglichkeit schafft, das kreative und entwerfende Denken auf diese Probleme zu richten. Der endgültige Wert der SITO wird sich aus der Arbeit, die sie leistet, und daraus, wie andere den Wert dieser Institution beurteilen, ergeben.

Ich muß sagen, daß keiner der Einwände, die ich bisher je gehört habe, ausreichenden Anlaß dazu bot, das Projekt nicht weiter zu verfolgen. Der mögliche Vorteil (Oberseite) ist ungeheuer groß, und die Gefahren (Unterseite) sind gleich Null. Was gefordert ist, sind Vision, Mut und Ausführung der Idee.

Owohl dieses Buch zu der Idee der SITO hinführt, hat das meiste des Gesagten auch seine eigene Berechtigung. Ich habe damit begonnen, daß ich zu zeigen versuchte, wie dringend erforderlich es ist, von einer auf Argumentation/Zusammenprall beruhenden Konfliktbehandlung zu einer entwerfenden überzugehen. Und dafür brauchen wir ein neues Denken.